REPÈRES DE FISCALITÉ DES PROFESSIONNELS ET DES PARTICULIERS

Rock Dieudonné LANDZE MBERE

REPÈRES DE FISCALITÉ DES PROFESSIONNELS ET DES PARTICULIERS

L'Harmattan

DU MEME AUTEUR

Perspectives de management efficace des offices ministériels, L'Harmattan, collection Gestion des Entreprises, Paris, 2019.

5-7, rue de l'École-Polytechnique ; 75005 Paris

ISBN: 978-2-343-18620-7
EAN: 9782343186207

Je reconnais que « les professions libérales n'ont rien de supérieur en elles-mêmes. Elles ne valent que ce que valent les personnes qui les exercent.»

Dédicaces

Grand hommage à mon père †Jean Claver LANDZE qui fut un homme de bien, sans pareil dans son milieu ;

À la mémoire de mon papa †Athanase OPOUROBEBA[1] et de ma petite sœur †Jeannette Mireille LANDZE BOUYA que l'on appela affectueusement « ONDOUMA ».

En reconnaissance à mes parents, je viens de donner leurs prénoms aux deux jumeaux qui me sont nés au cours de la préparation de cet ouvrage qui les immortalise.

---

[1] Ce nom, disait-il, signifie littéralement que dans la vie, on voit le mal de celui qui rend la mauvaise action, mais pas de celui qui l'a commencée envers l'autre. On s'aperçoit, évidemment, que les conflits dégénèrent souvent par suite de vengeance, sentiment effréné de rendre le mal par le mal.

REMERCIEMENTS

À mon cadet, Maître Edgard LANDZE, Huissier de Justice à Brazzaville, pour sa générosité, son soutien multiforme et son dévouement à l'œuvre de promotion de mes publications;

À mes enfants Rodalvie Fraysolate De Suza, Jéthro Lavrel, Eunice Tryphène, Jephthé Gaius Excellent et mes deux jumeaux Caleb Claver Edgard et Jephunné Ben Athanase qui sont venus, au cours de cette étude, compléter la liste, pour les sentiments de joie et de fierté qu'ils me font éprouver ainsi que le sens du devoir qu'ils m'inspirent;

À Maître Benoît ESSEBO et tous mes confrères et consœurs qui me soutiennent tous, chacun à sa manière;

À mes amis de l'Association Club-OHADA Brazzaville, Jean Ignace MASSAMBA, Freddy Cyriaque MOKOKO, Ange Pépin POSSENE, Yvon KIBOUCKOU, Jérôme Gérard OKEMBA NGABONDO et Mireille NGATSONO GNAPY qui ont commencé avec moi cette œuvre de publication avec le Bulletin OHADA ;

À Maître Jean Claude OLOMBI, ancien Président National des Huissiers de justice du Congo, qui a, longtemps, milité pour l'amélioration de l'image de l'Huissier de justice au Congo et lui a ouvert la voie de la publication à un haut niveau ;

À mon cousin Eustache Marius Illich OTIELI pour nos années de Lycée et de Fac, avec qui j'ai rêvé des publications littéraires durant notre séjour à l'Internat au Lycée Karl MARX /LVA à Pointe-Noire ;

À mademoiselle Belga Chancelle ONDZIBA, mon ancienne Assistante, qui continue à m'assurer de sa disponibilité ;

Que tous trouvent ici l'expression de ma profonde reconnaissance, à mesure que nous gravissons ensemble les marches du savoir.

PRINCIPALES ABREVIATIONS ET SIGLES

AET : Autorisation d'Exercice Temporaire ;

AU : Acte Uniforme

BFR : Besoin en Fonds de Roulement ;

BICA : Bénéfice Industriel, Commercial et Agricole

BNC : Bénéfice Non Commercial

Bull : Bulletin ;

C G I : Code Général des Impôts

C N S S : Caisse Nationale de Sécurité Sociale

C. Civ. : Code civil

Civ : Chambre civile de la cour de cassation

CNHJC : Chambre Nationale des Huissiers de Justice du Congo

CSP : Contrôle Sur Pièces

DAS : Déclaration Annuelle de salaires

DCG : Droit Commercial Général

DGID : Direction Général des Impôts et du Domaine ;

I N S : Institut National de Statistique

IRPP : Impôt sur le Revenu des Personnes Physiques

IS : Impôt sur les Sociétés

JORC : Journal Officiel de la République du Congo

LF : Loi de Finances

NIU : Numéro d'Identification Unique

ONEMO : Office National de l'Emploi et la Main d'œuvre

RCCM : Registre de Commerce et de Crédit Mobilier

REGEC : Recensement Général des Entreprises du Congo

SEARL : Société d'Exercice Libéral à Responsabilité Limitée

SELA : Société d'Exercice Libéral Anonyme

TIC : Technique de l'Information et de la Communication

TOL : Taxe d'Occupation des Locaux

TUS : Taxe Unique sur les Salaires

UGE : Unité des Grandes Entreprises

UME : Unité de Moyennes Entreprises

UTPPE : Unité de Très Petites et Petites Entreprises

VARG : Vérification Approfondie du Revenu Global

VGC : Vérification Générale de la Comptabilité

AVANT PROPOS

La publication de mon ouvrage, *Perspectives de management efficace des offices ministériels,* s'inscrivait dans le processus de changement de paradigme pour épouser les standards universels, gage de performance et d'excellence.

Les principes de culture d'entreprise, de développement des ressources humaines, de leadership, de vision stratégique couplée à la responsabilité sociétale ne sont pas seulement des fondements de l'entreprise du XXIe, mais aussi des siècles à venir. Il n'est pas, en effet, de secteur d'activités où ces principes n'ont pas droit de cité.

Le présent ouvrage s'inscrit dans le même sillage, tout en ratissant plus large. Le Manager, dans son acception la plus large, ne peut réussir son œuvre de coordination et de leadership s'il ne dispose d'outils modernes d'aide à la prise de décisions et sans une vision stratégique, eu égard à l'environnement global.

La fiscalité est l'un des aspects à considérer dans le pilotage de son affaire. Cet ouvrage, comme une boussole, vient fixer les repères dans notre marche vers le développement.

Mes confrères Huissiers de justice, Notaires et Avocats, le professionnel averti ainsi que le citoyen lambda y trouveront les orientations, chacun dans son domaine. L'accent est mis sur les BNC.

Pour aider le lecteur, j'ai étendu mon analyse aux prescriptions sociales et prévu à la fin de l'ouvrage, un extrait des dispositions du Code Général des Impôts ainsi qu'un lexique fiscal et budgétaire.

Certes, l'œuvre n'est pas parfaite. Mais, une chose est sûre : *« cet ouvrage nous interpelle tous ».*

Maître Rock Dieudonné LANDZE MBERE

[illegible]

[illegible]

[illegible] [illegible] de mon [illegible]

[illegible]

[illegible]

AVANT PROPOS

La publication de mon ouvrage, *Perspectives de management efficace des offices ministériels,* s'inscrivait dans le processus de changement de paradigme pour épouser les standards universels, gage de performance et d'excellence.

Les principes de culture d'entreprise, de développement des ressources humaines, de leadership, de vision stratégique couplée à la responsabilité sociétale ne sont pas seulement des fondements de l'entreprise du XXIe, mais aussi des siècles à venir. Il n'est pas, en effet, de secteur d'activités où ces principes n'ont pas droit de cité.

Le présent ouvrage s'inscrit dans le même sillage, tout en ratissant plus large. Le Manager, dans son acception la plus large, ne peut réussir son œuvre de coordination et de leadership s'il ne dispose d'outils modernes d'aide à la prise de décisions et sans une vision stratégique, eu égard à l'environnement global.

La fiscalité est l'un des aspects à considérer dans le pilotage de son affaire. Cet ouvrage, comme une boussole, vient fixer les repères dans notre marche vers le développement.

Mes confrères Huissiers de justice, Notaires et Avocats, le professionnel averti ainsi que le citoyen lambda y trouveront les orientations, chacun dans son domaine. L'accent est mis sur les BNC.

Pour aider le lecteur, j'ai étendu mon analyse aux prescriptions sociales et prévu à la fin de l'ouvrage, un extrait des dispositions du Code Général des Impôts ainsi qu'un lexique fiscal et budgétaire.

Certes, l'œuvre n'est pas parfaite. Mais, une chose est sûre : *« cet ouvrage nous interpelle tous ».*

Maître Rock Dieudonné LANDZE MBERE

INTRODUCTION

Depuis plus de quatre millénaires, les hommes vivent en sociétés organisées par diverses lois qui tendent à réguler leurs comportements individuels et collectifs. Depuis l'apparition des nations puis des États-Nations, l'affirmation de l'autorité publique passe par des lois, ordonnances et décrets auxquels tous les nationaux ou citoyens sont astreints. Ces lois tendent à limiter les libertés des individus pour canaliser leurs agissements et activités.

Pour survivre les humains, tout comme l'État, ont besoin de ressources. Pour ce faire, ils se livrent à toutes sortes d'activités pour recueillir les moyens de subsistance et accroître, en même temps, leur enrichissement matériel, mental, culturel et spirituel.

Le commerce des biens et des services est au cœur des activités humaines et du brassage de cultures. La création et le développement des colonies depuis l'antiquité, les migrations depuis la préhistoire, l'ouverture sur les mers et les océans ainsi que les routes des caravanes participent de cette nécessité vitale chez l'humain.

Pour prévenir ou régler les conflits qui surviennent de ces activités, l'autorité publique est appelée à intervenir. D'où, l'adoption de codes de commerce et la ratification de bien d'autres traités internationaux.

L'Histoire fait écho du célèbre Code d'Hammourabi qui a inspiré bien de législateurs à travers les nations.

Ainsi, l'État, quel qu'en soit sa forme - royaumes, chefferies, empires, dynasties, satrapies - en tant qu'institution et personne morale, n'a de richesses que celles qu'il peut tirer de son sol et des activités déployées par les humains qui y sont rattachés.

D'où, l'institution du tribut ; une imposition qui survole toutes les nations depuis l'antiquité, si ce n'est avant.

La question du tribut agite toutes les organisations, mêmes religieuses.

La dîme[2], depuis l'époque d'Abram, est une forme de tribut. Elle a été par la suite formalisée dans les écrits de Moïse au milieu de la nation israélite, puis étendue dans la quasi-totalité des organisations chrétiennes ou religieuses actuelles.

Il est rapporté dans les Évangiles, au début de notre ère dans l'empire romain, que confronté à la question du tribut à payer à César[3], le Seigneur Jésus-Christ a dû déclarer aux pharisiens et aux scribes qui tentaient ainsi de le mettre en conflit avec l'autorité romaine : « *Rendez donc à César ce qui est à César, et à Dieu ce qui est à Dieu.* »[4]

Depuis lors, il semble que la problématique de l'impôt n'a jamais cessé d'alimenter de vives passions.

Dans notre pays, comme dans d'autres contrées de l'Afrique au Sud du SAHARA, l'administration coloniale a rencontré une vive opposition de la part des populations dites indigènes ; notamment le mouvement matsouaniste, sous la férule de Grénard MATSOUA, qui refusa de s'acquitter du tribut des trois francs[5].

En France, de nos jours, le mouvement des « Gilets jaunes », avec une violence inédite, manifeste sur la place publique son hostilité à une fiscalité oppressante et appauvrissante.

Tous ces mouvements traduisent le malaise quc ressentent les ménages et les entreprises face à l'alourdissement sans cesse croissant du poids de la fiscalité sur les ressources financières des citoyens.

C'est pourquoi, l'État a intérêt à mettre en place un système fiscal équilibré, juste et efficace, qui tienne compte des préoccupations des populations et de la nécessité de concilier leur capacité contributive avec les charges publiques réelles ainsi que les ambitions non démesurées de l'État moderne.

---

[2] Genèse 14 :20, *La Sainte Bible*, version Louis Segond 1910.

[3] Titre par lequel étaient désignés les monarques romains, dont l'empire s'étendaient de l'occident, à Rome, jusqu'à l'orient. Jules et Auguste César sont les plus célèbres. De nos jours, César est devenu une récompense prestigieuse dans les domaines de la culture, notamment du cinéma.

[4] Evangile de Mathieu 22 : 21.

[5] Cette résistance qui valut, entre autres, l'arrestation, l'emprisonnement, la déportation puis la mort de son leader continue a marqué la génération présente. Brazzaville abrite un marché à Ouènze près de l'avenue BOUETA MBONGO qui porte le nom de TROIS FRANCS.

Pour le professeur Antoine NGAKOSSO[6] *« la fiscalité est un système de redistribution des revenus des riches aux pauvres, des travailleurs aux sans emploi, des célibataires aux mariés, des familles sans enfants aux familles avec enfants à charge, des générations présentes aux générations futures, mais aussi des générations futures aux générations présentes. »*

Il revient donc à tout citoyen et à tout professionnel de s'investir dans la compréhension et la maîtrise de ce système pour mieux s'orienter et répondre aux devoirs civiques.

Nous savons que l'impôt est de loin la ressource financière la plus sûre de l'État. Nous savons aussi que l'autorité déléguée de l'État est assurée par divers cadres de l'Administration qui n'ont pas toujours la modération et la juste mesure dans l'exercice de leur responsabilité. Toute personne qui dispose d'une parcelle de l'autorité a tendance à en abuser, faisait remarquer Charles Montesquieu.

C'est la raison pour laquelle, chacun doit apprendre les rudiments de la fiscalité pour savoir l'étendue de ses obligations vis à vis de l'État, eu égard à son statut, ses possessions et son activité.

Dans la mesure où le Congo se dirige vers l'assainissement de ses finances publiques, notamment la maîtrise et l'amélioration de ses recettes fiscales hors pétrole, il faut s'attendre à des réformes de plus en plus raffinées dans les domaines de la douane et des impôts.

Ainsi, d'une manière ou d'une autre, le contentieux fiscal va progressivement prendre corps dans notre pays devant les juridictions étatiques, administratives ou judiciaires.

Qu'il s'agisse de recouvrer l'impôt contre le contribuable, qu'il s'agisse de le défendre contre l'administration fiscale, le professionnel libéral, judiciaire ou non, sera, à n'en point douter, de plus en plus mis à contribution.

Nous inscrivons à travers le présent ouvrage les axes majeurs qui serviront de repères à son action actuelle et à venir.

---

[6] Professeur à la faculté des sciences économiques de l'Université Marien NGOUABI de Brazzaville, Ancien Directeur Général des Impôts et du Domaine ; lequel a fait imprimer et apposer sur les murs des services du fisc ses diverses citations relatives aux impôts et à la fiscalité. Celle-ci en est une.

Consommateur ou professionnel, riche ou pauvre, administrateur ou usager de l'administration, politique ou simple citoyen, chef d'entreprise ou salarié, travailleur indépendant ou employé, chacun de nous est concerné par l'impôt et la politique fiscale mise en œuvre par les gouvernants.

Le contribuable doit connaître les caractéristiques majeures du système fiscal qui gouverne son mode de vie et ses activités ainsi que la nature et le nombre de déclarations auxquelles il est astreint au cours d'une année civile.

Pour ce faire, nous avons patiemment élaboré douze (12) chapitres suffisamment explicites repartis en cinq (5) parties.

- La première partie est consacrée à la découverte de la fiscalité. Elle comprend un chapitre unique ;
- La seconde partie expose, en quatre chapitres, les différentes prescriptions fiscales auxquelles le contribuable est assujetti dès le début de ses activités jusqu'après la clôture de son exercice comptable ;
- La troisième partie met en lumière, à travers trois chapitres, les actions de l'administration fiscale envers le contribuable ;
- La quatrième partie comprend trois chapitres consacrés aux moyens de défense du contribuable à travers les recours gracieux, hiérarchiques et judiciaires à l'égard des actions de l'Administration ;
- La cinquième partie aborde en un chapitre le sempiternel débat de l'enregistrement des actes juridiques autour de l'article 100 du Code Général des Impôts (C.G.I).

Un extrait de dispositions légales et du lexique fiscal et budgétaire, à la fin de l'ouvrage, accompagneront le lecteur dans sa recherche.

Les termes abordés contribueront, assurément, à ouvrir de nouvelles perspectives au citoyen, Manager actuel ou en devenir, qui doit, définitivement, prendre conscience de la part de l'État dans ses profits ou sa fortune.

D'où, l'intérêt de son engagement pour un État de droit fondé sur la justice, l'égalité et la juste redistribution de la richesse nationale.

PREMIERE PARTIE

A LA DECOUVERTE DE LA FISCALITE

Nous consacrons cette partie à un chapitre unique qui expose les caractéristiques majeures de notre système fiscal, dérivé du système français, comme bien d'autres aspects du droit, de l'économie et des finances.

CHAPITRE I

LE SYSTEME FISCAL CONGOLAIS

Le système fiscal renvoie à un ensemble harmonieux de textes législatifs et réglementaires qui édictent les règles qui président dans un pays à la détermination de l'assiette, la liquidation et le recouvrement des impôts et taxes.

De manière générale, tous les pays recourent à l'impôt pour la couverture des charges publiques et la poursuite des objectifs politiques, économiques, sociaux et culturels fixés par les pouvoirs publics.

Le système fiscal congolais emprunte beaucoup au système français dont il est issu, avec lequel il partage les traits caractéristiques majeurs (I). Il concerne essentiellement les activités économiques génératrices de revenus ou de profits, en un mot qui sont source de richesses (II).

I. Les traits caractéristiques majeurs du système fiscal congolais

1.1. Le système déclaratif

Le système fiscal congolais est *déclaratif*. Il est entendu par-là que c'est au contribuable qu'incombe le devoir civique d'aller spontanément vers l'administration fiscale faire part de ses revenus et s'acquitter de l'impôt y correspondant.

Ce système a l'avantage d'épargner au fisc et au trésor public les coûts sans cesse croissants liés au mouvement du personnel chargé de la collecte, de la liquidation et de la perception de l'impôt.

Mais, il a l'inconvénient de faire dépendre le renflouement de caisses de l'État et des collectivités publiques, concernant cette imposition, du sens élevé du civisme des citoyens.

En effet, s'acquitter de l'impôt revient à partager ses revenus avec l'État ou la collectivité publique. Dans une certaine mesure, cet acte correspond à partager aux couches de la population nationale sans ressources ou à faible niveau de vie telles que les étudiants, les sans-emplois, les personnes âgées et autres démunis auxquels un État responsable doit normalement assistance pour la couverture des besoins essentiels de la vie.

Le système déclaratif est pour ainsi dire basé sur la foi en l'attachement du citoyen à la cité, à la République ; sachant bien que celle-ci, à travers son organisation et son fonctionnement, appartient et profite à tous les citoyens, quels qu'ils soient et en quels que lieux où qu'ils se trouvent.

Ce système suppose donc un bon état d'esprit des populations assujetties, leur maturité politique et une adhésion aux valeurs de citoyenneté qui incarnent la République ou la société.

Pour ce faire, c'est une grande responsabilité pour l'État et les pouvoirs publics, notamment ceux qui nous dirigent, à quelle qu'échelle de responsabilité à laquelle ils appartiennent, et ceux qui aspirent à nous diriger, de veiller non seulement à la formation civique des populations administrées, mais surtout à la gestion efficiente des ressources ainsi engrangées.

C'est sans doute pour cette raison qu'ont été mises en place les *foires fiscales*[7] à travers le pays ainsi que la commission nationale de lutte contre la fraude et la corruption.

---

[7] Il s'agit des rencontres citoyennes entre l'Administration fiscale et les contribuables ouvertes à tout le monde au cours desquelles sont expliquées les dispositions fiscales, les modifications apportées par les nouvelles lois de finances et les modalités de leur application. Elles sont l'œuvre du Professeur Antoine NGAKOSSO, Enseignant à la faculté des sciences économiques de l'Université Marien NGOUABI de Brazzaville, Ancien Directeur Général des Impôts et du Domaine ; lequel s'est impliqué personnellement pour une prise de conscience graduelle des populations sur le civisme fiscal.

Beaucoup reste à faire. Mais, à ce jour, avec l'entrée en activité de l'unité de la fiscalité des particuliers on ne peut que constater que le défi a été relevé par la communication.

Le grand problème qui reste à résoudre face à la paupérisation galopante des citoyens, l'effritement du marché de l'emploi, les difficultés croissantes des entreprises de tous les secteurs d'activités, l'inflation et la baisse du pouvoir d'achat des ménages, est celui de l'équilibre entre les ressources et les facultés contributives des redevables réels de l'impôt.

Le mouvement des gilets jaunes qui s'exprime tous les week-ends en France depuis quelques mois, avec une violence sans précédent, traduit le ras-le-bol total des populations des couches sociales moyennes qui voient leur train de vie se dégrader continuellement sous le poids des impôts, de plus en plus nombreux et de plus en plus chers tandis que les riches, par des mécanismes subtils et complexes, bénéficient d'exemptions.

Le grand débat citoyen lancé en France par le Président MACRON révèle que les citoyens sont exaspérés par une fiscalité lourde qui doit être réformée et adaptée au niveau de vie des populations.

Le Congo, dans cette phase de crise économique et financière généralisée, doit concilier la nécessité d'accroître ses recettes fiscales hors pétrole avec la survie des entreprises, des ménages et la préservation du secteur informel.

1.2. La fiscalité est fondée sur la légalité

Les impôts et taxes sont ici établis par des textes juridiques émanant de l'autorité légale compétente. Il est reconnu sur l'ensemble du territoire national que l'assiette de l'impôt est du domaine de la loi.

C'est donc une attitude normale, pour tout contribuable averti, d'exiger des fonctionnaires de l'Administration la production de textes qui fonde leur action.

Car, il n'y a pas d'impôt sans texte. Il est par conséquent légitime de refuser de s'acquitter des droits fiscaux non prévus par l'autorité étatique compétente. Il faut pour cela savoir s'y prendre.

1.3. La fiscalité est fondée sur l'idée d'égalité des citoyens

Tous les citoyens sont égaux devant la loi. À quelques rares exceptions près, ils sont astreints aux mêmes prescriptions fiscales sans considération de leur sexe, âge, religion, origine ethnique ou raciale.

Toutefois, en raison de leurs facultés contributives et pour des considérations économiques, sociales voire politiques évidentes, des aménagements peuvent être portés au principe d'égalité.

Ainsi, apparaissent des régimes spéciaux. Certains citoyens sont ainsi assujettis au paiement de l'impôt global forfaitaire (IGF). D'autres, en raison de la faiblesse de leur revenu, ne sont tenus que du paiement de la patente. D'autres encore, dans la promotion des investissements dans leur secteur d'activités, comme l'agriculture et l'élevage, bénéficient des exemptions ou exonérations totales ou partielles de taxes sur le matériel de travail et autres investissements.

Mais, ces divers aménagements ne remettent pas en cause le principe suivant lequel aux mêmes conditions d'acquisition de revenus et de statut social tous les citoyens sont soumis à la même fiscalité.

Certes, comme dans tous les pays du monde,- le Congo n'en fait point exception -, dans bien des cas les pesanteurs de tous ordres ne manqueront pas d'influer pour faire peser la balance dans un sens ou un autre.

1.4. La fiscalité est fondée sur l'idée de puissance publique

L'impôt est de loin la principale source de revenus de l'État. Il est aussi le témoignage de la toute-puissance de l'État. Celui-ci s'impose en imposant le revenu des particuliers et les profits des personnes morales.

En effet, - c'est l'occasion de le réaffirmer - suivant une définition classique devenue célèbre, enseignée dans toutes les écoles du monde, héritée de monsieur Gaston Jèze, dont nous ne pouvons nous en passer, *« L'impôt est une prestation pécuniaire, requise des particuliers par voie d'autorité, à titre définitif et sans contrepartie, en vue de la couverture des charges publiques.»*[8]

Sans approfondir les différents éléments composant cette définition, on peut noter à juste titre que l'État agit d'autorité, à titre définitif et sans contrepartie immédiate.

L'impôt est donc intimement lié à l'autorité de l'État. Le rôle de l'impôt dans le fonctionnement de l'État est tel qu'il est souvent scandé : *« Pas d'impôt, pas d'État. Pas d'État pas de développement.*[9]*»*

Ainsi, l'État n'hésitera pas d'user de tout son pouvoir régalien, de tous ses moyens pour recouvrer l'impôt qui lui est dû. C'est, il nous semble, son droit légitime reconnu même par les ecclésiastiques[10].

1.5. La fiscalité s'intéresse à l'identité et au domicile des contribuables

Les personnes physiques et morales sont sujets de droits et d'obligations.

Pour assurer la sécurité et la transparence des opérations économiques et permettre à chacun de répondre de ses obligations, les individus doivent être identifiables. Les personnes sont individualisées par le nom, l'état civil, le domicile, la profession, etc.

Ainsi, la fiscalité s'intéresse-t-elle à l'identité de chaque contribuable et à sa résidence habituelle. En raison de l'homonymie répandue dans le monde, des confusions sont toujours possibles.

Pour éviter des conséquences difficilement réparables, l'Administration a besoin de savoir à qui elle a à faire. Le numéro du registre de commerce et de crédit mobilier contribue à l'identification

---

[8] Gaston Jèze cité par Maurice COZIAN, *Précis de fiscalité des entreprises,* sixième édition, Librairies Techniques, Librairie de la cour de cassation, Collection Droit & Gestion, Paris 1981, P.1.

[9] Formule exploitée sous forme de maxime, avancée et développée par le professeur Antoine NGAKOSSO, Ancien Directeur Général des Impôts du Congo-Brazzaville.

[10]Sur la question du paiement du tribut, selon l'Évangile de Matthieu 22: 21, Jésus-Christ répondit : «Rendez à César ce qui est à César, et à Dieu ce qui est à Dieu.»

des commerçants, entreprenants, sociétés, groupements d'intérêt économique et autres professionnels.

Le fichier A est réservé aux personnes physiques. Le fichier B est celui des personnes morales. Sur chaque fichier l'assujetti est répertorié et identifié par un numéro unique.

À partir de ce numéro, ce dernier peut accomplir d'autres formalités prévues par la loi.

L'immatriculation marque le début de la personnalité juridique des personnes morales.

Pour identifier le contribuable et éviter les risques engendrés par l'homonymie, le fisc lui attribue un numéro fiscal unique. Par le passé, le fisc avait institué un numéro d'identification fiscale appelé le «NIF».

Ce procédé n'a certainement pas produit tous les résultats escomptés. Il a donc été remplacé par le numéro unique d'identification fiscale (NIU). Celui-ci est unique. Il identifie le contribuable par son nom ou son enseigne, son activité, le lieu d'exercice, l'année, etc.

Parce qu'il est unique, le NIU est personnel. Il sert pour toutes les transactions économiques, douanières et fiscales des acteurs économiques. Il ne peut être prêté. Son usurpation et son utilisation frauduleuse sont sanctionnées par de fortes amendes (de 3.000.000 à 10.000.000FCFA) et un emprisonnement de trois mois à trois ans[11].

S'agissant du domicile des contribuables, il permet de circonscrire la compétence territoriale des unités de l'administration fiscale, d'affecter une résidence fiscale au contribuable où il est censé faire ses déclarations et payer l'impôt.

Le lieu d'exercice de sa profession sert souvent de critère pour départager les différentes unités administratives dont les compétences chevauchent.

[11] Articles 399 ter et 521 bis du Code Général des Impôts, Tome 1 modifiés par la loi n°40-2018 du 28 décembre 2018 portant LF 2019.

Aux termes de la loi, le professionnel fera généralement enregistrer ses exploits auprès de l'unité qui couvre le ressort de sa résidence professionnelle.

Enfin, le domicile fiscal permet le rattachement au Congo de tous les revenus imposables perçus par les contribuables y demeurant habituellement.

En effet, aux termes de l'article 2 du CGI-Tome 1, sont imposables au Congo à l'impôt sur le revenu de personnes physiques les personnes de nationalité congolaise ou étrangère ayant leur domicile fiscal au Congo ou y résidant habituellement. Cet impôt frappe le revenu de source congolaise ou non[12], pourvu que le bénéficiaire ait son domicile fiscal ou sa résidence fiscale au Congo.

Cette disposition entraîne souvent la double imposition des étrangers ou nationaux ayant un lien avec deux ou plusieurs pays. C'est le cas des fonctionnaires internationaux ou de certaines personnes vivant en famille à l'étranger, mais appelées à travailler au Congo ou vice versa.

Cette question est souvent réglée par des conventions diplomatiques ou internationales[13].

Sont considérés comme ayant au Congo une résidence habituelle[14] :

- 1° les personnes qui y possèdent une habitation à leur disposition à titre de propriétaire, d'usufruitier ou de location conclue soit par conventions successives pour une période continue d'au moins une année ;
- 2° les personnes qui, sans disposer d'une habitation dans les conditions définies à l'alinéa précédent, y ont néanmoins de lieu de leur séjour principal ;
- 3° les personnes se trouvant hors du Congo au 1er janvier de l'année d'imposition qui, à cette date, continuent à être rétribuées par les administrations ou les entreprises auxquelles elles appartenaient avant leur départ du Congo ;

---

[12] Article 66 - 1) du CGI- Tome 1.
[13] Article 2 du CGI- Tome 1.
[14] Article 2 alinéa 1) a) du CGI- Tome 1.

- 4° les fonctionnaires congolais ou étrangers payés par un budget autre que l'un des budgets du Congo pendant toute la durée de la période au cours de laquelle ils restent affectés au Congo. Cette période qui n'est pas interrompue par les congés des fonctionnaires en cause, commence le jour de l'affectation au Congo et se termine la veille du jour où les intéressés reçoivent une affectation hors du Congo ;
- 5° les personnes ayant quitté le Congo avant le 31 décembre de l'année de l'imposition, qui y conservent des intérêts et n'ont pas fait connaître que leur départ était définitif.

Toutefois, il sied de le noter, une absence continue d'une durée supérieure à vingt-quatre mois entraîne la perte de la résidence fiscale du contribuable au Congo.

À cette liste, il faut donc ajouter les personnes physiques de nationalité congolaise ou étrangère n'ayant ni domicile, ni résidence au Congo, pour autant qu'elles ont des revenus réalisés dans l'État du Congo ou en provenance, et à raison desdits revenus[15].

II. L'activité économique, source principale de l'imposition

L'impôt frappe le revenu généré par l'activité économique (1), sans égard à son illicéité (2). Il frappe aussi le capital et les opérations juridiques (3) ainsi que les signes extérieurs de richesse (4) tout en distinguant le revenu des particuliers de celui des sociétés (5). Dans cette imposition, il est mis en place différents régimes fiscaux (6).

2.1. L'impôt suit tout ce qui génère un revenu

L'activité économique déployée par les personnes physiques et morales est la principale source de l'impôt. Dans le processus d'imposition, le législateur fiscal recherche partout où une richesse est pressentie, où de l'argent est gagné.

En général, les citoyens gagnent leur argent en déployant une activité économique et financière au moyen de laquelle ils tirent les ressources pour financer leurs dépenses professionnelles, leurs besoins de la vie et ceux des personnes à leur charge.

---

[15] Article 2-1) b) du CGI-Tome 1. Voir aussi Article 66-1) du CGI-Tome 1.

L'impôt va à la rencontre de toute activité déployée avec l'idée du lucre pour imposer le gain qui en résulte. C'est dans cette lignée que s'inscrivent la plupart des impôts et taxes sur le revenu, les profits, les dépenses, etc.

C'est aussi la raison pour laquelle les œuvres philanthropiques, associatives ou religieuses sont en principe exonérées, sinon très faiblement imposées.

Donc, aux yeux du fisc tout accroissement de richesse donne lieu, en principe, au paiement d'un impôt.

C'est pourquoi, l'État et les pouvoirs publics qui lui servent de relais mettent en œuvre tout un arsenal juridique et informationnel pour détecter tout enrichissement de patrimoine des personnes physiques ou morales ainsi que le résultat de leurs activités professionnelles sur une période donnée.

2.2. L'argent n'a pas d'odeur pour le fisc

Nous avons vu que toute activité humaine qui génère un profit pour celui qui la mène donne lieu à perception d'un impôt, d'une taxe ou d'une redevance au profit du budget de l'État ou des collectivités publiques.

Les finances publiques d'un État libéral, comme le nôtre, sont, en effet, constituées essentiellement par les impôts et taxes et les produits du domaine.

L'État, par idéologie libérale ou néolibérale et suite aux multiples déconvenues dans la gestion des entreprises publiques, se met en replis de l'activité économique. Il laisse jouer la libre concurrence, la loi du marché entre particuliers, personnes physiques ou morales décidées d'entreprendre et qui acceptent de courir les risques d'investir leur argent dans l'espoir d'un profit non garanti.

L'État, dans cette conception, se résout à mettre en place les infrastructures nécessaires pour faciliter ou booster l'activité des agents économiques. Il met également en place la superstructure législative et réglementaire pour réguler leurs activités.

En retour, l'État perçoit les redevances et impôts sur les profits réalisés à l'occasion de ces activités.

Il arrive que les activités génératrices de ces profits soient contraires aux normes et valeurs sociétales en vigueur.

Dans certains cas, elles peuvent même heurter la conscience humaine et être moralement répréhensibles, telles les activités de prostitution, de proxénétisme, etc.

Pour autant, ces profits n'échapperont pas à l'imposition.

En effet, le caractère illicite ou immoral de l'activité génératrice de revenus ne saurait justifier l'exemption de l'impôt encouru. Pour le fisc, il est clair, « l'argent n'a pas d'odeur. »

2.3. La fiscalité frappe le capital et les opérations juridiques

La fiscalité ne poursuit pas seulement le revenu résultant des activités économiques déployées par les professionnels et les entreprises. Elle frappe aussi le capital et les opérations juridiques.

La seule possession d'une parcelle de terrain bâtie ou non bâtie, louée ou non donne lieu à paiement de l'impôt.

La transmission de successions par legs, ou d'actifs entre vifs par donation ou à titre onéreux (vente ou échange) donne lieu au paiement de divers impôts (taxe foncière, droits de mutation, frais d'enregistrement et timbres des contrats, droits de cession, plus-values sur cession d'éléments d'actifs du patrimoine, taxes sur commissions de transfert d'argent ou de communication téléphoniques, etc.).

2.4. La fiscalité frappe les signes extérieurs de richesse[16]

Nous avons vu que le système fiscal congolais, à l'instar de celui de la France et de bien d'autres pays dans le monde, est déclaratif.

Le contribuable va vers le fisc pour déclarer ses gains ou profits réalisés dans les différentes branches de ses activités, puis payer, après liquidation, le montant de l'impôt y afférant.

---

[16] Ce qui a fait dire à la star de la rumba congolaise, Koffi Olomidé, dans *Aliya,* un titre de l'album Monde Arabe : *«on n'expose pas la beauté de sa femme à un agent du fisc»* traduit du lingala *«kitoko ya mwassi ba lakissaka te na moto ya mpako.»*

Pour cela, il faut compter sur l'honnêteté et la moralité du citoyen. Seulement, plus les revenus sont importants, plus l'impôt est élevé. Tout fonctionne comme la dîme[17].

Ainsi, le contribuable est plus astreint à payer lorsque ce qui est dû est minime. En revanche, lorsque ses revenus ou ses biens sont assez considérables l'assujetti a tendance à dissimuler une partie[18].

Sur cette base, le fisc prend en réserve les déclarations recueillies et surveille le train de vie du contribuable.

S'il y ressort un niveau de vie de luxe, des dépenses largement supérieures aux revenus déclarés, l'Administration fiscale en tient compte dans le calcul de l'impôt.

Les renseignements concernant les signes extérieurs de richesse sont d'ailleurs demandés à travers la fiche de déclaration du revenu global fourni par l'Administration.

2.5. La fiscalité distingue le revenu des particuliers des profits des sociétés

Au Congo comme en France, on traite différemment les gains et profits réalisés par les personnes physiques et les personnes morales.

En effet, les personnes physiques sont soumises au paiement de l'impôt sur le revenu des personnes physiques connu chez nous sous l'acronyme IRPP tandis que les bénéfices ou profits réalisés par les personnes morales sont passibles de l'impôt sur les sociétés (l'IS).

À partir de cette distinction fondamentale, plusieurs subtilités doivent être traitées pour ramener dans le giron de l'IRPP les profits de certaines sociétés dites de personnes qui ne seront pas soumis à l'impôt sur les sociétés.

Tandis que les profits des sociétés de capitaux (société anonyme, société à responsabilité limitée, société par action simplifiée) subissent

[17] Le tribut d'un dixième de revenus que les fidèles apportent à leur organisation de culte. Très pratique dans les églises dites de Réveil, la dîme est devenue à la fois la source principale de gains de plusieurs ministres du culte et de divisions. D'où, leur prolifération partout où la misère a élu domicile.

[18] On note cette attitude avec Ananias et Saphira dans les Actes des Apôtres (5:1-9)

une double imposition (d'abord à l'IS, puis à l'IRPP sur la part des dividendes distribués aux différents actionnaires en rémunération de leurs actions ou parts sociales dans le capital social de l'entreprise), les profits des sociétés de personnes échappent à l'IS et sont directement soumis à l'IRPP sur la part de dividendes revenant à chaque associé. On parle alors de *transparence fiscale.*

Il en est ainsi des sociétés en nom collectif (SNC), des sociétés civiles, sauf option d'imposition à l'IS ou en cas de détournement d'objet social et d'exercice des activités commerciales, des sociétés civiles et groupements professionnels formés par les membres des professions libérales tels que les avocats, les huissiers de justice, les commissaires-priseurs, les notaires, les architectes, les cabinets comptables et les experts comptables.

Les membres associés des sociétés de personnes sont indéfiniment responsables, avec ou sans solidarité, du passif social envers les créanciers sociaux.

Ces créanciers, après avoir vainement réclamé le paiement de leurs créances auprès de la société, peuvent directement poursuivre en recouvrement un associé sur son patrimoine personnel et familial, en dépit de la personnalité juridique de ces sociétés.

Pour atténuer les risques liés à l'exploitation de telles sociétés, le législateur français a institué la société d'exercice libéral par la loi 90-1258 du 31 décembre 1990, modifiée par la loi 93-1415 du 28 décembre 1993.

Il s'agit d'une société de capital exploitée par les professionnels libéraux (avocats, huissiers de justice, notaires, etc.) et qui peut prendre la forme d'une société à responsabilité limitée (SELARL), d'une société anonyme (SELA), d'une société en commandite par action (SELCA).

Dans ce cas, la responsabilité des associés par rapport aux tiers et l'imposition des profits réalisés ont lieu, sauf dérogation, selon le régime des sociétés commerciales défini par la loi du 24 juillet 1966.

Le législateur français est allé plus loin en instituant même la société en participation d'exercice libéral qui est une société civile[19].

Au Congo, comme dans tous les pays membres de l'espace OHADA, les dispositions communautaires du droit commercial général et celles du droit des sociétés commerciales et du groupement d'intérêt économique énoncent clairement l'incompatibilité des fonctions de notaire, d'avocat, de comptable agréé, d'expert-comptable agréé, de commissaire aux comptes, d'architecte, d'officier ministériel et auxiliaire de justice, d'agent de change, de greffier, d'administrateur et liquidateur judiciaire, de magistrat ou de fonctionnaire avec l'exercice des activités commerciales[20].

Elles prescrivent en outre que toute personne dont le statut est incompatible avec l'exercice du commerce ne peut être membre d'une société commerciale par la forme[21].

Ainsi, les différents cabinets d'architectes, d'experts comptables ou de commissaires aux comptes et autres qui se constituent entre ces professionnels sous la forme de SARL ou de SA vont tout simplement à l'encontre de ces prescriptions.

Pour nous, au-delà des considérations fiscales, cette attitude témoigne d'un besoin accru de protection juridique et sociale ainsi que la recherche d'une meilleure forme organisationnelle.

Il revient donc aux autorités nationales et régionales d'y apporter les solutions idoines sur ce point.

Car, exploiter sous forme de société civile professionnelle suivant la législation en vigueur ne procure nullement un avantage juridique et fiscal particulier par rapport à une entreprise individuelle.

---

[19] Il s'agit d'une société civile régie par la loi 90-1258 du 31 décembre 1990 articles 22 et 23 ainsi que le décret 92-1448 du 30 décembre 1992 et les articles 1871-1882-1 du Code civil (avant la refonte générale de 2019).

[20] Article 9 de l'Acte Uniforme de l'OHADA du 15 décembre 2010 portant sur le Droit Commercial Général.

[21] Article 7 de l'Acte Uniforme de l'OHADA du 30 janvier 2014 relatif au Droit des sociétés commerciales et du groupement d'intérêt économique : « une personne physique ou morale ne peut être associée dans une société commerciale lorsqu'elle fait l'objet d'une interdiction, incapacité ou incompatibilité prévue par une disposition légale ou réglementaire.»

Les risques encourus, les obligations à respecter et l'impôt à payer sont quasiment les mêmes tant pour ces professionnels que pour l'exploitant individuel.

2.6. Les différents régimes fiscaux[22]

La fiscalité classifie les contribuables en différents régimes en fonction de leur taille, de leur chiffre d'affaires et de la nature de leurs activités. Il en découle plusieurs obligations catégorielles.

De manière générale, on distingue[23] :

- Le régime du forfait ;
- Le régime du bénéfice réel.

2.6.1. Le régime du forfait dont les contribuables sont assujettis à l'Impôt Global Forfaitaire (IGF).

Ce régime est subdivisé en deux sous régimes :

- Le régime fiscal des très petites entreprises dont le chiffre d'affaires annuel hors taxes est inférieur aux seuils suivants :

-soixante (60) millions de FCFA pour les entités de négoce ;
-quarante (40) millions de FCFA pour les entités artisanales et assimilées ;
-trente (30) millions de FCFA, pour les entités de service.

- Le régime fiscal des petites entreprises dont le chiffre d'affaires annuel hors taxes est inférieur aux seuils supérieurs suivants :

-entre soixante (60) millions de FCFA et cent (100) millions de FCFA, pour les entités de négoce ;
-entre quarante (40) millions de FCFA et cent millions de FCFA, pour les entités artisanales et assimilées ;

---

[22] Cf. Article 26 du Code Général des Impôts, Tome I mis à jour en 2019.
[23] Cette catégorisation est donnée en fonction de la loi 40-2018 du 28 décembre 2018 portant Loi des Finances 2019.

-entre trente (30) millions de FCFA et cent (100) millions de FCFA, pour les entités de services.

Il sied de noter que les professions réglementées (avocats, huissiers de justice, commissaires-priseurs, notaires, architectes, etc.) sont expressément exclus de ce régime du forfait quel que soit leur chiffre d'affaires[24].

Plus loin, nous examinerons l'incidence de cette mesure d'exclusion des professionnels libéraux membres des professions réglementées du régime du forfait.

2.6.2. Le régime de l'imposition d'après le bénéfice réel.

Suivant les dispositions de l'article 30 CGI T1[25], on distingue :

- Les contribuables dont le chiffre d'affaires annuel hors taxes est supérieur à 100 000 000 de francs CFA ;
- Les contribuables dont le chiffre d'affaires annuel hors taxes est supérieur ou égal à 2 000 000 000 de francs CFA.

Cette classification entraine d'importantes obligations comptables et fiscales ; car il s'agit, comme on le voit, de grandes entreprises.

On peut déjà noter à ce stade de notre étude qu'il n'est rien dit à propos des entités exclues du régime du forfait, notamment les professions libérales réglementées, dont le chiffre d'affaires annuel hors taxes n'atteint pas les seuils sus énoncés de cent millions (100 000 000FCFA).

En somme, nous venons d'examiner les indicateurs fondamentaux que le professionnel libéral, tout comme le commerçant, devra prendre en ligne de compte dans le pilotage de son affaire.

Décider de les ignorer, c'est se diriger droit contre le mur. Car, depuis que la rente pétrolière a commencé à décliner, le gouvernement de la République n'a plus une autre issue sûre que l'amélioration des recettes fiscales hors pétrole.

---

[24] Article 26-4) du Code Général des Impôts, Tome I mis à jour en 2019.

[25] Issu de la loi des finances 2016.

DEUXIEME PARTIE

LES PRINCIPALES PRESCRIPTIONS FISCALES

Le citoyen, membre d'une profession libérale réglementée ou commerciale, est assujetti à plusieurs prescriptions fiscales dès le début de ses activités (chapitre 2). Il doit aussi répondre mensuellement à certaines obligations et acquitter divers impôts et taxes à caractère professionnel ou non (chapitre 3). À la clôture de l'exercice, en fin d'année civile, il est astreint à d'autres prescriptions (chapitre 4) ainsi qu'à la déclaration de revenus et au calcul de l'impôt y afférant dont il doit acquitter le solde (chapitre 5).

CHAPITRE II

LES PRESCRIPTIONS AU DEBUT DES ACTIVITES

Les prescriptions au début des activités consistent en des déclarations obligatoires destinées à faire connaître l'entité créée aux autorités judiciaires et administratives ainsi qu'aux institutions nationales de collecte et de traitement des données statistiques.

Ces déclarations répondent aussi aux besoins de sécurité nationale. Dans un monde où le terrorisme opère avec des méthodes et techniques de plus en plus raffinées et n'épargne aucun continent, il est normal que les autorités nationales en charge de la sécurité soient au courant de l'existence des entités licites évoluant sur le territoire ainsi que les lieux où leurs activités sont déployées.

De la sorte, ces autorités peuvent effectuer des visites de contrôle pour vérifier la conformité des activités aux déclarations souscrites, le respect des lois et règlements en vigueur, voire constater les infractions. Elles peuvent aussi recueillir les renseignements permettant de faire évoluer la législation pour mieux encadrer et accompagner les acteurs économiques en fonction de la réalité vécue.

….La plupart de ces formalités sont facilitées par un guichet unique : le centre des formalités des entreprises (CFE). Toutefois, il existe encore des entités qui sont créées en dehors du circuit officiel. De même, les structures préexistantes au CFE ne procèdent pas toujours à la mise à jour des informations.

Ces déclarations ne sont pas spécifiques aux professionnels libéraux. Elles concernent les organes de justice et les ordres professionnels (I), l'autorité fiscale et les institutions sociales (II) ainsi que les institutions de suivi des statistiques et des performances économiques des entreprises (III).

I. Les déclarations aux organes de justice et ordres professionnels

Elles concernent l'immatriculation au registre de commerce et de crédit mobilier (1) et l'information de l'autorité interne au sein de chaque ordre professionnel règlementé (2).

1.1. Immatriculation au RCCM

....Le registre de commerce et du crédit mobilier (RCCM) est un fichier institué par l'Organisation pour l'Harmonisation en Afrique du Droit des Affaires (OHADA) qui recense au plan régional, national et local les informations sur les acteurs économiques et assure la publicité légale de certaines transactions ou sûretés.

Le RCCM succède au registre du commerce et des sociétés (RCS) qui concernait presque exclusivement les commerçants et l'immatriculation des sociétés.

Le droit communautaire a accru le rôle de ce fichier ouvert auprès du greffe de chaque tribunal de commerce des États-parties. Il ne concerne plus uniquement les commerçants au sens de l'Acte uniforme sur le droit commercial général, mais aussi *toute personne physique exerçant une activité professionnelle que la loi soumet à l'immatriculation audit registre ; les établissements publics ayant une activité économique et bénéficiant de l'autonomie juridique et financière*[26].

L'immatriculation donne lieu à l'attribution dès le dépôt de sa demande par l'assujetti d'un numéro d'immatriculation qui est personnel à chaque personne immatriculée[27].

Ainsi, pour le fisc et les autres administrations nationales l'immatriculation au RCCM est un moyen d'identification des contribuables, acteurs économiques.

---

[26] Article 35-1°) de l'Acte uniforme du 15 Décembre 2010 portant sur le Droit commercial général publié au JO OHADA n°23 du 15 février 2011, p.1 et s.

[27] Article 35-1°) de l'Acte uniforme du 15 Décembre 2010 portant sur le Droit Commercial Général précité.

C'est pourquoi, cette exigence est requise des autorités fiscales et de sécurité sociale à l'occasion des déclarations.

Pour le public et les partenaires économiques, le RCCM permet d'assurer la publicité des transactions. À cet effet, il reçoit les inscriptions relatives au contrat de crédit-bail et aux sûretés prévues par l'Acte uniforme des sûretés ou par toute autre disposition légale[28].

Le but poursuivi par les dirigeants africains à travers le RCCM est de satisfaire aux exigences de sécurité, de célérité, de transparence et de loyauté nécessaires au développement des activités économiques. Il revient donc aux professionnels d'appréhender et de réaliser cette vision.

Enfin, il sied de noter que l'immatriculation au registre du commerce et du crédit mobilier a un caractère obligatoire.

Ainsi, toute personne physique dont l'immatriculation est requise par la loi doit, dans le premier mois de l'exercice de son activité, demander son immatriculation au registre du commerce et du crédit mobilier[29]au greffe de la juridiction compétente ou à l'organe compétent dans l'État partie, dans le ressort de laquelle son activité se déroule.

Certes, les différents textes créant ou instituant les professions libérales règlementées préexistent au RCCM et ne prévoient pas une telle inscription pour le professionnel libéral exerçant à titre individuel.

En revanche, à notre connaissance, il n'existe aucune disposition légale qui le proscrit expressément.

1.2. Déclaration aux ordres professionnels internes

La plupart des professions libérales règlementées comprennent des ordres qui permettent d'encadrer l'activité de leurs membres et de sanctionner par voie disciplinaire les manquements à la déontologie, à l'éthique et à la discipline.

---

[28] Article 34 de l'Acte Uniforme de l'OHADA du 15 décembre 2010 portant sur le Droit Commercial Général.

[29] Article 44 de l'Acte Uniforme de l'OHADA du 15 décembre 2010 précité.

Ce sont des professions libérales, mais pour lesquelles l'accès et l'exercice sont conditionnés par la détention d'un diplôme universitaire et l'avis préalable des dirigeants de ces ordres professionnels.

Pour permettre à ces organes de jouer pleinement leur rôle d'encadrement et de protection professionnelle, le professionnel doit informer l'organe départemental auquel il est affilié (barreau, chambre départementale des Huissiers de justice, des Notaires, etc.) de l'ouverture de son cabinet et le lieu de sa localisation physique.

Chaque année ces organes dressent un répertoire contenant généralement tous les renseignements facilitant cette localisation : adresse, boîte postale, téléphone, bureau ou comité exécutif dirigeant, etc.

Ainsi, grâce aux différents répertoires dressés par les ordres professionnels, les pouvoirs publics disposent des renseignements permettant le dénombrement et la localisation de cette catégorie de contribuables. Les textes instituant ces ordres prescrivent généralement que leurs titulaires doivent demeurer dans le ressort territorial de leurs installations professionnelles.

On peut dire, à cet effet, que les membres de ces professions règlementées offrent de réelles garanties de représentation dans le cadre du procès pénal ou civil.

Ainsi, à l'occasion des procédures pénales engagées contre eux, sauf risque réel de collision ou de destruction de preuves, ces professionnels peuvent toujours comparaître librement devant les instances judiciaires compétentes, en vertu du principe de présomption d'innocence, jusqu'à ce que leur culpabilité soit démontrée.

Outre ces formalités préalables que nous venons d'examiner, le professionnel doit faire la déclaration de ses activités aux autorités fiscales et sociales.

II. La déclaration aux autorités fiscales et sociales

Cette déclaration concerne le fisc (1), la Caisse Nationale de Sécurité Sociale (2) et l'Inspection de travail (3).

2.1. Déclaration d'existence à l'autorité fiscale

La déclaration d'existence à l'autorité fiscale est obligatoire. Elle devrait normalement suivre celle de l'immatriculation au registre de commerce et de crédit mobilier.

En effet, à la déclaration que le contribuable souscrit auprès de l'autorité fiscale, il doit être indiqué son numéro d'inscription au RCCM.

Cependant, l'article 46 du Code Général des Impôts Tome 1 prévoit un délai plus court. Le professionnel qui réalise les bénéfices non commerciaux tels que définis à l'article 42 dudit code est tenu de souscrire *dans les quinze jours du commencement de ses opérations,* une déclaration d'existence auprès de l'inspection divisionnaire des contributions directes et indirectes dont il dépend.

Nous avons noté que les mêmes renseignements[30], accompagnés de pièces justificatives, fournis sur le formulaire d'inscription à l'appui de la demande d'immatriculation sont demandés par l'administration fiscale.

Il s'agit de :

- les noms, prénoms et domicile personnel de l'assujetti ;
- ses date et lieu de naissance ;
- sa nationalité ;
- le cas échéant, le nom sous lequel elle exerce son activité, ainsi que l'enseigne utilisée ;
- la ou les activités exercées ;
- le cas échéant, la date et le lieu de mariage, le régime matrimonial adopté, les clauses opposables aux tiers restrictives de la libre disposition des biens des époux ou l'absence de telles clauses, les demandes en séparation de biens ;
- les noms, prénoms, date et lieu de naissance, domicile et nationalité des personnes ayant pouvoir d'engager par leur signature la responsabilité de l'assujetti ;

[30] Article 44 de l'Acte Uniforme de l'OHADA du 15 décembre 2010 relatif au Droit Commercial Général.

- la date du commencement, par l'assujetti, de son activité et le cas échéant de celle des autres succursales et établissements ;
- toute autre indication prévue par des textes particuliers.

À l'appui de cette déclaration, il est joint les pièces justificatives : l'extrait d'acte de naissance, extrait d'acte de mariage, autorisation d'exercice ou arrêté de nomination, contrat de bail ou titre de propriété ou tout titre justificatif de l'occupation du local dans lequel l'activité est exercée, etc.

La déclaration d'existence est réalisée en conformité avec le fichier fiscal qui gère le NIU qui permet d'identifier le contribuable.

2.2. Immatriculation à la CNSS

Le professionnel libéral peut exercer directement son activité sans nécessairement recourir à l'embauche du personnel salarié. Il peut même poursuivre cette exploitation seule en recourant à l'externalisation de ses principaux services internes ou fonctions : la comptabilité, le secrétariat, livraison et expédition du courrier, etc.

Dans la mesure où il n'existe pas au Congo un régime de sécurité sociale obligatoire pour l'exploitant individuel, celui-ci n'est pas en principe tenu de la déclaration à la caisse de la sécurité sociale tant qu'il n'a pas engagé un employé salarié au sens du code de travail.

Toutefois, la loi de 1986 instituant le code de sécurité sociale en son article 4 a prévu la possibilité d'une cotisation volontaire.

En ce sens et en cas de recrutement du personnel salarié, le professionnel libéral exerçant à titre individuel ou collectif est tenu d'immatriculer son entité et son personnel à la caisse de sécurité sociale pour s'assurer contre les risques professionnels et les accidents encourus à l'occasion de l'exercice de son activité.

C'est une assurance qui est aussi requise contre l'invalidité de vieillesse.

L'action agressive des autorités actuelles de la Caisse Nationale de Sécurité est entrain de porter du fruit.

Les Congolais sont en train, petit à petit, de prendre conscience de la nécessité de lutter contre le travail non déclaré et de se prémunir contre les risques professionnels.

En matière d'emploi salarié, l'Inspection du travail est aussi sollicitée.

2.3. Inspection du travail

Le professionnel libéral, à l'instar de tout autre employeur utilisant du personnel salarié au sens du code de travail, est tenu de souscrire une déclaration d'existence à l'Inspection de travail.

À cette occasion, en raison des salaires qu'il est tenu de verser à son personnel, il doit requérir et se faire remettre un livre de paie dument signé de l'inspecteur départemental de travail. Il y renseigne les noms de ses employés et les différents éléments de leur rémunération (le salaire de base, primes et indemnités, le salaire net, etc.).

L'Inspection de travail s'intéresse au respect de la législation du travail par les employeurs et les salariés. Elle sera un grand partenaire tout le long de la vie de l'entreprise, surtout dans les moments de crise économique et financière menant à la compression des effectifs. Son avis est alors obligatoire.

Elle interviendra également dans le calcul des droits légaux et conventionnels des salariés licenciés.

En cas de friction dans l'exécution du contrat de travail, elle pourra être sollicitée pour tenter une conciliation préalable entre les parties contractuelles (employeurs et salariés).

Le professionnel est également appelé à faire d'autres déclarations auprès des institutions de suivi économique et statistique des entreprises.

III. Déclaration aux institutions de suivi économique et statistique des entreprises

Les institutions intéressées à première vue par l'information de création et de suivi des performances économiques des entreprises sont l'Institut National de la Statistique (1) et l'Office National de l'Emploi et de la Main d'œuvre ou l'organe à naître de ses cendres (2).

3.1. L'Institut National de la Statistique (INS)

L'Institut National de la Statistique du Congo est, pourrait-on dire, l'équivalent en France de l'Institut National des Statistiques et des Études Économiques (INSEE). C'est une institution chargée, entre autres, de suivre l'évolution de l'économie nationale.

Les statuts de l'Institut National de la Statistique ont été approuvés par décret n°2010-805 du 31 décembre 2010 portant approbation des statuts de l'Institut National de la Statistique. Il comprend en son sein la direction du Centre National de la Statistique et des Études Économiques (CNSEE) dont les attributions et l'organisation sont fixées par décret n°2003-133 du 31 juillet 2003.

Celle-ci établit les statistiques permettant de déterminer le niveau de performance des entreprises dans chaque secteur d'activité. C'est un outil indispensable pour les indicateurs économiques. Ces statistiques permettent, en effet, d'orienter les dirigeants et les gouvernants dans la prise de décisions.

L'une des missions dévolues clairement à la direction des statistiques économiques est d'*« immatriculer les entreprises et les établissements qui exercent leurs activités au Congo.»*

L'Institut National de la Statistique délivre aux entités immatriculées le SCIEN et le SCIET.

Cette institution met à la disposition des utilisateurs une base des données ou informations utiles par internet à travers son site : www.cnsee.org/ Email : cnsee@hotmail.fr.

Le ministère de plan a grandement besoin de ces statistiques pour élaborer des programmes nationaux de développement (PND) sur des périodes plus ou moins longues.

Au moment où nous nous consacrons à la présente étude, il vient d'être lancé un recensement général des entreprises sur l'ensemble du territoire national dénommé REGEC (Recensement Général des Entreprises du Congo).

Ainsi, à l'issue de ce recensement il pourra être établi au plan national un répertoire général de toutes ces entreprises suivant le secteur d'activités. Grâce aux renseignements recueillis, il sera possible d'observer l'évolution de chaque secteur d'activités à l'échelle départementale ou nationale.

Une banque de données ainsi constituée pourra aussi servir à diverses études économiques, notamment permettre d'apprécier même le niveau de l'assiette fiscale et faire des anticipations.

C'est donc à juste titre que ce travail de compilation d'informations est fait.

D'ailleurs, la devise retenue pour cette opération passe sans commentaires : «*Toute entreprise compte.*»

3.2. L'Office National de l'Emploi et de la Main d'Œuvre

L'Office National de l'Emploi et de la Main d'Œuvre (ONEMO) a été récemment dissout par un décret[31] pris en conseil des ministres.

Il s'agit en fait d'une scission devant aboutir à la création de deux institutions : l'une chargée de la formation professionnelle dépendant du ministère de l'enseignement technique et de la formation qualifiante ; l'autre pour l'emploi dépendant du ministère compétent en charge des questions de travail et de la sécurité sociale.

En attendant les deux nouveaux organes qui naîtront de ses cendres, l'ONEMO continue encore à jouer le rôle qui lui fut dévolu à sa création.

À ce titre, il centralise le marché de l'embauche entre les pourvoyeurs et les demandeurs d'emplois.

Avec cette mission, il tient les statistiques sur l'évolution du marché de l'emploi au Congo.

---

[31] Décret (présidentiel) n°2018-461 du 15 décembre 2018 portant scission-dissolution de l'ONEMO publié au Journal Officiel de la République du Congo (JORC) du jeudi 3 Janvier 2019 P.4. La gestion transitoire de cet office est réglementée par Arrêté n°14053 du 19 décembre 2018 du Ministre de l'enseignement technique et professionnel, de la formation qualifiante et de l'emploi publié dans le même numéro du JORC. Monsieur Patrick GAMASSA, commissaire aux comptes, Associé Directeur Général du cabinet KPMG CONGO, a été désigné commissaire à la scission de cet organe par ordonnance n°059 du 1er Mars 2019 rendue par monsieur le président du Tribunal de Grande Instance de Brazzaville.

Cet aspect de son activité est d'une importance capitale pour tous les utilisateurs de ces informations, notamment les décideurs au sommet de l'État sur les choix politiques à opérer.

Ces informations aident à définir le contenu des programmes scolaires et universitaires susceptibles de répondre aux besoins professionnels des entreprises utilisatrices de main d'œuvre qualifiante d'une part, et à lutter contre le chômage endémique des jeunes dont les formations ne sont pas souvent en adéquation avec les attentes des entreprises, d'autre part.

Le recrutement du personnel salarié est encadré par des textes juridiques. Par exemple, l'emploi des personnes de nationalité étrangère dites expatriées obéit à un certain formalisme. Il doit non seulement être déclaré, comme celui des nationaux, mais surtout faire l'objet d'une autorisation expresse de l'autorité compétente.

En effet, l'embauche des étrangers en situation irrégulière est juridiquement réprimée dans tous les pays du monde.

Lorsque toutes les conditions légales sont réunies, tant pour les nationaux que pour les étrangers, l'ONEMO délivre aux employeurs et salariés une carte de travail d'une validité d'une année.

Pour les étrangers, les titres en circulation fluide sont les AET (Autorisation d'Emploi Temporaire).

C'est à l'ONEMO, à travers ses divers cadres, que revient ce travail de contrôle. À l'occasion de l'exercice de ses activités, il constate et réprime les infractions constatées.

Des transactions sont toujours possibles entre l'Administration et les entreprises verbalisées.

Ainsi, qu'il s'agisse de l'actuel ONEMO, qu'il s'agisse de l'organe appelé à naître qui lui succédera[32], le professionnel libéral n'est pas exempté des déclarations qui incombent à tout employeur déployant son activité sur le territoire national.

---

[32] Suivant compte rendu du porte-parole du gouvernement, le projet des statuts de l'Agence Congolais pour l'Emploi, en remplacement de l'ONEMO, a été adopté au Conseil des ministres du gouvernement du 05 juin 2019.

Toutes ces déclarations examinées ci-dessus sont rendues obligatoires par le fait des lois et règlements en vigueur.

En plus de celles-ci, le professionnel peut faire des déclarations facultatives dans l'intérêt de ses activités et de sa propre personne.

IV. Déclarations facultatives

Nous évoquons ici les déclarations de courtoisie et de bon sens au regard de nos valeurs traditionnelles.

Ces déclarations ne sont pas prescrites par la loi. Mais, elles peuvent contribuer à la sécurité et à la facilitation de l'exercice de l'activité du professionnel concerné.

Leur manquement ne donne pas lieu à une pénalité. Une simple correspondance suivie d'une visite de courtoisie devrait suffire. Il s'agit, au choix, de la préfecture et de la mairie (1), de la police et de la gendarmerie (2) et des autorités de base du quartier (3).

4.1. Déclarations aux autorités préfectorales et municipales

La police et la gendarmerie opèrent pour la sécurité des citoyens et de leurs biens. Ils sont auxiliaires de justice au même titre que certains professionnels libéraux.

Dans leur œuvre de collaboration à la bonne distribution de la justice, les avocats tout comme les huissiers de justice, commissaires-priseurs et autres professionnels sont appelés à collaborer avec la police et la gendarmerie.

Le succès des activités des huissiers de justice dépend en partie de la prise de position de la force publique.

L'État, en effet, est tenu de prêter son concours à l'exécution des décisions et des titres exécutoires.

La formule exécutoire apposée sur ces décisions et titres exécutoires *vaut réquisition directe de la force publique*[33].

---

[33] Article 29 de l'Acte uniforme de l'OHADA du 10 avril 1998 portant organisation des procédures simplifiées de recouvrement et des voies d'exécution.

Au Congo, la formule exécutoire est ainsi conçue: *« En conséquence, la République du Congo mande et ordonne à tous agents d'exécution (Huissiers de Justice) sur ce requis de mettre le présent jugement (ou le présent arrêt ou la présente ordonnance) à exécution, aux procureurs de la République d'y tenir la main et à tous commandants ou officiers de la force publique de prêter main-forte lorsqu'ils en seront légalement requis. »*[34]

On retrouve la même formulation en France[35] : « *En conséquence, la République française mande et ordonne à tous huissiers de justice pour ce requis de mettre ledit arrêt (ou ledit jugement) à exécution, aux procureurs généraux et aux procureurs de la République près les tribunaux de première instance d'y tenir la main, à tous commandants et officiers de la force publique de prêter main-forte lorsqu'ils en seront légalement requis.*

En foi de quoi le présent arrêt (ou jugement, etc.) a été signé par...»

C'est pourquoi, dès son installation, il est dans l'intérêt du professionnel libéral de justice de prendre contact avec l'autorité de police ou de gendarmerie de son ressort.

En raison de l'évolution des pratiques professionnelles dans ces unités, nous recommandons de porter aussi cette information à la direction départementale de police, au commissariat central de police, ainsi qu'à l'autorité de gendarmerie sans oublier le commissariat d'arrondissement territorialement compétent.

Cette attitude contribue à assainir les rapports dès le début de l'activité et à éviter certains écarts de conduite dus à la confusion, à l'ignorance ou à la méconnaissance par les éléments de ces unités de la personnalité et du statut du professionnel libéral en présence.

4.2. Déclaration aux autorités de base du quartier

Cette déclaration de courtoisie aux autorités de base du quartier peut s'avérer très utile pour certains professionnels.

---

[34] Article 295 du code de procédure civile, commerciale, administrative et financière.

[35] *Cf.* Jean Vincent & Serge Guinchard, *Procédure civile,* 24e édition, 1996 DALLOZ, P778: « *Sa rédaction actuelle date du décret du 12 juin 1947 modifié sur un point de détail par le décret du 22 décembre 1958.*»

Les populations reconnaissent l'activité de la police, de la gendarmerie et des juges lorsque ces derniers sont dans leur costume.

S'agissant des professionnels de justice, une confusion règne encore dans bien d'esprits sur les attributions des notaires, des huissiers de justice, des commissaires-priseurs, etc. On les assimile tantôt aux juges ou magistrats, tantôt aux avocats.

Lorsqu'ils interviennent pour la signification ou l'exécution des titres exécutoires certains professionnels, comme les huissiers de justice, étant en civil, éprouvent d'énormes difficultés à exercer leur ministère dans les quartiers.

Très souvent les autorités de quartier, par une sorte de solidarité communautaire, prennent position pour les personnes en cause. Elles se mettent ainsi en concurrence avec l'huissier de justice plutôt que d'apporter leur concours pour faire triompher l'État de droit.

Avec l'implantation progressive des professionnels libéraux judiciaires dans les arrondissements (Tié-tié, Mvou-Mvou, Foucks, Lumumba, Mawata, Ngoyo à Pointe-Noire ; Poto-poto, Bacongo, Makelekele, Ouènze, Moungali, Talangai à Brazzaville), il est opportun et courtois d'aller à la rencontre de ces autorités de base pour les sensibiliser.

Une telle démarche participe au management de proximité. Il permet de prévenir et d'évacuer certaines difficultés latentes.

En conclusion pour ce chapitre, nous retiendrons que l'activité des membres des professions libérales règlementées n'est pas informelle. Bien au contraire, c'est une activité dévolue par l'autorité publique qui intervient par des textes juridiques pour l'encadrer dans son organisation et son fonctionnement afin de lui faire jouer pleinement son rôle économique et social.

Ainsi, l'État entend-il tirer profit des avantages financiers qui en résultent. D'où, de nombreuses déclarations obligatoires et facultatives dès le début des activités.

CHAPITRE III

LES PRESCRIPTIONS MENSUELLES ET LES DIFFERENTS IMPOTS ET TAXES

Lorsque le professionnel libéral (ou bien le commerçant) s'est entièrement installé, après le mois de ses déclarations d'existence aux différentes autorités et administrations intéressées par son activité, s'ouvre pour lui une longue période d'exercice normal de son activité.

Au cours de celle-ci, il va se soumettre à d'autres prescriptions légales qui peuvent s'avérer contraignantes. Il en sera ainsi jusqu'à sa disparition professionnelle.

Le professionnel doit donc veiller au respect de toutes les normes qui régissent son environnement immédiat. Ces normes sont nombreuses et toujours en perpétuel changement.

C'est pourquoi, il n'hésitera pas à faire recours aux compétences externes, notamment aux conseils avisés des experts des sujets ou problèmes auxquels il sera confronté.

Les cabinets de comptabilité, de fiscalité et de gestion pourront utilement l'orienter dans la gestion de son affaire pour éviter un pilotage à vue aux conséquences désastreuses.

De même, les centres de gestion agréés auprès des chambres de commerce ou de métiers, là où ils existent, lui seront également d'un apport inestimable en conseils et formations. Ils pourront même s'occuper de tout ou partie de sa comptabilité, sauf interdiction expresse de la loi.

De manière générale, les prescriptions fiscales consistent en des déclarations mensuelles et trimestrielles (1) suivies de paiement des taxes et impôts personnels (2) et ceux collectés sur des tiers (3).

I. Les déclarations mensuelles et trimestrielles

Nous examinerons d'abord les déclarations mensuelles (1), puis les déclarations trimestrielles (2).

1.1. Les déclarations mensuelles

Le Code Général des Impôts - Tome 1 prescrit en son article 173 alinéa 1 que c'est dans le délai de vingt (20) jours que doivent être déclarées et reversées à l'administration fiscale les sommes d'argent retenues ou collectées au cours du mois précédent sur des tiers au titre d'acomptes de l'IRPP ou de diverses taxes.

À cette occasion, le professionnel souscrit une déclaration générale mensuelle de revenus contenant plusieurs rubriques qu'il renseigne suivant le montant des sommes correspondantes. Il dresse une liste complète des personnes ayant bénéficié des rémunérations et subi de retenues.

De même, suivant les prescriptions des articles 176 et 177 bis du CGI-tome 1 les employeurs, et plus spécialement ceux qui emploient plus de trois salariés, sont tenus de souscrire une telle déclaration chaque mois relativement aux rémunérations versées à leur personnel.

Dans la pratique, l'administration fiscale met chaque mois à la disposition des contribuables professionnels des imprimés de déclarations regroupant plusieurs rubriques d'impositions qui doivent être déclarées.

Les mêmes déclarations, en ce qui concerne les tiers à l'entreprise, notamment les fournisseurs, courtiers et autres commissionnaires, sont regroupées et doivent être réitérées chaque trimestre.

1.2. Les déclarations trimestrielles

Les déclarations trimestrielles ne concernent que les sommes d'argent retenues sur des tiers à l'entreprise en rémunération de leurs services.

Cette retenue est de dix pour cent (10%) des sommes à payer.

Désormais, en effet, les personnes physiques ou morales qui, à l'occasion de l'exercice de leur profession, versent à des personnes physiques ou morales établies au Congo et non soumises à l'impôt sur les sociétés des sommes en rémunération de prestations de toute nature fournie ou utilisée au Congo sont tenus d'opérer une retenue à la source au taux de 10% pour le compte de l'État[36].

De plus, elles sont tenues de remettre aux services fiscaux un état trimestriel des versements effectués sur ces tiers[37].Cet état trimestriel doit présenter les indications suivantes[38] :

a) nom, prénoms, emploi et adresse du bénéficiaire ;
b) NIU ou, à défaut, RCCM ou numéro et date de délivrance de la carte nationale d'identité, du passeport ou du titre de séjour ;
c) montant des sommes versées ;
d) période à laquelle s'appliquent les paiements ;
e) montant de l'impôt retenu à la source.

Il sied de préciser que l'état trimestriel susdit n'est pas accompagné de reversement ou paiement de sommes d'argent.

Pour le fisc, «cette nouvelle formulation permet d'appréhender de façon plus large les revenus non déclarés».

Évidemment, celui qui n'effectue pas la retenue ou qui, après l'avoir effectuée, ne la déclare pas ou encore ne la reverse pas s'expose à des amendes, comme nous le verrons plus loin.

Conformément au calendrier fiscal[39] les déclarations trimestrielles interviendront normalement quatre fois dans l'année comme suit :

1er trimestre : du 10 au 20 avril

2ème trimestre : du 10 au 20 juillet

3ème trimestre : du 10 au 20 octobre

4ème trimestre : du 10 au 20 janvier

---

[36] Article 183 alinéa 1, C.G.I, T1, LF 2019.
[37] Article 183 alinéa 4, CGI, T1, LF 2019.
[38] Article 183 alinéa 5, CGI, T1, LF 2019.
[39] Suivant article 461 bis du CGI, tome 1, les déclarations et paiements des impôts interviennent entre le 10 et 20 du mois suivant celui où ils sont exigibles.

Après avoir examiné les différentes déclarations mensuelles et trimestrielles, nous pouvons à présent aborder la question des impôts et taxes.

II. Les impôts et taxes personnels

Le professionnel libéral, à l'instar d'autres contribuables, est soumis au paiement de plusieurs taxes et impôts dans le cadre de son activité. L'impôt, au sens strict, est destiné à alimenter le budget national pour couvrir les charges et investissements de l'État.

Les taxes, par contre, sont destinées à couvrir des charges bien individualisées. Elles sont, en général, dues ou collectées au profit des collectivités décentralisées ou déconcentrées de l'État.

Certains concernent le fait d'exercer une activité professionnelle (1). D'autres frappent les biens ou services lors de leur acquisition (2). D'autres encore concernent ses transactions sur le local professionnel et son occupation (3), sa situation de résidence départementale et d'employeur (4), la possession de véhicules, de poste téléviseurs ou de biens immobiliers (5) ainsi que les profits réalisés à l'occasion de son activité professionnelle ou de la cession des éléments d'actifs (6).

2.1. La patente ou taxe professionnelle

La patente est une imposition perçue au profit des budgets des collectivités décentralisées (départements, communes).

Sauf exemption expresse, elle est due par toute personne physique ou morale qui exerce au Congo un commerce, une industrie ou toute autre activité à but lucratif[40].

Liée à l'exercice d'une profession, la patente est assimilée à la taxe professionnelle.

Les membres des professions libérales règlementées ne figurent pas sur la liste des exemptions[41] redéfinie par la loi des finances pour l'année 2014 qui comprend :

---

[40] Article 277 alinéa 1 CGI, T1.
[41] Article 279 CGI, T1.

- 1° l’État, les collectivités décentralisées, les établissements publics et les organismes d’État, pour leurs activités à caractère culturel, éducatif, sanitaire, social, sportif ou touristique ;
- 2°et 3°abrogés ;
- 4°les peintres, sculpteurs, dessinateurs, graveurs, considérés comme artistes et ne vendant que le produit de leur art ;
- 5 et 6° abrogés;
- 7° les artistes lyriques et dramatiques ;
- 8° les cultivateurs et éleveurs, seulement pour la vente et la manipulation des récoltes et des fruits provenant des terrains qui leur appartiennent ou qu’ils exploitent et pour la vente du bétail qu’ils élèvent, entretiennent où engraissent ;
- 9 et 10°abrogés
- 11° les pêcheurs ou piroguiers ;
- 12° les associés des sociétés en nom collectif, en commandite, à responsabilité limitée ou anonyme ;
- 13° les caisses d’épargne, de prévoyance, administrées gratuitement, les assurances mutuelles régulièrement autorisées ;
- 14 et 15°abrogés ;
- 16° les établissements publics ou privés ayant pour but de recueillir les enfants pauvres et de leur donner une profession ;
- 17°abrogé
- 18° les ouvriers et couturiers n’ayant qu’une machine et travaillant seuls en chambre ;
- 19 et 20°abrogés ;
- 21°les planteurs vendant du bois de chauffe provenant exclusivement du débroussaillement pour la mise en valeur de leur plantation ;
- 22°abrogé
- 23°les chasseurs autres que les chasseurs professionnels ;
- 24°les économats, syndicats agricoles et les sociétés coopératives de consommation à la condition qu’ils ne possèdent pas de magasin de vente et se bornent à grouper les commandes de leurs adhérents et à distribuer dans leurs

magasins de dépôt, les denrées, produits ou marchandises qui ont fait l'objet de ces commandes ;

- 25°les buffetiers du chemin de fer ;
- 26 et 27°abrogés.

Il existe une exemption spéciale d'une année pour les entreprises nouvelles. À l'appui de leur déclaration d'existence, l'administration leur délivre un titre de patente portant la mention « exonéré.[42]»

La patente est due chaque année, payable une seule fois entre le 10 et 20 avril[43]. Elle est personnelle. Elle n'est pas remboursable[44].

Son montant est déterminé sur la base du chiffre d'affaires annuel hors taxes de l'exercice comptable de l'année précédente.

Ainsi, plus ce chiffre est élevé, plus élevé sera le montant à payer.

Le taux de la contribution de la patente est fixé comme suit[45] :

- 10 000 FCFA pour les contribuables dont le chiffre d'affaires forfaitaire n'atteint pas 1 000 000 de FCFA ;
- 0, 750% % à la fraction du chiffre d'affaires comprise entre 1 000 000 de FCFA et 20 000 000FCFA ;
- 0,650% à la fraction du chiffre d'affaires comprise entre 20 000 001 et 40 000 000 de FCFA ;
- 0,450% à la fraction du chiffre d'affaires comprise entre 40 000 001 et 100 000 000 de francs ;
- 0,200% à la fraction du chiffre d'affaires comprise entre 100 000 001 et 300 000 000 de francs ;
- 0,150% à la fraction du chiffre d'affaires comprise entre 300 000 001 et 500 000 000 de francs ;
- 0,140% à la fraction du chiffre d'affaires comprise entre 500 000 001 et 1 000 000 000 de FCFA ;
- 0,135% à la fraction du chiffre d'affaires comprise entre 1 000 000 001 et 3 000 000 000 de FCFA ;
- 0,125% à la fraction du chiffre d'affaires comprise entre 3 000 001 et 20 000 000 000 de FCFA ;

[42] Article 297bis CGI.
[43] Articles 287 ; 310 et 461bis CGI, T1.
[44] Article 290 CGI, T1.
[45] Article 314 CGI-T1.

- 0,045% pour la fraction du chiffre d'affaires supérieur à 20 000 000 000 de FCFA.

Après l'acquittement de la patente, le contribuable doit suivre le processus de délivrance du titre de la patente qui n'est pas, malheureusement, établi d'office.

Ce titre est personnel et ne peut servir qu'à celui à qui il a été délivré. Il doit porter les éléments ci-après[46] :

- porter la photographie de celui au profit de qui il est établi lorsque le contribuable est un exploitant d'une entreprise individuelle ;
- indiquer l'activité exercée dans l'entité ;
- indiquer le nom et l'adresse de l'entité ;
- indiquer le nom et l'exploitant ;
- indiquer le NIU du contribuable ;
- porter le montant de la patente ;
- le titre de patente n'est délivré que sur présentation d'une pièce d'identité en cours de validité (passeport, carte d'identité, permis de conduire ou carte de séjour pour les étrangers).

<u>Application</u> :

L'Étude de Maître Edgard LANDZE, Huissier de justice à Brazzaville, sise 217, avenue Orsy à Poto-poto, a enregistré en 2017 les recettes totales hors taxes de 27 000 000FCFA.

Quel est le montant de sa patente en 2018 ?

<u>Réponse</u>

Assiette de l'impôt : 27 000 000 F

Ce montant embrasse trois tranches.

1ère tranche : 1 000 000F=10 000F
2ème tranche : 19 000 000F x 0,0075=142 500F
3ème tranche : 7 000 000F x 0.0065=45 500F
Montant de la patente à payer en 2018 :<u>198 000FCFA</u>

---

[46] Article 285 CGI-T1.

2.2. Les impôts sur la dépense

Il s'agit de toutes ces impositions qui frappent les biens au moment de leur circulation et qui s'incorporent au prix. Ces impôts sont de ce fait supportés par le consommateur final.

La taxe sur la valeur ajoutée est le principal impôt sur la dépense (1) auquel le professionnel libéral aura à faire face.

À cet impôt, nous ajoutons, volontiers, les droits de timbre (2) parmi tant d'autres impôts sur la dépense[47].

2.2.1. La taxe sur la valeur ajoutée (TVA)

La taxe sur la valeur ajoutée, en abrégé TVA, a été instituée en République du Congo par la loi n°12-97 du 12 mai 1997.

Depuis lors, son régime a légèrement évolué sous l'effet des lois de finances subséquentes.

Elle frappe toutes les opérations réalisées à titre onéreux par des personnes physiques ou morales relevant d'une activité économique[48]: activités industrielles, commerciales, agricoles, extractives, artisanales ou non commerciales, et notamment :

1) les importations,
2) les livraisons de biens faites à des tiers ou les livraisons à soi-même,
3) les prestations de services à des tiers et les prestations de service à soi-même.

L'activité des professionnels libéraux consistent en des prestations de services.

---

[47] Maurice COZIAN, *Précis de fiscalité des entreprises,* collection Droit & Gestion, sixième édition, 1981, P.3 :« *L'impôt sur la dépense est perçu sur les consommateurs sous des formes diverses :-taxes sur le chiffre d'affaires, sur les consommations courantes et certaines dépenses d'équipement ;-contributions indirectes sur certains biens, tels les alcools ou les tabacs ;-droits de timbre et enregistrement, dus à raison de certaines opérations juridiques correspondant soit à des dépenses de consommation, soit à des dépenses d'investissement.»*

[48] Articles 2 & 3 de la loi n°12-97 du 12 mai 1997 instituant la TVA au Congo.

La prestation de service, au sens de la loi dont s'agit, s'entend de toute opération qui ne constitue pas une livraison de biens.

Les prestations de service à des tiers s'entendent de toutes les activités qui relèvent du louage d'industrie ou du contrat d'entreprise par lequel une personne s'oblige à exécuter, en toute indépendance, un travail quelconque moyennant rémunération.

Sont donc considérés comme des prestations de service :

- les locations de biens meubles et immeubles ;
- les opérations portant sur des biens meubles et immeubles ;
- les opérations de leasing et de crédit-bail avec ou sans option d'achat ;
- le transport de personnes et de marchandises, le transit et la manutention ;
- la fourniture d'eau, d'électricité, de gaz et de téléphone ;
- *les opérations réalisées dans le cadre d'une activité libérale, de travaux d'étude, de conseil, de recherche et d'expertise ;*
- les ventes à consommer sur place ;
- les réparations et le travail à façon ;
- les travaux immobiliers exécutés par les différents corps de métier participant à la construction, l'entretien et la réparation de bâtiments et d'ouvrages immobiliers, les travaux de construction métallique, de démolition, les travaux accessoires ou préliminaires aux travaux immobiliers y compris les marchés publics financés de l'extérieur.

....Les prestations de service à soi-même s'entendent des services que les assujettis réalisent, soit pour des besoins de leur entreprise, soit pour d'autres besoins dans le cadre normal de leur activité.

Ainsi, Aux termes de la loi, celui qui vend ou achète ces services doit payer ou exiger la TVA en sus du prix, ainsi que les centimes additionnels.

Sauf exemption ou exonération expresse prévue par ladite loi, toutes les transactions économiques envers les tiers ou envers soi-même sont soumises à la taxe sur la valeur ajoutée[49].

---

[49] Article 3-11) de la loi n°12-92 du 12 mai 1997 instituant la TVA.

Il faut, toutefois, s'empresser de noter que sont concernées par cet impôt les opérations économiques effectuées à titre onéreux.

Dès lors, il est clair que par activité économique, il faut entendre toute activité de producteur, de commerçant ou de prestataire de services, y compris les activités libérales, agricoles, civiles ou extractives, exercées à titre habituel, activité supposant l'existence d'un lien direct entre le service rendu ou le bien livré et la contre-valeur reçue[50].

Le principe est donc la généralisation de la TVA. Mais, la loi des finances de 2019 est venue fixer un seuil d'assujettissement à la TVA et donner la possibilité d'un assujettissement sur option.

En effet, sont assujetties à la TVA les personnes physiques ou morales, y compris les collectivités publiques et les organismes de droit public, qui réalisent à titre habituel ou occasionnel et de manière indépendante, des opérations imposables entrant dans le champ d'application de la taxe et accomplies dans le cadre d'une activité économique effectuée à titre onéreux et *dont le chiffre d'affaires hors taxes est supérieur au seuil de 60 millions de FCFA quel que soit le secteur d'activité*[51].

Ceci ne veut pas dire que ces personnes ou entreprises ne payent plus la TVA lorsqu'elles acquièrent des biens ou services marchands. Bien au contraire, elles continueront à payer cet impôt à leurs fournisseurs, vendeurs ou bailleurs, mais elles ne pourront pas en exiger le paiement à leurs propres clients.

On peut dire qu'elles achètent ou paient les biens et services en prix toutes charges comprises (TTC), mais vendent leurs marchandises ou services à prix hors taxes (HT).

Elles peuvent, cependant, opter pour l'assujettissement à la TVA. Dans ce cas, elles doivent faire connaître cette option et être expressément autorisées par l'Administration fiscale[52].

---

[50] Gervais MOREL, *Fiscalité des entreprises,* 11e édition La Revue Banque édition-CFPB, Collection Fiscabanque, 2003, P 110.
[51] Article 5 de la loi n°12-97 du 12 mai 1997 instituant la taxe sur la valeur ajoutée complété par la loi n°40-2018 du 28 décembre 2018 portant loi de finances 2019.
[52] Article 6 nouveau de ladite loi issu de la loi de finances 2019.

Ces dispositions ont été clairement précisées et abondamment commentées par Instruction du Directeur Général des Impôts et du Domaine n°01151/MFB/DGID/DRC du 26 février 2019 sur l'application des principales dispositions fiscales contenues dans la loi n°40-2018 du 28 décembre 2018 portant loi de finances pour l'année 2019. Il y ressort :

« Désormais, en application des dispositions de la loi de finances pour l'année 2019, sont assujetties à la TVA, les personnes physiques et morales dont le chiffre d'affaires est supérieur à 60 millions quel que soit le secteur d'activités.

Par ailleurs, les personnes physiques et morales dont le chiffre d'affaires ne dépasse pas 60 millions peuvent opter pour l'assujettissement à la TVA. Dans ce cas, elles doivent adresser leur demande au responsable de la résidence fiscale compétente. Dès que l'option a été autorisée, le contribuable est tenu de respecter toutes les obligations auxquelles sont soumis les redevables de la TVA de plein droit.»

Le taux[53] normal de la TVA est 18% applicable à toutes les opérations taxables. Le taux réduit de 5% est applicable sur certains biens de consommation courante tels la tomate, huile végétale, sucre, le sel[54] et le ciment[55] produit localement.

En principe, la TVA ne frappe pas l'entreprise. Car, celle-ci, lorsqu'elle y est assujettie, paye la TVA en amont au moment de l'acquisition des biens et services auprès de ses fournisseurs (TVA supportée), mais elle la récupère en aval (TVA taxée) en taxant ses clients lors de la vente de ses propres biens ou services.

Elle déduit donc la TVA supportée et ne reverse plus à l'Administration fiscale que la différence, en plus des centimes additionnels.

Il y a donc un avantage et un inconvénient à être redevable de la TVA.

---

[53] Article 17 de la loi n°12-97 du 12 mai 1997 instituant la taxe sur la valeur ajoutée.
[54] Article 5 de la loi n°12-97 du 12 mai 1997 susdite modifiée par LF pour 2018.
[55] Article 17 ter de la loi n°12-97 du 12 mai 1997 sur la TVA modifié LF 2019.

En effet, l'assujetti[56] à la TVA a l'avantage de déduire la taxe qu'elle a payée en amont.

C'est au consommateur final de la payer. En revanche, pour récupérer cette taxe cet assujetti est obligé d'exiger la taxe à ses clients ; ce qui revient en pratique à vendre plus cher ses biens ou services (Prix HT+TVA+ CA=TTC).

Par contre, le professionnel qui y est légalement soumis, mais qui ne taxe pas ses clients de la TVA a l'avantage de vendre à moindre coût et peut paraître plus compétitif sur ce point précis.

Mais, il a l'inconvénient d'acheter plus cher sans possibilité de déduire le montant de la TVA incorporé dans le prix des biens et services acquis parce qu'il est considéré comme consommateur final.

Lorsque le professionnel assujetti à la TVA de plein droit ou par option oublie d'exiger la TVA à ses clients le prix de ses ventes est considéré par le fisc comme exprimé toutes charges comprises (TTC)[57]. Il est alors obligé d'effectuer des calculs pour déterminer, déduire et reverser la TVA collectée et les centimes additionnels y afférents.

<u>Application</u> :

Le Cabinets d'Avocats Jéthro LANDZE, assujetti de plein droit à la TVA, encaisse une note d'honoraires de 12 000 000FCFA. Dans sa facturation, le cabinet Jéthro a fait fi de la TVA.

Déterminer le montant de la TVA et des CA qu'il est tenu malgré tout de payer au fisc à l'occasion de cet encaissement.

---

[56] Sauf exception légale, il s'agit de toutes personnes physiques ou morales, y compris les collectivités publiques et les organismes de droit public, qui habituellement ou occasionnellement exercent en toute indépendance des livraisons des biens ou des prestations de services relevant d'une activité économique imposable entrant dans le champs de la loi , sans égard à leur statut, forme ou la manière de leur intervention dans le circuit économique. À titre d'information, les personnes de droit public ne sont pas assujetties à la TVA pour l'activité de leurs services administratifs, sociaux, éducatifs, culturels et sportifs lorsque leur non assujettissement n'entraîne pas de distorsion dans les conditions de la concurrence *Cf.* Article 5 alinéa 2.

[57] Article 6-16) c) de la loi n°12-97 du 12 mai 1997 instituant la taxe sur la valeur ajoutée.

Réponse :

Pour avoir omis de taxer la TVA à son client, on considère que les honoraires de 12 000 000F représentent le montant TTC de la note du cabinet Jéthro sur lesquels il faut payer la taxe et les centimes additionnels.

Il faut d'abord déterminer le montant HT dans les 12 000 000F.

$$\text{Montant HT} = \text{Montant TTC} \times \frac{100}{100+18.9}$$

$$12\,000\,000 \times \frac{100}{100+18.9} = \frac{1\,200\,000\,000}{118.9} = \underline{10\,092\,514\text{HT}}$$

Il faut ensuite appliquer le taux pour déterminer le montant de la TVA

Montant de la TVA=Montant HT x 18% (0,18).

10 092 514 x 0,18=<u>1 816 653F</u>

Montant des centimes additionnels
1 816 653 x 5% (0, 05) =<u>90 833F</u>

Verification: MTTC= MHT+TV+CA
(10 092 514+1 816 653+90 833) ——→ <u>12 000 000 TTC</u>

Conclusion :

- Si le Cabinet Jéthro a supporté en amont la TVA à l'occasion de l'acquisition d'une immobilisation quelconque, par exemple 900 000F de TVA sur l'achat du mobilier de la salle de conférences d'une valeur de 5 000 000F. Le montant y correspondant sera déduit.

  Dans ce cas, le Cabinet Jéthro ne versera que <u>916 653F</u> au titre de la TVA et <u>90 833F</u> au titre des centimes additionnels, soit au total 1 007 486FCFA à reverser au fisc sur les 12 000 000F encaissés. Le cabinet Jéthro gardera alors la somme de <u>10 992 514FCFA.</u>

- Si au contraire le Cabinet Jéthro n'a pas supporté en amont la TVA ou bien qu'ayant supporté la TVA de 900 000F il ne remplit pas les conditions de prélèvement de la TVA de plein droit et par option, il ne pourra pas déduire le montant de la TVA supportée en amont.

  Dans ce cas-ci, il devra reverser au fisc le montant de la TVA (1 816 653F) et celui des centimes additionnels (90 833F), soit au total 1 907 486FCFA sur les 12 000 000FCFA encaissés. Il ne gardera alors que la somme de 10 092 514FCFA.

2.2.2. Les droits de timbre

Les droits de timbre frappent certains actes ou documents tels que les billets d'avions, les factures, les contrats, etc.

La contribution du timbre est prévue par le livre 2 du CGI -Tome 2. Cette contribution est établie sur tous les papiers destinés aux actes civils et judiciaires et aux écritures qui peuvent être produites en justice et y faire foi[58] et sur les titres des transports aériens des personnes physiques, à l'exception des étrangers et nationaux bénéficiaires d'un passeport diplomatique.

Le prix des papiers timbrés fournis par l'administration fiscale et les droits de timbre des papiers que les redevables font timbrer sont fixés ainsi qu'il suit, en raison de la dimension du papier[59] :

- demi-feuille de papier normal : 1 000FCFA
- feuille de papier normal : 1 300FCFA
- feuille de papier registre : 1 500FCFA.

La liste énumérative des papiers soumis au droit de timbre établi en raison de la dimension est donnée à l'article 34 du livre 2 suscité. Sont assujettis tous les papiers à employer pour les actes et écritures, soit publics, soit privés, à savoir :

- 1°les actes de notaires et les extraits, copies et expéditions qui en sont délivrés ;

---

[58] CGI-Tome 2, Livre 2, Article 1.
[59] CGI-Tome 2, Livre 2, Article31.

- 2°ceux des agents d'exécution et les copies et expéditions qu'ils en délivrent ;
- 3°les actes et jugements de la police ordinaire et des arbitres, et les extraits, copies et expéditions qui en sont délivrés ;
- 4°les actes particuliers des juges et de leurs greffiers et ceux reçus aux greffes ou par les greffiers ainsi que les extraits, copies et expéditions qui s'en délivrent ;
- 5°les actes des Avocats et mandataires agréés près les tribunaux et les copies ou expéditions qui en s'en sont faites ou signifiées ;
- 6°les actes des autorités constituées administratives qui sont assujettis à l'enregistrement ou qui se délivrent aux citoyens, et toutes les expéditions et extraits des actes de l'état civil, arrêtés et délibérations desdites autorités, qui sont délivrés aux citoyens ;
- 7°les actes des autorités administratives et des établissements publics portant transmission de propriété, d'usufruit et de jouissance ;
- 8°les actes entre particuliers sous signature privée et les doubles des comptes de recettes ou gestion particuliers ;
- 9°les registres de l'autorité judiciaire où s'écrivent des actes à l'enregistrement sur les minutes et les répertoires des Greffiers en matière civile et commerciale ;
- 10°*ceux des Notaires, Huissiers et autres Officiers publics et ministériels et leurs répertoires ;*
- 11°ceux des compagnies et sociétés d'actionnaires ;
- 12° ceux des établissements particuliers et maisons particulières d'éducation ;
- 13° ceux des agents d'affaires, directeurs, régisseurs, syndics de créanciers et entrepreneurs des travaux et fournitures ;
- 14° ceux des banquiers, négociants, armateurs, marchands, fabricants, commissionnaires, agents de changes, courtiers ;
- 15°et généralement tous actes et écritures, extraits, copies et expéditions soit publics, soit privés devant ou pouvant faire titre ou être produits pour obligation, décharge, justification, demande ou défense, tous livres, registres et minutes de lettres qui sont de nature à être produits en justice et dans le cas d'y faire foi ainsi que les extraits, copies et expéditions qui sont délivrés desdits livres et registres.

Il est expressément indiqué que sont solidaires pour le paiement des droits de timbre et des amendes tous les signataires (pour les actes synallagmatiques, les prêteurs et les emprunteurs) et les officiers ministériels qui ont reçu ou rédigé des actes énonçant des actes ou livres non timbrés (pour les obligations).

Il est prévu des applications spéciales de la contribution au timbre. Il en est ainsi de l'un des exemplaires de la déclaration que tout officier public doit déposer au bureau de l'enregistrement avant de procéder à une vente publique et par enchères d'objets mobiliers ; l'exemplaire soumis au timbre est celui destiné à être annexé au procès-verbal de la vente[60].

La loi n°1-2018 du 29 janvier 2018 portant loi de finances pour l'année 2018 a institué un droit de timbres sur les véhicules automobiles en circulation sur le territoire congolais.

Le dispositif légal de ce droit de timbre est établi aux anciens articles 145 à 151 du CGI –Tome 1.

Ce droit de timbre est annuel. Son tarif est de 5 000F. Il est collecté par les compagnies d'assurances au moment de la souscription de la police d'assurance responsabilité civile.

2.3. Les impôts personnels sur le local professionnel

Les impôts qui incombent entièrement ou partiellement au professionnel libéral en rapport avec le local dans lequel il exerce son activité concernent l'enregistrement du bail (1) et la taxe d'occupation des locaux (2).

2.3.1. L'enregistrement du contrat de bail professionnel

Le professionnel libéral exerce généralement son activité dans les locaux dont il n'est pas propriétaire.

En recourant à la location pour les besoins de l'exploitation de son fonds, celui-ci fait constater son droit au bail par écrit pour fixer les clauses et en assurer aisément la preuve.

[60] CGI-Tome 2, Livre 2, Article 36.

Le bail professionnel est soit verbal, soit écrit. Mais, partout où elle intervient l'administration fiscale exige la production d'un écrit, à défaut elle fait constater l'accord des parties au bail par ses imprimés. Le but recherché est de percevoir les droits de timbre et d'enregistrement sans oublier la taxe immobilière.

Le contrat est établi en trois exemplaires ; un revenant à l'administration fiscale. Les timbres sont perçus sur chaque feuille de papier en fonction du format (timbres de 1000F, 500F et de 300F).

Le droit d'enregistrement des baux et locations est prévu à l'article 18 livre 1 du Tome 2 du Code Général des Impôts. La valeur servant d'assiette à l'impôt est déterminée par le prix annuel exprimé en y ajoutant les charges imposées au preneur qui incombent légalement au bailleur.

Les baux sont enregistrés au droit proportionnel et progressif au taux de 3% du loyer annuel.[61] Il est perçu en sus les centimes additionnels au taux de 5%[62]Il importe de noter que les mêmes taux sont applicables aux baux d'habitation.

Le bail peut être stipulé à durée déterminée ou à durée indéterminée.

Mais, dans la pratique lorsqu'il est conclu pour une durée indéterminée ou pour une durée inférieure à trois (03) ans, le fisc congolais oblige son enregistrement pour trois années consécutives.

À l'expiration de cette durée, les parties doivent procéder au renouvellement pour la même période, peu importe si cette durée sera consommée ou pas.

De plus, l'Administration fiscale profite d'y prélever la taxe immobilière de la première année à l'occasion de cet enregistrement, quitte au preneur de la déduire plus tard.

Enfin, le délai d'enregistrement des baux à ferme ou à loyer, sous-baux, cessions et subrogations de baux passés sous seing privé est de trois (03) mois de leur date[63]. Ils sont enregistrés au bureau

---

[61] CGI-Tome 2, Article 216 (LF 2012).

[62] CGI-Tome 2, Article 216 bis.

[63] CGI-Tome 2, Livre 1, Article 65 alinéa 1.

d'enregistrement de la situation de l'immeuble[64]. Il nous semble que ce délai est ramené à quinze (15) jours pour les baux authentiques ; délai prévu pour l'enregistrement des actes notariés[65].

Application

L'Etude de Maître Edgard LANDZE loue les bureaux d'un architecte à Brazzaville au prix de loyer mensuel à 110 000FCFA.

Aucune clause du contrat ne remet en cause les obligations classiques des parties respectives au bail conclu le 05 janvier 2019.

TAF : Liquider les droits d'enregistrement de ce contrat de bail.

Réponse :

Déterminons le loyer annuel :

110 000F x 12= 1.320.000FCFA

Déterminons le loyer triennal

1 320 000F x 3=3 960 000FCFA

Déterminons le montant du droit proportionnel

3 960 000F x 3%= 118 000F

Déterminons le montant des centimes additionnels

118 000x 5%=5 900F

Prélèvement de la taxe immobilière

1 320 000/12 =110 000F

Total à payer, hormis les timbres : 233 900FCFA

---

[64] CGI-Tome 2, Livre 1, Article 85.
[65] CGI-Tome 2, Livre 1, Articles 58 &.59.

2.3.2. La taxe d'occupation des locaux (TOL)

La taxe d'occupation des locaux a été instituée par la loi des finances pour 2014. C'est une taxe annuelle.

Elle a été modifiée et complétée par les lois de finances pour 2015 et 2017. Elle est perçue au profit des collectivités locales. Son dispositif fait partie des textes non codifiés du Code Général des Impôts.

La taxe d'occupation des locaux remplace la taxe d'habitation et la taxe locative des locaux professionnels. Ainsi, sont abrogées la loi n°90-21 du 12 septembre 1990 et les dispositions antérieures contraires.

La taxe d'occupation des locaux frappe toute construction en matériaux durables ou toute installation occupée par des personnes physiques ou morales à titre de domicile, de bureau, de commerce, d'industrie et tout autre local habité et ses dépendances.

Elle est due par local occupé, quelle que soit la durée d'occupation dans l'année d'imposition[66].

Cette taxe est à la charge de l'occupant, propriétaire ou locataire, qu'il soit une personne physique ou une personne morale, qu'il s'agisse d'un établissement commercial, professionnel ou d'une installation industrielle[67].

Les seules exemptions concernent les ambassades et les locaux des missions diplomatiques ; les résidences officielles des fonctionnaires étrangers des organisations internationales ayant le statut de diplomate, des agents de missions diplomatiques, les dépendances servant de résidence aux descendants ou aux ascendants en ligne directe qui ne disposent pas de revenu ; l'État, les collectivités locales et les établissements publics à budget non autonome, pour les locaux sis dans les propriétés immobilières immatriculées en leur nom et occupés par eux pour leur usage professionnel[68].

---

66 Article 9 LF 2014.
67 Article 10 LF 2014.
68 Article 11 LF 2014.

Le montant de la taxe d'occupation des locaux est déterminé par l'article 13[69] comme suit :

a) Pour les locaux à usage d'habitation :

- Centre-ville :60 000FXFA
- Périphérie : 12 000FCFA

Il revient au conseil municipal d'opérer la distinction et la délimitation entre ville et périphérie.

b) Pour les locaux à usage professionnel :

- 60 000 francs CFA pour les très petites et petites entreprises, les associations, les autres professions et organisations non commerçantes et les agences ou autres entités des moyennes entreprises ;
- 120 000 francs CFA pour l'entité principale des moyennes entreprises et les agences ou autres entités des grandes entreprises ;
- 500 000 francs CFA pour l'entité principale des grandes entreprises.

Cette taxe doit être payée par déclaration spontanée des contribuables au plus tard le 20 avril de chaque année[70].

Le défaut de déclaration et de paiement au-delà de la date d'échéance est sanctionné par une pénalité de 50%.[71]

2.4. Les impôts attachés au statut d'employeur et de résidence départementale

Nous citerons la taxe régionale (1), la taxe unique sur les salaires sous certaines conditions (2) et la cotisation sociale patronale (3).

2.4.1. La taxe régionale (départementale)

La taxe régionale figure au nombre des impôts perçus au profit des collectivités décentralisées. Elle est prévue aux articles 321 et suivants du Code Général des Impôts, Tome1.

[69] LF 2015 & 2017.

[70] Article 14 LF 2015, CGI textes non codifiés.

[71] Article 15 LF 2015, CGI textes non codifiés.

Elle est encore appelée taxe départementale ou communale.

C'est une taxe à caractère strictement local due par toutes les personnes physiques âgées de 18 ans révolus à la même date sans distinction du statut, ayant leur résidence habituelle au Congo au 1er janvier de l'année de l'imposition.

Certaines personnes en sont exemptées. C'est le cas des mères d'au moins 5 enfants vivants, lorsqu'elles ne sont pas assujetties à l'IRPP et les enfants âgés de 18 à 25 ans fréquentant régulièrement une école officielle ou autorisée, et ne disposant d'aucun revenu propre. L'exonération, en ce qui les concerne, est subordonnée à la production d'un certificat de scolarité délivré par l'autorité compétente[72].

Le taux de la taxe est fixé chaque année par Commune, ou district, ou région par les conseils municipaux[73]. À Pointe-Noire, cette taxe est de 2400FCFA.

Elle est recouvrée de diverses manières, mais principalement auprès des commerces et autres exploitations de la ville.

Pour en faciliter le recouvrement, le paiement de cette taxe à la Recette municipale est exigé au moment de l'acquittement de la taxe de roulage et de stationnement de véhicules.

Ainsi, tous ceux qui ont un véhicule en circulation en règle s'en acquittent sans parfois s'en apercevoir.

Il faut donc veiller à ne pas en payer plus d'une fois la même année.

2.4.2. La taxe unique sur les salaires

La taxe unique sur les salaires, en abrégé TUS, a été instituée par la loi n°08-2012 du 11/05/2012 portant loi de finances pour l'année 2012.

Depuis lors, ses dispositions sont régulièrement modifiées par les lois de finances ultérieures. Elle est due par *les personnes morales* de droit public ou privé employant un ou plusieurs travailleurs[74].

---

[72] Article 323-5 et 6° du Code Général des Impôts, Tome1.

[73] Article 326 CGI-T1.

[74] Article 4 issu de la loi n°08-2012 du 11/05/2012 portant LF 2012.

Seuls en sont exemptés l'État, les gouvernements étrangers, les missions diplomatiques et consulaires, *les exploitants individuels et les sociétés exerçant dans les secteurs de l'agriculture, de l'élevage et de la pisciculture*[75].

Cette taxe frappe le salaire brut composé du salaire stricto sensu, des émoluments, des primes, des indemnités, des allocations, des gratifications et avantage en nature.

La base imposable de la taxe est donc constituée de toutes les sommes soumises à l'IRPP au nom des bénéficiaires des traitements et salaires[76].

Le taux de la taxe est de 7,5% du salaire brut[77].

La loi de finances pour l'année 2019 a modifié et complété les dispositions des articles 7 et 8 concernant le mode de liquidation et de recouvrement de la TUS.

Désormais, la liquidation et le recouvrement de la TUS sont faits par deux administrations, à savoir l'administration fiscale et la caisse nationale de sécurité sociale.

Ainsi, la part revenant au budget de l'État et au fonds de l'habitat est recouvrée par l'administration fiscale, soit 6% de la taxe. Celle revenant à l'ONEMO et à la promotion de la formation professionnelle est recouvrée par la C.N.S.S comme en matière de cotisations sociales, soit 1,5% de la taxe.

Cette taxe est désormais liquidée par les services de l'administration fiscale et de la caisse nationale de la sécurité sociale. Elle est payée avant le 20 du mois suivant celui au cours duquel les appointements, les salaires et autres rémunérations ont été constatés[78].

En conséquence de ces changements, les entreprises sont tenues de déposer leur déclaration générale de salaires, des impôts et taxes, notamment les DAS aussi bien au fisc qu'à la C.N.S.S.

---

[75] Article 5 issu loi n°08-2012 du 11/05/2012 portant LF 2012.
[76] Article 3 issu de la loi n°08-2012 du 11/05/2012 portant LF 2012.
[77] Article 6 issu loi n°08-2012 du 11/05/2012 portant LF 2012.
[78] Article 7 modifié par la n°40-2018 du 28/12/ 2018 portant L.F. 2019.

Les professionnels libéraux sont appelés à l'observation de ces prescriptions, particulièrement ceux constitués en sociétés civiles professionnelles.

2.4.3. La cotisation sociale patronale

La loi n°004/86 du 25/02/86 du 25/02/1986 instituant le code de sécurité sociale en République du Congo a mis en place un régime de sécurité sociale qui comprend principalement trois branches[79] :

a) Une branche des prestations familiales chargée du service des prestations familiales de maternité ;
b) Une branche des risques professionnels chargée du service des prestations en cas d'accident du travail ou de maladie professionnelle ;
c) Une branche des pensions, chargée du service des prestations de vieillesse, d'invalidité et de décès.

Ce régime de la sécurité sociale concerne principalement les personnes physiques ci-après qui y sont soumises d'office[80] :

- Tous les travailleurs relevant du code de travail, sans distinction aucune de sexe, de race et de nationalité, à condition que ceux-ci soient occupés à titre principal sur le territoire national, pour le compte d'un ou plusieurs employeurs, quels que soit la nature, la forme, la validité du contrat et le montant de la rémunération ;
- Les présidents directeurs généraux et les directeurs généraux des sociétés anonymes ;
- les gérants des sociétés à responsabilité limitée (S.A.R.L.), à condition que ceux-ci ne possèdent pas ensemble plus de la moitié du capital social ;
- les membres des sociétés coopératives ouvrières de production ainsi que les gérants non-salariés de coopératives et leurs préposés ;
- les détenus exécutant un travail périlleux bénéficiant de ladite loi pour les accidents survenus par le fait ou pendant l'exercice dudit travail ; des dispositions de la loi 004/86 ;

---

79 Article 1er de la loi n°004/86 du 25/02/1986.
80 Article 3.

- les apprentis, les stagiaires et les personnes placées dans les centres professionnels.

Tous ceux qui ne sont pas dans une situation de subordination juridique dans l'exécution de leur travail professionnel n'y sont pas soumis de plein droit.

Toutefois, à leur égard, la loi, notamment l'article 4, prévoit la possibilité de souscription d'une assurance volontaire pour couvrir leurs risques professionnels, l'assurance vieillesse, invalidité ou toute branche qui pourra être créée.

Nombreux sont des professionnels qui sont passés à côté de cette assurance optionnelle du fait de la non vulgarisation des textes. Certains agents de la CNSS, peu informés, ont injustement fermé la porte aux travailleurs indépendants évoluant seuls qui désiraient s'assurer en leur imposant à tort de recruter préalablement au moins un salarié.

L'employeur a une grande responsabilité. Comme le souligne monsieur Félix IBARA NDELI[81] « *l'employeur est débiteur vis-à-vis de la caisse de l'ensemble des cotisations dues. Il est responsable de leur versement y compris de la part mise à la disposition du travailleur qui est précompté sur la rémunération de celui-ci lors de chaque paye.*

La contribution de l'employeur reste exclusivement et définitivement à sa charge. Toute convention contraire étant nulle de plein droit.»[82]

Le taux de cotisation afférant à chaque branche est fixé par décret pris en conseil des ministres sur proposition du Ministre chargé de la Sécurité Sociale, en pourcentage des rémunérations soumises à cotisation.

À ce jour, les taux de cotisation applicables aux différentes branches atteignent 24,28% du salaire de base et sont répartis comme suit :

---

[81] Cet auteur dont saluons l'œuvre de publication a été victime d'un accident mortel de circulation routière cette année 2019.

[82] Félix IBARA NDELI, *Sécurité sociale et Espérance citoyenne,* Les Editions FLAMMARION, 2005; P. 233.

- les prestations familiales (10,03%) ;
- les accidents de travail et les maladies professionnelles (2,25%) ;
- les pensions de vieillesse, d'invalidité et de décès (12%).

La part de la cotisation patronale est de 20, 28% du salaire de base versé à chaque travailleur ou employé.

La contribution du travailleur est de 4%. Le travailleur a le devoir civique de ne pas *«...s'opposer au prélèvement de cette part, car le paiement de la rémunération effectué sans déduction de la contribution du salarié vaut acquit de cette contribution à l'égard du salarié de la part de l'employeur. »*[83]

Le régime de la sécurité sociale a été confié à la gestion de la Caisse Nationale de la Sécurité Sociale (CNSS) par la loi n°004-86 du 25/02/1986.

Cette caisse a été dissoute en 2014 par la Loi n°10-2014 du 13 juin 2014 portant dissolution de la caisse nationale de sécurité sociale[84].

À la suite de cette dissolution, il a été créé, « sur papier », trois institutions :

1. Un organisme de sécurité sociale en charge de la gestion du régime de la famille et de l'enfance en difficulté [85]; lequel organisme reçoit transfert des prestations de famille ainsi que les activités connexes exercées par la CNSS.

Ce nouvel organisme a été créé par la Loi n°12-2014 du 13 juin 2014 portant création de la caisse de la famille et de l'enfance en difficulté ;

---

[83] Félix IBARA NDELI, op.cit. P. 235.

[84] Article premier de la Loi n°10-2014 du 13 juin 2014 portant dissolution de la caisse nationale de sécurité sociale publié au JORC n°25-2014 du jeudi 19 /06/2014.

[85] Article 2 de la Loi n°10-2014 du 13 juin 2014 portant dissolution de la caisse nationale de sécurité sociale publié au JORC n°25-2014 du jeudi 19 /06/2014.

2. Un organisme de sécurité sociale en charge de la gestion du régime de l'assurance maladie universelle[86].

Il recueille les prestations de santé ainsi que les activités connexes y afférentes qui étaient gérées par la CNSS ;

3. La caisse des risques professionnels et des pensions des travailleurs du secteur privé.

Cette caisse est créée par la loi n°11-2014 du 13 juin 2014 portant création de la caisse des risques professionnels et des pensions des travailleurs du secteur privé[87].

Les missions de cette dernière caisse sont définies à l'article 3 de la loi dont s'agit. Elles paraissent couvrir deux branches, à savoir :

- les risques professionnels en cas d'accident du travail ou de maladie professionnelle ;
- les pensions de retraite, d'invalidité et de réversion ;
- d'autres branches qui seront créées par la loi.

Les ressources de cette caisse - c'est le cas pour les deux autres - sont constituées, principalement, par les cotisations des employeurs et des travailleurs[88].

En sus des contributions professionnelles auxquelles il est assujetti, le citoyen est également imposé en raison de la seule possession des biens mobiliers et immobiliers, comme nous allons le voir.

2.5. Les impôts dus en raison de la possession de biens

Les impôts dus en raison de la seule possession de biens concernent ici les véhicules terrestres à moteur (1), l'abonnement au réseau électrique national et aux chaînes télévisuelles (2), ainsi que la propriété immobilière (3).

Ces impôts ne sont pas spécifiques aux professionnels libéraux.

---

[86] Article premier de la Loi n°10-2014 du 13 juin 2014 portant dissolution de la caisse nationale de sécurité sociale publié au JORC n°25-2014 du jeudi 19 /06/2014.

[87] Cf. Journal Officiel de la République du Congo n°25-2014 du jeudi 19 /06/ 2014.

[88] Article 4 de la loi n°11-2014 du 13 juin 2014 portant création de la caisse des risques professionnels et des pensions des travailleurs du secteur privé.

Toutefois, lorsque ces biens sont affectés à l'exploitation de leur fonds et figurent à l'actif du bilan des exploitations de ces professionnels, les charges et les impôts y relatifs sont normalement pris en compte dans les limites légales pour la détermination du résultat net de l'exercice.

Nous commençons par la taxe de roulage et de stationnement de véhicules.

2.5.1. La taxe de roulage et de stationnement de véhicules

La taxe de roulage est due par tout propriétaire de véhicule terrestre à moteur.

Son taux varie en fonction du gabarit du véhicule et de la puissance de son moteur.

C'est une taxe annuelle perçue au profit de la collectivité décentralisée (Commune) une seule fois par année au plus tard fin avril.

La recette municipale en reçoit le payement, y compris la contribution due au Fond d'Entretien Routier.

Le règlement de la taxe, pour une voiture de 10 CV telle une RAV 4 ou une TOYOTA RUNNER, est d'un montant de dix-huit mille (18 000) francs CFA réparti comme suit :

1. Taxe de roulage : 10 000F ;
2. Produits des permis de stationnement sur la voie publique : 5000F ;
3. Fond d'Entretien Routier : 3000F

Il n'est point besoin de rappeler, en rapport avec la possession de véhicules à moteur, que d'autres taxes viennent se greffer à celle-ci à travers la prime d'assurances automobiles obligatoires et le contrôle techniques de voitures.

Le professionnel doit en tenir compte dans sa comptabilité puisqu'il s'agit, selon les cas, d'une charge partiellement ou totalement déductible de son revenu brut annuel.

2.5.2. La redevance audiovisuelle et la taxe sur les abonnements et réabonnement aux chaînes télévisuelles

La redevance audiovisuelle a été instituée par la loi n°16-2001 du 31 décembre 2001 portant Loi de finances pour l'année 2002. Elle est perçue au profit des organes de presse radiotélévisée.

Elle devrait normalement concerner tous ceux qui disposent d'un poste téléviseur.

Mais, en raison certainement des difficultés pratiques de recouvrement, le législateur lui a préféré une autre assiette.

Ainsi, elle frappe plutôt toutes les personnes abonnées au réseau de la Société Nationale d'Électricité devenue Énergies Électrique du Congo (E.E.C)[89].

Cette redevance est recouvrée lors du règlement de la quittance de consommation de l'énergie électrique fournie par cette société.

Son tarif officiel est fixé forfaitairement à 500F/mois[90]. Elle cst dans les faits recouvréc par bimestre, soit 1000FCFA.

Du fait de cette taxe, les dispositions fiscales relatives aux postes téléviseurs avaient été abrogées[91].

Toutefois, la loi n°40-2018 du 28 décembre 2018 portant loi de finances pour l'année 2019 vient d'instituer la taxe sur les abonnements et réabonnements aux chaînes télévisuelles.

Elle est collectée sur chaque abonnement et réabonnement et reversée chaque mois entre le 10 et le 20 du mois suivant celui de l'encaissement par les sociétés de distribution des chaînes télévisuelles[92].

Ces chaînes telles que CANAL+ et STARTIMES, pour ne citer que ces deux-là, ne sont que des redevables légaux. Les abonnés sont des redevables réels.

---

[89] Article 2 de la loi n°16-2001 du 31/12/ 2001 portant LF 2002.
[90] Article 4 de la loi n°16-2001 du 31/12/ 2001 portant LF 2002.
[91] Article 9 de ladite loi n°16-2001 du 31/12/ 2001 portant LF 2002.
[92] Article 3 de la loi n°40-2018 du 28/12/2018 portant LF 2019.

Le taux de la taxe est de 10% sur chaque abonnement et réabonnement[93].

La base imposable pour le calcul de la taxe est le prix hors taxe (TVA) de l'abonnement ou du réabonnement auquel souscrit le client.

C'est une nouvelle taxe qui vient s'ajouter sur la liste déjà longue des impositions au Congo.

L'effet immédiat produit par cette taxe se fait sentir maintenant. En effet, au début les sociétés, ne voulant pas pénaliser la clientèle, ont cherché à prendre en charge cette taxe.

En raison de son effet néfaste sur leur comptabilité, elles ont été obligées d'en répercuter les coûts sur les abonnés qui ont vu leur tarif évoluer à la hausse du jour au lendemain, sans communication.

On voit là l'incidence des politiques fiscales sur la vie des entreprises et des ménages.

Un autre domaine où le citoyen est appelé à acquitter les impôts en raison de la possession des biens est en matière foncière.

2.5.3. L'impôt foncier sur le bâti et le non bâti

La loi n°40-2018 du 28 décembre 2018 portant loi des finances pour l'année 2019 vient de lancer une refonte approfondie sur les dispositions juridiques et fiscales touchant à la propriété privée des parcelles de terrain.

Avant ladite loi, le cadre fiscal de la propriété privée était essentiellement régi par les dispositions du Code Général des Impôts, progressivement aménagées par l'effet des lois de finances successives.

Jusque-là deux contributions foncières sont instituées par le Code Général des Impôts – T1, Partie 2 au profit du budget des collectivités décentralisées : la contribution foncière des propriétés bâties (article 251 à 262) et la contribution foncière des propriétés non bâties (article 263 à 275).

---

[93] Article 2 de la loi instituant la taxe sur les abonnements et réabonnements aux chaînes télévisuelles.

La contribution dans les deux cas est annuelle. Les propriétés bâties[94] sont celles qui reposent sur des fondations en maçonnerie, telles que maisons, fabriques, hangars et usines.

Cette contribution concerne également les terrains non cultivés employés à usage commercial ou industriel (chantier, lieux de dépôts de marchandises, autres emplacements occupés ou non par le propriétaire à titre gratuit ou non) et l'outillage industriel attaché à perpétuelle demeure.

Les immeubles appartenant aux chambres de commerce y sont aussi soumis[95].

La base imposable[96] de la contribution foncière des propriétés bâties à usage d'habitation est constituée par la valeur cadastrale sous déduction de 75% en raison du dépérissement et des frais d'entretien et de réparation.

Pour les propriétés données en location la base imposable est constituée par la valeur locative ; déduction de 75% en considération également du dépérissement, des frais d'entretien et de réparation.

Dans les deux cas, l'évaluation de la valeur cadastrale des locaux à usage d'habitation destinée à servir de base imposable est déterminée en fonction de la localisation et de la superficie bâtie.

La valeur cadastrale est égale au prix du mètre carré multiplié par la superficie bâtie. Le prix du mètre carré est lui-même fixé en fonction des zones géographiques suivant l'aménagement territorial de la République du Congo. Il en existe quatre :

1) Centre-ville des communes de plein exercice ;
2) Les arrondissements des communes de plein exercice et les chefs-lieux de départements ;
3) Les chefs-lieux de districts ;
4) Les autres localités.

---

[94] Article 251 & 252 CGI-T1.
[95] Article 253 CGI-T1 (LF 2018).
[96] Article 257 & 258 CGI-T1 (LF2018).

L'article 258 ter du CGI-T1 (LF 2018) fixe ainsi qu'il suit le prix du mètre carré pour la détermination de la contribution foncière des propriétés bâties à usage d'habitation :

-Zone n°1 (centre-ville des communes de plein exercice) : 250FCFA

-Zone n°2 (les arrondissements des communes de plein exercice et les chefs-lieux de départements) : 150FCFA

-Zone n°3 (chefs-lieux de districts) : 25FCFA

-Zone n°4 (autres localités) : 12,5FCFA

Quant au calcul du montant de la contribution foncière, il est fait application au revenu net imposable du taux fixé par délibération des Conseils des collectivités décentralisées[97].

Suivant les renseignements recueillis du CGI, le taux maxima de la contribution foncière des propriétés bâties avait été fixé à 20% par la loi n°44-62 du 29 décembre 1962 modifiée par L.F.R.1994.

S'agissant des propriétés non bâties (terrains), la contribution est également annuelle, mais il est fait une distinction selon que ces propriétés sont situées dans le périmètre urbain ou non.

Selon le Code Général des Impôts, la contribution des propriétés non bâties est réglée à raison de la valeur imposable desdites propriétés. Celle-ci est égale à 50% de la valeur cadastrale[98].

La valeur cadastrale servant de base imposable à la contribution foncière des propriétés non bâties est déterminée de la même manière que celle des propriétés bâties, mais avec un prix du mètre carré moins élevé.

C'est l'article 270 bis CGI-T1 (LF 2018) qui fixe le prix du mètre carré pour les propriétés non bâties.

Ce prix varie également en fonction des zones géographiques ou localités.

---

[97] Articles 262 & 275 du CGI-T1 respectivement pour le bâti et le non bâti.

[98] Article 270 CGI-T1.

Ces zones géographiques ou territoriales, pour la détermination de la contribution foncière des propriétés non bâties, sont reparties à ce jour comme suit :

-Zone n°1 (centre-ville des communes de plein exercice) : 125FCFA

-Zone n°2 (les arrondissements des communes de plein exercice et des chefs-lieux de départements) : 75FCFA

-Zone n°3 (chefs-lieux de districts) 12,5FCFA

-Zone n°4 (autres localités) 6,25FCFA

Le taux est fixé par délibération des conseils des collectivités décentralisées concernées[99].

Il ressort du Code Général des Impôts que le taux maxima de la contribution foncière des propriétés non bâties a été fixé à 40% par la loi n°44-62 du 29 décembre 1962 modifiée par LF.R.1994.

Tel est présenté le cadre fiscal de droit commun des propriétés foncières bâties et non bâties avant le vote et la promulgation de la loi n°40-2018 du 28 décembre 2018 portant LF 2019.

Mais, le nouveau dispositif légal sur le régime juridique de la propriété immobilière privée au Congo impulsé par la réforme générale du foncier a introduit de nouvelles notions avec l'immatriculation des terres coutumières, rurales, urbaines, etc.

Sur la base de cette refonte foncière, la loi n°40-2018 du 28 décembre 2018 portant LF 2019 a institué un nouveau cadre fiscal dérogatoire du droit commun.

En effet, cette loi a institué, pour une durée de trois ans à compter du 1er janvier 2019, un régime des droits fonciers exceptionnels au droit commun établi par le CGI.

Durant cette période, l'imposition des parcelles, terres ou terrains a lieu ainsi qu'il suit[100] :

---

[99] Article 275 du CGI.

- Les droits fonciers exceptionnels sont dus par toute personne physique ou morale, en sa qualité de propriétaire, occupant ou détenteur des parcelles, terres ou terrains.

- Les droits fonciers exceptionnels sont intitulés comme suit :

A-Sur les parcelles des personnes privées :

1*-Impôt foncier annuel sur la détention ou la propriété des parcelles de terrain

Zone 1 : Centres villes des communes.........................10.000FCFA

Zone 2 : Arrondissements non périphériques
des communes de plein exercice..............................5.000FCFA

Zone 3 : Arrondissements périphériques
des communes de plein exercice..............................3.000FCFA

Zone 4 : Chefs-lieux de districts...................................500FCFA

Zone 5 : Villages..200FCFA

2*-Droits forfaitaires d'immatriculation obligatoire ou d'office par parcelle de terrain :

Zone 1 : Centres villes des communes
de plein exercice de Brazzaville et de Pointe-Noire......500.000FCFA

Zone 2 : Centres villes des autres communes
de plein exercice...250.000FCFA

Zone 3 : Arrondissements non périphériques des communes
de plein exercice de Brazzaville et de Pointe-Noire......200.000FCFA

Zone 4 : Arrondissements non périphériques
des autres communes de plein exercice 150.000FCFA

[100] Article 36-III de la loi n°40-2018 du 28/12/2018 portant LF 2019, Titre I; Chapitre 3 sur les dispositions fiscales nouvelles des finances.

Zone 5 : Arrondissements périphériques des communes
de plein exercice de Brazzaville et de Pointe-Noire......100.000FCFA

Zone 6 : Arrondissements périphériques
des autres communes de plein exercice.....................50.000FCFA

Zone 7 : Chefs-lieux des districts..........................20.000FCFA

Zone 8 : Villages...10.000FCFA

Mention : Il est à noter que des dispositions spéciales sont prévues au point B sur les propriétés du domaine privé de l'État occupées (sans droit, ni titre) par des particuliers ou personnes morales.

Ce point n'intègre pas le cadre de la présente étude. Le lecteur est par conséquent invité à rechercher l'information s'il veut assouvir sa curiosité intellectuelle.

Nous pouvons à présent examiner un aspect très important concernant l'imposition des profits réalisés par les individus à l'occasion de l'exercice d'une activité professionnelle.

2.6. Les impôts sur les profits

Les profits d'une activité professionnelle sont normalement imposés en fin d'année lors de l'établissement du compte de résultat.

Néanmoins, en cours d'exercice le professionnel peut être imposé en raison des plus-values de cession (1) et au titre des acomptes sur le revenu encaissé sur ses factures (2).

2.6.1. La taxe sur les plus-values de cession

Les biens qui figurent à l'actif du bilan d'une entreprise peuvent être renouvelés. Leur sortie est constatée par une écriture en comptabilité.

Si celle-ci a lieu à la suite d'une destruction ou d'un vieillissement normal, il faut rechercher si l'entreprise a subi une perte en comparaison avec le prix de leur acquisition ou de leur valeur originelle en rapport avec la durée d'utilisation.

En revanche, si la sortie des immobilisations a lieu à la suite d'une revente alors que les annuités d'amortissement régulièrement comptabilisés ont atteint complétement ou partiellement sa valeur d'acquisition, il est probable que l'entreprise ait réalisé une plus-value.

Dans ce cas, le résultat positif du prix de vente sur le prix d'acquisition diminué des amortissements constitue bien une plus-value.

Cette plus-value est un gain exceptionnel qui doit être déclaré et subir la taxe sur les plus-values de cession d'éléments d'actifs.

L'imposition des plus-values de cession d'éléments d'actif immobilisé (à l'exception des immeubles bâtis et non bâtis appartenant à des personnes physiques dans le cadre de la gestion de leur patrimoine privé) est prévue aux articles 63 & 63 bis du Code Général des Impôts Tome 1.

Ces plus-values réalisées en fin d'exploitation ou en cas de cession partielle d'entreprise, et les indemnités reçues en contrepartie de la cessation de l'exercice de la profession ou du transfert d'une clientèle sont comptées dans les bénéfices imposables pour la moitié de leur montant.

Lorsque la cession, le transfert ou la cessation intervient plus de cinq (5) ans après la création ou l'achat du fonds de commerce, de l'office ou de la clientèle, la plus-value n'est retenue dans les bénéfices imposables que pour le tiers (1/3) de son montant[101].

Les plus-values sont imposées pour leur montant total lorsqu'elles sont réalisées par les contribuables qui cessent toute activité commerciale, industrielle ou professionnelle au Congo[102].

En d'autres termes, ces plus-values professionnelles viennent en augmentation du produit brut de l'exercice comptable pour être prises en compte dans le calcul de l'impôt sur le revenu dans les proportions définies ci-dessus: 1/3 ou 3/3.

---

[101] Article 63-a) alinéa 2 CGI-Tome 1.
[102] Article 63 bis CGI-Tome 1.

Ces plus-values ne sont pas à confondre avec les plus-values réalisées par les personnes physiques dans le cadre de la gestion de leur patrimoine privé à l'occasion des transactions sur les propriétés bâties ou non bâties.

Ces dernières sont plutôt soumises à une taxe dont le taux est de 10% au profit du budget de l'État[103].

Outre cette imposition de plus-values, le professionnel doit payer des acomptes sur l'impôt sur le revenu en attendant sa liquidation et le payement du solde en fin d'exercice comptable.

2.6.2. Les acomptes sur l'impôt sur le revenu

L'impôt sur le revenu des personnes physiques est annuel. Mais, en ce qui concerne les professionnels libéraux ou commerciaux, il est perçu par acomptes sur le chiffre d'affaires mensuel (1) et par la retenue à la source effectuée par la clientèle professionnelle (2).

Il importe de noter que les acomptes ont été institués pour limiter le décalage existant entre le moment où un contribuable perçoit le revenu et le moment où il paye l'impôt y correspondant.

Ce décalage rend souvent douloureux l'IRPP, car le contribuable doit pouvoir payer son impôt au moment où il a pratiquement consommé tout son revenu.

Ce n'est pas le cas pour les impôts sur la dépense comme la TVA qui sont acquittées par le consommateur au moment où il acquiert ses biens ou marchandises.

Auparavant, on ne parlait que des acomptes provisionnels perçus par voie de rôles.

En effet, le contribuable était tenu chaque année d'effectuer deux versements d'acomptes provisionnels dont chacun était égal au tiers (1/3) de l'impôt sur le revenu établi l'année précédente[104].

---

[103] Article 63 ter CGI – Tome1.

[104] Avant le changement apporté par la loi n°1 – 2018 du 29 janvier 2018 portant loi de finances pour l'année 2018, l'article 460 bis du CGI-Tome 1 préconisait le versement de deux acomptes d'IRPP par année, les 31 janvier et 30 avril.

Ces acomptes étaient dus par tout contribuable qui avait été compris dans les Rôles de l'année précédente pour une somme excédant dix mille (10 000F) francs CFA.

Depuis l'année 2018 le législateur a textuellement remplacé les deux acomptes provisionnels par un prélèvement mensuel sur le chiffre d'affaires.

2.6.2.1. L'acompte sur le chiffre d'affaires mensuel

La loi n°1-2018 du 29 janvier 2018 portant loi de finances pour l'année 2018 a institué des acomptes mensuels en matière d'impôt sur le revenu des personnes physiques, catégories BICA et BNC, pour les contribuables soumis au régime du réel.

Cette loi a modifié l'article 460 bis du CGI-Tome 1. Aux termes du nouveau texte, l'IRPP catégories BICA et BNC dû par les contribuables soumis au régime du réel *est acquitté spontanément* par le contribuable à la recette des impôts de sa résidence fiscale par acompte mensuel.

Le montant de chaque acompte est égal à 1% du chiffre d'affaires réalisé au cours de chaque mois et payable entre le 10 et le 20 du mois suivant. Ces acomptes viennent en déduction du montant de l'impôt annuel définitif.

Du fait de cette disposition, le professionnel libéral, au même titre que l'exploitant individuel commercial, industriel ou agricole, est tenu de faire une déclaration mensuelle de son chiffre d'affaires à la recette des impôts de sa résidence fiscale.

La déclaration de revenus et le paiement du solde, aux termes de la loi n°40-2018 du 28 décembre 2018 portant loi des finances pour l'année 2019, doit désormais intervenir plus tôt pour ces contribuables entre le 10 et le 20 avril de l'année qui suit celle de l'acquisition des revenus[105].

Il faut dire que cette prescription qui résulte de la loi de finances 2018 n'est pas encore rendue effective du fait des problèmes informatiques.

---

[105] Article 80 CGI-T1, LF 2019.

Les informaticiens, semble-t-il, n'ont pas encore réussi à intégrer cette rubrique dans le fichier des acomptes IRPP. Jusqu'à ce jour, en effet, les imprimés de déclaration générale de revenus ne comprennent pas cette rubrique.

Pour le fisc, il nous semble, que cette prescription devrait concourir à la maitrise du chiffre d'affaires annuel de ces contribuables.

Celui-ci se trouve ainsi fixé mois après mois, sauf à être revu à la hausse en cas de vérification aboutissant à un redressement fiscal.

Au titre des acomptes sur l'impôt sur le revenu des personnes physiques, on compte aussi la retenue à la source effectuée par la clientèle sur les factures du professionnel.

2.6.2.2. La retenue à la source par la clientèle

Les professionnels libéraux qui ont assuré des prestations envers d'autres entités économiques voient leurs notes d'honoraires ponctionnées du montant de 10% au titre d'acomptes BNC par cette catégorie de leur clientèle.

La retenue jadis de 5% du montant hors taxes de leur rémunération (facture, note d'honoraires) a été élevée à 10% par la loi de finances 2019 qui a modifié les dispositions du Code Général des Impôts en la matière[106].

La section que nous venons d'examiner a abordé les différents impôts et taxes que le citoyen dans le cadre de son activité est appelé à payer à titre personnel ou qu'il subit à ce titre.

Maintenant, il importe d'examiner les différents impôts et taxes qu'il est appelé à collecter sur des tiers, propriétaires ou fournisseurs.

III. Les impôts et taxes collectés sur des tiers

Le Code Général des Impôts place les professionnels libéraux, tout comme les commerçants, dans une situation de redevables légaux de plusieurs impôts et taxes.

[106] Article 183 CGI-T1, LF2019.

En cette qualité ils sont tenus de retenir et payer les impôts et taxes dus par les contribuables réels en relation avec eux.

Il en est ainsi de la taxe immobilière (1), de la retenue à la source sur rémunérations de leurs fournisseurs (2), de la TVA sous certaines conditions (3), de l'IRPP (4) et de la TOL (5) sur le revenu de leurs salariés.

3.1. La taxe immobilière

Le dispositif légal de la taxe immobilière est consigné dans le livre 4 du Code Général des Impôts-Tome 2.

Les dispositions de ce livre ont reçu des modifications ces dernières années par l'effet des lois de finances pour les années 2017 et 2018.

La taxe est égale à un douzième (1/12) des loyers à échoir pendant l'année. Elle frappe `les loyers des propriétés bâties d'une part, et ceux des propriétés non bâties à usage professionnel[107].

La taxe sur les loyers est payée par les locataires pour le compte des propriétaires ou usufruitiers et par les sous-locataires pour le compte des locataires, personnes physiques ou morales, dans la période du 10 au 20 des mois de mars, juin, septembre et décembre pour les anciens contribuables.

Pour les baux nouveaux, la taxe est exigible à l'échéance trimestrielle sus-indiquée qui suit la date d'entrée en jouissance, à raison des loyers à échoir au 31 décembre de ladite année.

Le contribuable peut acquitter la taxe une seule fois[108]. En pratique, les agents des impôts, certainement pour des besoins de performance, en ont fait une obligation.

3.2. La retenue à la source sur les fournisseurs

Le nouveau article 183 alinéa du CGI, tome 1 issu de la loi des finances pour l'année 2019 dispose que : « Les personnes physiques et morales qui, à l'occasion de l'exercice de leur profession, versent à

[107] Article 1er, Livre 4 CGI-T2 et Loi n°1-2018 du 29 janvier 2018 portant loi de finances pour l'année 2018.
[108] Article 5-Livre 4 CGI-Tome 2.

des personnes physiques ou morales *établies au Congo et* non soumises à l'impôt sur les sociétés des sommes *en rémunération de prestation de toute nature fournie ou utilisée au Congo sont tenues d'opérer la retenue à la source au taux de 10% pour le compte de l'État.*»

Comme il ressort des dispositions sus énoncées, les personnes physiques et morales évoluant au Congo et qui ne sont pas soumises à l'impôt sur les sociétés sont astreintes à la retenue de 10% sur la rémunération de leur prestation au Congo.

Il s'agit principalement des entités réalisant des BNC tels les Architectes, les Avocats, les Notaires, les Cabinets comptables non soumis à l'IS, etc.

Les sociétés soumises à l'impôt sur les sociétés (SARL, S.A., Sociétés Civiles ayant opté et admises à l'imposition à l'IS) ne sont pas en principe frappées par la RAS.

Toutefois, pour prétendre à l'exonération ces sociétés doivent être à jour du paiement des acomptes de l'IS.

Elles doivent, par conséquent, produire auprès de l'entité débitrice l'attestation de non redevance instituée par la loi n°1-2018 du 29 janvier 2018 portant loi de finances pour l'année 2013[109].

À défaut de ce justificatif, elles subissent la retenue à la source au même titre que les personnes physiques réalisant les BNC.

Ainsi, les professionnels libéraux bénéficiaires des prestations sont tenus de procéder à toutes ces vérifications avant de payer leurs fournisseurs de travaux.

Ils sont tenus d'opérer la retenue à la source lors du paiement de ces prestations comme eux-mêmes y sont soumis, faute de quoi ils répondront vis-à-vis du fisc.

3.3. Éventualité de collecte de la taxe sur la valeur ajoutée

La taxe sur la valeur ajoutée a été généralisée sur la vente des biens et services. Le vendeur commercial, industriel ou civil est en principe

---

[109] Instruction d'application n°0117/MFB/DGID/DRC du 22 février 2018.

tenu d'exiger le paiement de la taxe sur la valeur ajoutée en sus de son prix, sauf exonération expresse[110].

Cependant, depuis l'institution au Congo de cette taxe par la loi n°12-97 du 12 mai 1997 aucun seuil du chiffre d'affaires définissant l'assujettissement à la TVA n'était indiqué. La nouvelle loi des finances est intervenue sur ce point.

Désormais, avec la loi des finances pour l'année 2019, seules sont assujetties à la TVA les personnes physiques et morales dont le chiffre d'affaires hors taxes est supérieure à 60 millions quel que soit le secteur d'activités[111].

Les professionnels qui remplissent cette condition sont assujettis de plein droit à la TVA (18%). Ils doivent collecter la TVA sur leurs clients, déduire celle qu'ils ont eux-mêmes acquittée, puis reverser à l'État la différence accompagnée des centimes additionnels perçus.

Les autres professionnels non soumis de plein droit à la TVA peuvent opter pour leur assujettissement.

Dans ce cas, ils doivent préalablement adresser leur demande à l'administration fiscale. Dès que l'option a été autorisée, le contribuable est tenu de respecter les obligations légales en la matière[112].

Ces dispositions sur la TVA épousent celles de la législation française en la matière.

En effet, en France les entreprises relevant du régime « micro-entreprises [113]» sont dispensées de la déclaration et du paiement de la T.V.A.

---

[110] Article 7 de la Loi n°12-97 du 12 mai 1997 portant institution de la TVA.

[111] Article 5 nouveau de la Loi n°12-97 du 12 mai 1997, modifié LF 2019.

[112] Article 6 nouveau issu de la loi de finances pour l'année 2019.

[113] Entreprises soumises à la législation française dont le chiffre d'affaires annuel est inférieur à un certain seuil. Celui-ci était de 100 000F; limite applicable depuis le 1er janvier 1997. Cette franchise à base de TVA a vu ses limites relevées par la loi de finances pour 1999 applicable au 1er janvier 1999 comme suit :
-500 000F HT pour les livraisons de biens, ventes à consommation sur place en prestation d'hébergement ;
-175 000F HT pour les autres prestations.

Cette franchise a été instituée depuis 1991. Elle correspond à une exonération. Car, l'entreprise ne facture pas à ses clients la T.V.A à l'occasion de la vente de ses biens ou services et n'a aucun droit à déduction de la TVA qu'elle paye à l'occasion de ses achats (Article 293 B-1 du CGI français).

Toutefois, l'entreprise peut renoncer à cette franchise (Article 293 F du CGI français).

Pour ces entreprises, la TVA est donc une possibilité et non une obligation.

Une entreprise qui le souhaite, en France comme au Congo, peut opter volontairement pour l'assujettissement à TVA.

L'une des raisons, selon les experts, qui justifie une telle option c'est lorsque l'entreprise a réalisé d'importants investissements au lancement de ses activités.

Ayant supporté la TVA en amont, elle entend la récupérer en l'imposant à ses propres clients.

Seulement, dès que l'option est prise, elle ne peut plus y renoncer.

De plus, dès qu'une facture comporte la taxe sur la valeur ajoutée, celle-ci est due : « *Toute personne qui mentionne la TVA sur une facture ou sur tout autre document en tenant lieu, est redevable de la taxe du seul fait de sa facturation*[114]»!

Outre la taxe sur la valeur ajoutée, le professionnel employeur est tenu, légalement, de prélever l'impôt sur le revenu des personnes physiques sur les rémunérations de ses collaborateurs salariés, puis de reverser les sommes correspondantes au comptable public à l'occasion de ses déclarations mensuelles fiscales et sociales, comme nous allons le voir ci-après.

Suivant les renseignements recueillis en 2015 les seuils en euros pour les entreprises soumises au régime micro-entreprise se présentent comme suit :
-82 200 € pour les activités de ventes de produits (transformés ou revendus en l'état) et les prestations hôtelières ;
-32 900€ pour les autres prestations de services commerciales ou non commerciales.
[114] Article 30 alinéa 1 de la loi n°12-97 du 12 mai 1997 instituant la taxe sur la valeur ajoutée.

3.4. L'impôt sur le revenu du personnel salarié

Le professionnel libéral est un travailleur indépendant. Il peut évoluer seul sur une certaine période et recourir à des prestataires externes pour diverses opérations.

Mais, au fur et à mesure que son activité prend de l'ampleur il est souvent obligé de recourir à une main d'œuvre stable qui l'accompagne dans son action.

Dans ce cas, il embauche du personnel salarié qu'il rémunère. Les salariés sont, comme lui, assujettis au paiement de l'impôt sur le revenu des personnes physiques dans la catégorie des traitements et salaires.

Ainsi, en tant qu'employeur le professionnel est tenu par la loi de verser un salaire légal à ses employés et d'y opérer chaque fois la retenue au titre des acomptes de l'IRPP.

En effet, l'article 172 alinéa 1 CGI-Tome1 (LF 2017) prescrit que *toute personne physique ou morale qui paie des sommes imposables, conformément aux dispositions des articles 36* [activités agricoles], *37* [les traitements, indemnités, *remises, gratifications, salaires, primes et émoluments de toute nature ainsi que les pensions et rentes viagères] ou 185 ter nouveau du présent* [bénéficiaires de traitements, salaires, pensions et rentes de source étrangère] *est tenue d'en effectuer pour le compte du Trésor la retenue de l'IRPP ou la retenue à la source instituée par les articles 126 quater B/1, 183 et 185 nouveau.»*

Il n'est pas besoin de souligner que les paiements doivent être constatés sur des bulletins de paye et transcrits à leur date et avec les montants payés et ceux des retenues opérées sur les livres de paye qui sont conservés jusqu'à l'expiration de la quatrième année[115].

Mais, il faut souligner que les retenues opérées doivent être reversées au fisc (contribution des droits directs et indirects)[116] dans les vingt (20) jours du mois suivant.

Ce délai est allongé pour les entreprises ou entités qui ne payent pas à plus de cinq (05) personnes.

---

[115] Article 172 alinéa 2 in fine CGI -Tome 1.
[116] Article 173 alinéa 1 CGI-Tome 1.

En effet, les entités qui ne payent pas à plus de cinq personnes sont admises à payer dans les vingt (20) premiers jours du premier mois qui suit la fin du trimestre[117].

Le professionnel employeur doit également prélever la taxe d'occupation des locaux due par ses salariés.

3.5. Le prélèvement de la TOL du personnel salarié

Les salariés sont également assujettis à la taxe d'occupation des locaux (TOL). Celle-ci est retenue chaque mois à la source par l'employeur au taux de 1 000FCFA[118].

Il est prévu qu'à l'échéance du 20 avril, les personnes physiques salariées en font la déclaration de régularisation auprès de leur résidence fiscale.

La déclaration de revenus des salariés passibles de l'IRPP et le paiement du solde étant désormais prévus à l'échéance du 20 mars, il est possible que la date d'échéance soit revue[119].

De plus, l'employeur doit également prélever la cotisation sociale sur le salaire de ses employés.

3.6. Le prélèvement de la cotisation sociale du personnel

L'employeur, affilié à la Caisse Nationale de Sécurité Sociale, assure ses employés contre les risques professionnels et les autres aspects de la sécurité sociale. Sa contribution est de 20,28% du salaire brut.

Le salarié lui-même doit contribuer à hauteur de 4%. Cette proportion est retenue à la source par l'employeur qui est tenue de la reverser à la CNSS et au fisc suivant les modalités définies par la loi.

C'est la responsabilité du professionnel employeur de le faire.

En principe, la cotisation est due dès lors que le paiement de salaires et autres rémunérations assimilées a été constaté.

---

[117] Article 173 alinéa 2 CGI-Tome 1.

[118] Article 14 alinéa 3 issu de la loi de finances pour l'année 2014 instituant la taxe d'occupation des locaux, modifié LF 2015.

[119] Article 80 alinéa 1 CGI-Tome1, LF 2019.

Si l'on s'en tient aux textes, la cotisation n'est pas exigible tant que le salaire n'a pas été payé.

Les professionnels disposant d'un grand nombre de salariés payent chaque mois leurs cotisations sociales. Ceux en disposant moins payent trimestriellement.

Quoique ne disposant pas d'un nombre élevé de salariés, notre office a fait le choix du paiement mensuel pour éviter le poids du cumul.

En conclusion sur ce chapitre, nous dirons qu'une pression fiscale est de plus en plus exercée sur les ménages et les entreprises.

Du petit commerçant exploitant de taxi au petit artisan du coin de la rue, la fiscalité ne laisse personne indifférent. De plus en plus, tous les domaines d'activités et de la vie sont imposés.

La traque policière menée pour le recouvrement de la taxe de roulage à Pointe-Noire, de la patente sur les taxis, et bien d'autres redevances comme les droits de péage en sont un exemple patent. Pendant ce temps, des fortunes qui ont choisi d'investir dans le domaine agricole bénéficient, du fait des lois prises à juste titre, d'importantes exonérations qui les font échapper partiellement ou totalement de l'imposition de diverses taxes tant sur le profit que sur les coûts d'acquisition de leur matériel de travail. Le même constat est valable, mais de fait seulement, sur l'immobilier.

Le citoyen - professionnel employeur ou non - est appelé à tenir compte de cet environnement réglementaire perpétuellement mouvant pour mieux s'orienter.

CHAPITRE IV

LES PRESCRIPTIONS ANNUELLES

Dans le chapitre précédent nous avons survolé les principaux impôts et taxes auxquels les professionnels libéraux ou commerçants sont assujettis ou redevables au cours d'un exercice comptable. L'imposition est due en raison de leur statut soit d'employeur, soit de propriétaire, soit encore de résident ou de co-contractant de certaines transactions économiques et financières.

Dans le présent chapitre, nous abordons la question du régime fiscal des professionnels réalisant les bénéfices non commerciaux (BNC). À cet effet, nous allons scruter les différentes prescriptions auxquels ces professionnels libéraux sont astreints en fin d'exercice comptable.

En effet, comme en cours d'exercice, les professionnels libéraux sont tenus de souscrire des déclarations annuelles des salaires (1), puis d'établir et déposer à l'administration fiscale les états financiers de synthèse (2).

I. Les déclarations annuelles des rémunérations

Il existe deux sortes de déclarations annuelles de salaires : celle des salaires versés à son personnel (1) et celle des rémunérations versées aux fournisseurs et tiers extérieurs à l'entreprise (2).

1.1. La déclaration des salaires du personnel–D.A.S I

L'entité qui a assuré des salaires à ses employés est tenue en fin d'année, après la clôture de l'exercice, d'établir une liste récapitulative de tous les montants des salaires alloués à son personnel.

Cette liste sera présentée au fisc en janvier de l'année qui suit et devra comprendre l'identité complète et le statut du personnel dont il s'agit.

Cette déclaration, connue sous l'appellation D.A.S I, est prescrite par le Code Général des Impôts, Tome 1 en son article 176. C' est en vue du contrôle des salaires, pensions et rentes viagères servant de base à l'IRPP qu'elle est requise de tous particuliers, toutes administrations et toutes sociétés et associations occupant des employés, commis, ouvriers ou auxiliaires moyennant traitement, salaire ou rétribution.

Il s'agit d'un état présentant, pour chacune des personnes occupées au cours de l'année précédente, les indications suivantes:

- 1°nom, prénom, emploi et adresse ;
- 2°montant des traitements, salaires et rétributions diverses payés au cours de ladite année après déduction des retenues pour la retraite, ainsi que l'évaluation des avantages en nature fournis en sus de la rémunération (évaluation conforme aux indications de l'article 39 ;
- 3°montant des retenues effectuées au titre de l'IRPP ;
- 4°période à laquelle s'appliquent les paiements ;
- 5°nombre d'enfants indiqués par l'intéressé comme étant à sa charge et dont il a été tenu compte pour le calcul des retenues ;
- 6°montant de diverses indemnités non imposables allouées à l'employé ;
- 7°le numéro d'identification unique.

À cet état, il est joint une fiche au nom de chaque employé reprenant les mêmes indications sus énoncées.

La déclaration annuelle des salaires (DAS I) est rendue obligatoire par l'effet de la loi dès lors que le montant de la rémunération, ramenée à l'année, excède 120 000FCFA[120].

Ainsi, le fait de fournir au fisc les déclarations mensuelles de salaires comprenant les mêmes indications [*obligation pesant sur les*

[120] Article 177 CGI-Tome 1.

employeurs occupant plus de trois personnes] ne dispense pas les employeurs de souscrire à la déclaration annuelle des salaires[121].

Désormais, pour les mêmes raisons de contrôle et de redistribution des prélèvements y afférents, la DAS I intéresse également la CNSS.

4.1.2. La déclaration des rémunérations versées aux tiers-D.A.S II

L'article 179 CGI-Tome 1 exige la déclaration annuelle des rémunérations versées aux tiers.

Les entreprises visées aux articles 14, 15 et 42 [*les personnes réalisant des BNC*] ainsi que les sociétés visées à l'article 107 et suivants du CGI; doivent déclarer dans les mêmes conditions :

- 1°les rémunérations, quel que soit leur montant ramené à l'année qu'elles ont versées à des personnes morales ou physiques fournissant des prestations ou remplissant des fonctions susceptibles d'être exercées simultanément auprès de plusieurs entreprises, telles que les prestations faisant l'objet de la retenue à la source, les fonctions d'administrateurs, membres ou secrétaire de comité ou de conseil de direction, de gestion ou de surveillance, quelle qu'en soit la dénomination, commissaire aux comptes, trésorier, etc. ;
- 2°les sommes versées par elles à l'occasion de l'exercice de leur profession à titre de loyer, de commissions, courtage, ristournes commerciales ou autres vacations, honoraires occasionnels ou non, gratifications et autres rémunération lorsqu'elles dépassent 5 000FCFA par an pour un même bénéficiaire.

Il s'agit en fait des déclarations sur les retenues opérées à la source conformément aux dispositions des articles 185 et suivants du CGI-Tome 1.

Outre ces déclarations qui doivent être souscrites au mois de janvier suivant la clôture de l'exercice comptable, on doit minutieusement élaborer, puis déposer les états financiers annuels de synthèse qui

[121] Article 177bis.

retracent la situation et le film des opérations menées par l'entité durant les douze mois.

II. L'établissement des états financiers de synthèse

En fin d'année, la clôture de l'exercice conduit à l'élaboration des documents de synthèse sur les comptes mouvementés, la trésorerie et les biens de l'entreprise.

Mais, nous nous contenterons d'exploiter ici les dispositions fiscales spécifiques aux professions produisant des BNC.

Elles permettent la détermination du résultat de l'exercice (1), des éléments du patrimoine entrant dans la composition du bilan (2), ainsi que les notes explicatives (3).

2.1. Le compte de résultat

La principale préoccupation de toute entreprise est la poursuite d'un résultat positif en rémunération de tout l'investissement humain et financier mis à contribution durant toute l'année.

On dit que *le compte de résultat est le film de l'activité*[122].

Le CGI édicte les règles spécifiques pour la détermination du résultat comptable (1) et fiscal (2) des professions produisant des BNC.

2.1.1. La détermination du résultat comptable

Pour la détermination du résultat comptable nous devons tenir compte des éléments entrant dans la composition du produit brut (1), duquel on déduit les charges professionnelles (2).

Car, au sens de l'article 43-1 alinéa 1 du CGI-T1 *« le bénéfice à retenir dans les bases de l'IRPP est constitué par l'excédent des recettes totales sur les dépenses nécessitées par l'exercice de la profession. »*

---

[122] Laurence Thibault, *La comptabilité pour les nuls,* 2e éd. FIRST Editions, 2014, P.39.

2.1.1.1.La composition du produit brut

Les différents éléments entrant dans la composition du produit brut des professions libérales ou assimilées dont les titulaires n'ont pas la qualité de commerçant sont définis à l'article 42 du CGI-Tome 1.

Ils comprennent :

- les produits des opérations de bourse effectuées à titre habituelle par les particuliers ;
- les produits des droits d'auteur perçus par les écrivains ou compositeurs et par leurs héritiers ou légataires ;
- les produits perçus par les inventeurs au titre, soit de la concession de licences d'exploitation de leurs brevets, soit de la cession ou concession de marque de fabriques, procédés ou formules de fabrication ;
- les commissions perçues par les mandataires des sociétés de Pari Mutuel Urbain et/ou de jeux de hasard ;
- les commissions, honoraires et toutes sommes payées par les entreprises aux personnes exerçant des professions non commerciales.

En d'autres termes, le produit brut est constitué par toutes les sommes encaissées de la part des clients en rémunération des prestations professionnelles réalisées dans le cadre de l'exploitation normale de son activité.

En ce sens, il s'agit des émoluments tarifés des actes, des honoraires libres, des vacations ou autres gains résultant de l'exercice de sa profession.

Entrent également dans la composition du produit brut les intérêts des sommes d'argent auprès des établissements bancaires et/ou financiers, les plus-values réalisées à l'occasion de la cession d'éléments d'actifs.

Les recettes brutes professionnelles comprennent également les remboursements de frais avancés par le professionnel pour le compte de son client.

L'équilibre sera bien respecté et aisé à établir si ceux-ci correspondent effectivement aux sommes réellement engagées et comptabilisées au titre de débours.

En effet, bien de fois les professionnels sont emmenés à débourser des sommes d'argent pour faire avancer les procédures de leurs clients : une provision de dépôt de requête par ici, des frais d'enregistrement d'un acte par-là, une inscription de sûreté dans telle administration.

Le remboursement annule l'effet de charge que comportait la dépense dans la comptabilité du professionnel.

Ceci est facilité par la tenue de la comptabilité avec un enregistrement systématique, au jour le jour, de toutes les opérations financières susceptibles d'impacter le résultat et/ ou le patrimoine de l'entité.

Des documents divers sont généralement tenus au sein d'une entreprise pour saisir l'information comptable.

De même, la plupart des lois qui réglementent les professions libérales contiennent des dispositions sur la tenue de leur comptabilité, comme la loi n°026-92 du 20 Août 1992 sur la profession d'avocat.

D'autres, au contraire, sont totalement muettes. C'est le cas de la loi n°027-92 du 20 Août 1992 Instituant la profession d'Huissier de justice!

Toutefois, dans le cadre de la présente étude nous retenons principalement les documents prévus par le Code Général des Impôts–Tome 1 en ses articles 42 à 49 qui définissent le régime comptable et fiscal des BNC.

En ce sens, conformément à l'article 47 du CGI-Tome 1 nous soulignons :

- Le livre-journal servi au jour le jour et présentant le détail des recettes professionnelles, y compris les remboursements de frais et le détail des dépenses.

Le livre-journal est le principal document comptable exigé des professionnels libéraux par le dispositif spécial des articles 42 à 47 du CGI – Tome 1.

Dans la pratique, il est évident que le professionnel libéral est obligé d'avoir des journaux auxiliaires pour appréhender distinctement les opérations de sa trésorerie, notamment les mouvements de sa caisse et de ses opérations bancaires assorties de relevés.

En effet, les recettes et les dépenses professionnelles peuvent être encaissées ou financées aussi bien par la caisse (espèces) que par les comptes bancaires de l'entité (virement et chèque).

Il n'est pas anodin de souligner ici que ce sont les recettes hors taxes ici qui composent le produit brut entrant dans la détermination du résultat de l'exercice par déduction de charges.

2.1.1.2.Les charges professionnelles

Les charges sont toutes ces dépenses décaissables ou non qui conduisent à l'appauvrissement de l'entité.

Lorsqu'elles sont plus importantes que les recettes, le résultat de l'exercice est négatif.

Dans le cas contraire, il est positif. Tout le travail du bon manager est d'être à la fois efficace et efficient.

Efficace pour atteindre les objectifs raisonnables. Efficient en utilisant le plus rationnellement possible les ressources disponibles pour atteindre les objectifs fixés.

Pour être déductibles, les charges doivent avoir un lien avec la profession. Sont donc, en principe, exclues les dépenses personnelles et de famille.

La liste énumérative des dépenses déductibles à prendre en considération est donnée à l'article 43[123], notamment :

[123] Article 43.1) a, b, c du CGI-T1.

a) le loyer des locaux professionnels. Toutefois, si le contribuable est propriétaire des locaux affectés à l'exercice de la profession, aucune déduction n'est apportée de ce chef au bénéfice imposable ;

b) les amortissements effectués suivant les règles applicables en matière de BICA ;

c) les frais généraux de toute nature, les dépenses du personnel et de main d'œuvre.

L'énoncé de ces trois différentes catégories de dépenses mérite quelques précisions sur les amortissements (1), sur les frais généraux de toute nature (2) et sur les dépenses du personnel et de main d'œuvre (3).

2.1.1.2.1. Les amortissements

Les amortissements sont des charges non décaissables[124]. Il s'agit, en fait, de la constatation comptable de la perte progressive et certaine de la valeur financière d'un bien du simple fait de l'écoulement du temps.

En effet, les biens corporels et incorporels affectés à l'exercice d'une profession figurent à l'actif du bilan pour leur valeur d'acquisition ou d'origine.

Lorsqu'ils ont été acquis par achat ce sera la valeur vénale.

Au jour de l'achat, le patrimoine de l'entreprise ne s'appauvrit pas du fait de cette transaction. Une telle dépense ne peut être considérée à cet instant comme une charge déductible pour la détermination du résultat comptable.

Car, il y a simplement échange de la nature de biens : telle somme d'argent a été échangée par tel bien en nature. La valeur du patrimoine n'a donc pas varié.

Ce bien, par exemple un ordinateur complet de bureau, est appelé à être utilisé pendant une période plus ou moins longue dans l'entreprise.

[124] Il ne s'agit pas d'une dépense de caisse, mais d'une constatation comptable de la perte de la valeur financière d'un bien immobilisé.

Cette présence quasi permanente en entreprise conduit les comptables à l'appeler une *immobilisation.* Et, au bout d'un certain temps, ce bien - cas de cet ordinateur- sera hors d'usage, ne serait-ce que par commodité. Il faudra alors en acquérir un autre.

Ce bien aura perdu sa valeur, mais de manière progressive depuis son acquisition, au fur et à mesure de son utilisation, jour après jour, semaine après semaine, mois après mois et année après année.

Cette perte progressive de la valeur de l'immobilisation affecte ainsi la valeur du patrimoine et par ricochet le résultat comptable à la clôture de l'exercice.

Pour permettre aux entreprises de renouveler leurs immobilisations, on a imaginé une technique de constatation de la perte progressive de cette valeur.

Cette méthode consiste à calculer les annuités d'amortissement par le rapport de la valeur d'origine du bien sur sa durée probable d'utilisation dans l'entreprise.

On part du principe que les biens ont tous une durée de vie donnée.

Ainsi, à la clôture de chaque exercice, la somme des amortissements effectivement pratiqués depuis la date de l'acquisition ou de la création d'un élément donné ne peut être inférieure au montant cumulé des amortissements calculés suivant le mode linéaire et répartis sur la durée normale d'utilisation[125].

Le Code Général des Impôts en ses articles 114 et 114 A[126] édicte les conditions de déductibilité et les taux d'amortissement de la plupart des biens de valeur marchande.

Ainsi, sont déductibles les amortissements régulièrement comptabilisés sur la base de la durée probable d'usage telle qu'elle ressort des normes accusées par chaque nature d'exploitation, y compris ceux qui auraient été régulièrement comptabilisés mais réputés différés en période déficitaire.

---

[125] Article 114B CGI-T1.

[126] CGI-Tome 1.

La durée d'utilisation est déterminée en fonction du taux d'amortissement.

Les taux d'amortissement sont fixés comme suit :

1) Constructions

- Bâtiments commerciaux, industriels, garages, ateliers, hangars : 5% ;
- Cabines de transformation : 5% ;
- Constructions en matériaux durables : 5% ;
- Installations de chutes d'eau, barrages : 5% ;
- Maisons d'habitation : 5% ;
- Usines : 5% ;
- Fours à chaux, à plâtres : 10% ;
- Fours électriques : 10% ;
- Bâtiments démontables ou provisoires : 20% ;

2) matériels et outillages fixes

- Chaudières à vapeur : 5% ;
- Cuves à ciment : 5% ;
- Presses hydrauliques : 5% ;
- Machines à papier et à carton : 5% ;
- Matériels de raffinage de pétrole (reforming, matériels de distillation, etc.) :10% ;
- Moteurs à huile lourde : 10 % ;
- Transformateurs lourds de forte puissance : 10% ;
- Turbines et machines à vapeur : 10% ;
- Réservoirs à pétrole et cuves souterraines de stations-services : 10% ;
- Pétrins mécaniques, malaxeurs : 10% ;
- Presses et compresseurs : 10% ;
- Lignes de transport d'énergie électrique en matériaux définitifs : 15% ;
- Lignes de transport d'énergie électrique en matériaux provisoires : 20% ;
- Matériels d'usine fixe : 20% ;
- Groupe électrogène lourd (usine): 15% ;
- Cuves de graissage, étuves : 15% ;

- Postes de chargement produits pétroliers : 15% ;
- Groupe de pompage dépôt carburant : 15% ;
- Distributeurs de station-service : 15% ;
- Canalisations carburant de station : 10% ;
- Matériel incendie fixe de dépôt : 10% ;
- Équipements divers station-service : 15% ;
- Matériel publicitaire, enseignes : 25% ;

3) Matériel mobile

- appareils d'épuration, de tirage : 10% ;
- appareils de laminage, d'essorage : 10% ;
- excavateurs : 10% ;
- foudres, cuves de brasserie, de distillation ou de vinification : 10% ;
- machines-outils légères, tours, mortaiseuses, raboteuses, perceuses : 15% ;
- appareils à découper le bois : 20% ;
- perforatrices : 20% ;
- marteaux pneumatiques : 20% ;
- matériel d'usine y compris machines-outils : 20% ;
- bétonnières : 10% ;
- débroussailleuse : 25% ;
- tronçonneuse : 20% ;
- matériel de topographie : 10% ;
- bouteille de gaz de plus de 12 kg : 10% ;
- groupes électrogènes mobiles : 20% ;
- postes à souder, petit chariot élévateur : 33,33% ;
- matériel incendie mobile : 20% ;
- logiciel informatique : 50% ;
- outillage à main dit petit outillage : 100% ;

4) Matériel de transport

- grosses grues : 5% ;
- voies de chemin de fer : 5% ;
- wagons de transport : 5% ;
- containers : 20% ;

- fûts de transport (bière, vin) : 20% ;
- matériel naval et aérien : 10% ;
- véhicules élévateurs (matériel de manutention portuaire) : 20% ;
- charrettes : 25% ;
- matériel automobile léger utilisé en ville : 25% ;
- tracteurs : 25% ;
- matériel automobile léger de location sans chauffeur ou auto-école : 33,33% ;
- matériel automobile lourd utilisé en brousse : 33,33% ;
- tracteurs utilisés par les forestiers : 33,33% ;
- matériel de manutention, élévateur : 15% ;
- mobilier de bureau ou autres : 10% ;

5) Mobilier, agencements et installations

- agencements, aménagements et installations : 10% ;
- matériel de bureau : 15% ;
- matériel informatique et électroniques : 25% ;
- matériel de reprographie : 33,33% ;
- climatiseur, extincteur : 20% ;
- électroménager : 20% ;
- matériel et mobilier d'habitation : 20% ;

6) Amortissements spéciaux

a) armement de pêche

- navires de pêche: 10% ;
- filets de pêche : 20% ;

b) hôtels, cafés restaurants

- cuisinières : 10% ;
- fourneaux de cuisine : 10% ;
- argenterie : 20% ;
- aménagements décoratifs : 20% ;
- tapis, rideaux, tentures : 20% ;
- réfrigérateurs, congélateurs, climatiseurs : 20% ;
- lingerie : 33,33% ;

- verrerie, vaisselle, ustensiles de cuisine : 50% ;

c) matières plastiques (moulages)

- presses à pression : 10% ;
- presses à transfert : 10% ;
- pré chauffeurs ou étuves : 20% ;
- pastilleuses : 20% ;
- presses à injection : 20% ;
- machines à gélifier, à boudiner : 20% ;
- machines à former par le vide : 20% ;
- machines à métalliser : 20% ;
- machines à souder et à découper : 20% ;
- moules : 33,33% ;

d) matériel soumis à l'action de cuisson

- appareils de cuisson:20% ;
- appareils de récupération des produits : 20% ;
- appareils de blanchissage : 20% ;
- lessiveuses, diffuseurs : 20%

Grâce aux taux indiqués ci-dessus, il est possible de déterminer la durée d'une immobilisation.

Par exemple, le matériel de bureau amortissable au taux de 15 % dure environ 6 ans et demi [100/15] et le climatiseur amortissable au taux de 20% dure 5 ans [100/20].

Toutefois, les biens visés à l'article 114-A sur la liste ci-dessus dont la valeur unitaire est inférieure à 500 000FCFA hors taxes sont amortissables à 100% au cours de l'année d'acquisition, quelle que soit leur durée d'utilisation[127].

Lorsque l'entreprise en achète, elle ne procède plus au calcul des annuités d'amortissement. Elle enregistre directement leur prix au titre des charges déductibles.

Par contre, pour les biens de même nature ayant une valeur supérieure et les autres biens figurant dans d'autres rubriques de la

[127] Article 114I. CGI-T1.

liste sus indiquée, chaque année l'entreprise calcule l'amortissement suivant les modalités admises par la loi : l'amortissement linéaire ou constant et l'amortissement dégressif.

2.1.1.2.1.1. L'amortissement linéaire ou constant

L'amortissement consiste le plus simplement possible à repartir le prix d'acquisition sur sa durée d'utilisation.

Il en découle une valeur constante chaque année.

Application :

Dans le cadre de la modernisation de son Cabinet, Maître Eustache OTIELI a acquis le 31 décembre 2018 un climatiseur ultra moderne auprès des Ets PARK N'SHOP au prix de 2 500 000F.

Calculer ses annuités d'amortissement.

Réponse :

Le taux légal d'amortissement du climatiseur est de 20%. Sa durée probable d'utilisation est donc de 5 ans. L'amortissement constant à effectuer se déroulera de la manière suivante :

A=PR:D $\Longrightarrow$ 2 500 000F: 5 = 500 000FCFA

Ainsi, à la clôture de l'exercice au 31 décembre 2019 l'entreprise enregistrera une charge déductible de 500 000FCFA ainsi de suite chaque année jusqu'au 31 décembre 2023.

À cette cinquième année le bien sera complètement amorti.

Aucun amortissement ne pourra plus être calculé au-delà de cette cinquième année. Car, la somme des annuités d'amortissements pratiqués sur ce bien aura atteint sa valeur d'acquisition[128].

250 000 F x 5 (De janvier 2019 au 31.12. 2023)=2 500 000FCFA.

Ceci revient à dire que chaque année ce climatiseur perd une valeur de 500 000F qui doit être enregistrée comme charge, année après année.

---

[128] Les comptables parlent de valeur d'origine.

Mention : Lorsque le bien aura été acquis au cours d'exercice comptable, on effectuera les calculs au *prorata temporis* c'est-à-dire proportionnellement au temps d'utilisation ; ce la première et la dernière année.

2.1.1.2.1.2. L'amortissement dégressif

L'amortissement dégressif est une modalité d'amortissement accéléré destinée à encourager le renouvellement rapide des immobilisations.

Les annuités d'amortissement sont dégressives (décroissantes). En ce sens, la première année, par application du taux légal, le montant de l'amortissement est important.

Les autres annuités sont d'un montant plus faible d'une année à une autre jusqu'à cumuler le prix de revient du bien.

Ce genre d'amortissement est spécialement utilisé pour les biens neufs, d'une valeur supérieure à 40 000 000FCFA affectés dans le domaine agricole.

Le taux d'amortissement est de 40%. Il s'agit ni plus, ni moins d'une mesure fiscale incitative au profit des exploitants forestiers et agricoles.

Il ne concerne donc pas les professions libérales règlementées comme les avocats, architectes, huissiers de justice, notaires, etc. Ceux-ci continueront à utiliser le système d'amortissement constant ou linéaire.

2.1.1.2.2. Les frais généraux de toute nature et les impôts

Les frais généraux concernent un certain nombre de dépenses engagées par l'entreprise dans le cadre de son fonctionnement normal.

Le lexique comptable définit les frais généraux d'une entreprise comme étant les différentes charges qui lui reviennent.

En fait, *les frais généraux comprennent toutes les dépenses qui entraînent une diminution de l'actif de l'entreprise ; ils s'opposent ainsi aux dépenses d'investissement qui trouvent leur contrepartie dans l'entrée d'un nouvel élément à l'actif du bilan, sous la forme d'une immobilisation*[129].

Cependant, pour être déductibles du résultat imposable ces différentes dépenses doivent obéir à certaines conditions.

La plus raisonnable condition à considérer a trait à l'activité déployée c'est-à-dire qu'il doit s'agir de dépenses exposées à l'occasion de l'exploitation normale de l'activité professionnelle dans l'intérêt de l'entreprise.

Ainsi exprimé, on peut dire que pour être admis en déduction, les frais généraux doivent remplir les conditions ci-après[130] :

- Se rattacher à la gestion de l'entreprise ou être exposés dans l'intérêt de l'exploitation ;
- Correspondre à une charge effective et être appuyée de justifications suffisantes ;
- Se traduire par une diminution de l'actif net de l'entreprise ;
- Avoir été engagés au cours de l'exercice dont les résultats sont à déterminer.

Il n'est pas possible d'énumérer tous les frais généraux constitutifs de charges déductibles. Nous pouvons, néanmoins citer :

- frais de fournitures de bureau ;
- les loyers et charges locatives ;
- frais de transport de marchandises et du personnel ;
- les honoraires des conseils et experts ;
- frais de consommation d'eau et d'électricité ;
- frais de poste et télécommunications ;
- frais de publicité` ;
- frais de téléphone;
- frais d'entretien et réparation ;
- frais de gardiennage ;
- assurances ;

---

[129] Maurice COZIAN, op.cit. P. 73.

[130] Gervais MOREL, *Fiscalité des entreprises,* 11e édition, Collection Fiscabanque, Revue Banque Edition 2003, 2003.P.161.

- les intérêts des sommes d'argent ;
- les agios et tous frais de services bancaires constitutifs de charges financières ;

Les principales charges externes à surveiller sont :

1) Les loyers des locaux professionnels et du matériel.

En principe, les loyers des locaux professionnels et du matériel sont déductibles. On inclut les redevances des contrats de crédit-bail (leasing) du matériel et autres équipements que peut louer le professionnel dans l'exercice de ses activités.

Les grosses réparations supportées par le professionnel locataire le sont aussi.

Ces dépenses de loyers pour être déductibles, l'exploitant ne doit pas être propriétaire des locaux.

2) Entretien et réparations

Les dépenses d'entretien et réparations sont déductibles lorsqu'elles sont engagées pour maintenir les éléments d'actif en état d'usage et de fonctionnement jusqu'au terme de leur valeur normale d'utilisation.

On considère que les dépenses d'entretien et de réparations ne doivent pas avoir pour effet d'accroitre la valeur ou la durée d'utilisation des biens.

3) Les primes d'assurances

Les primes d'assurances sont déductibles lorsqu'elles garantissent les actifs de l'entreprise ou des pertes d'exploitation.

Pour la détermination du revenu global imposable dans le cadre de l'IRPP, l'article 66 alinéa 2.2.-5) reconnait la déductibilité des sommes payées au titre de primes d'assurances-vie au même titre que la quote-part supportée par l'assuré au titre des cotisations du régime de retraite complémentaire[131].

---

[131] Article 66 alinéa 2.2.-6) du CGI-Tome 1.

4) Les Honoraires

Il s'agit de la rémunération du personnel extérieur non salarié. Ils englobent les commissions, courtages et honoraires versés à des tiers. Ils doivent être nominativement déclarés au fisc, au cours et en fin d'année.

Dans la détermination du revenu global imposable à l'IRPP, l'article 66 alinéa 2.2.-4) du CGI-Tome 1 (LF 2015) retient au titre des charges déductibles :

a. Les honoraires médicaux effectivement supportés par le contribuable et les personnes à sa charge, à l'exclusion des frais de soins, prothèses, hospitalisation et des frais pharmaceutiques dans la limite de 10% du revenu net avec un maximum de 200 000francs.
b. Les honoraires perçus par les praticiens font l'objet d'une quittance numérotée issue d'un registre à souches mentionnant les références du bénéficiaire et de la partie versante, la date et le montant de la somme perçue.

5) Les frais de bureau, de poste, de publicité, de documentation et de subvention.

Ils sont déductibles. Toutefois, selon les usages la publicité est en principe interdite aux professionnels libéraux réglementés. Il faut, tout au plus, développer une communication mesurée.

Les cadeaux d'entreprise, les libéralités et les frais de réception, non exagérés sont déductibles.

6) Missions, frais de transport et déplacements

Le remboursement des frais de voyage ou déplacement, sur justificatifs, et correspondant à des dépenses professionnelles effectives, constitue une charge déductible quelle que soit la qualité du bénéficiaire.

S'agissant des impôts et taxes, ceux-ci ne sont déductibles que dans la mesure où ils ont un caractère professionnel tels la patente, la taxe d'occupation des locaux, etc.

Les impôts qui ont un caractère personnel comme l'IRPP ne sont pas déductibles[132]. Les acomptes IRPP (ou IS) ne sont pas de charges déductibles pour la détermination du bénéfice imposable.

2.1.1.2.3. Les dépenses du personnel et de main d'œuvre

La rémunération du personnel constitue une charge déductible dans la mesure où elle correspond à un travail effectif.

Il s'agit, non seulement du salaire brut, mais aussi de tous ses accessoires tels les indemnités, primes, avantages en nature, participations aux bénéfices ainsi que les cotisations sociales.

Toutefois, le salaire du conjoint de l'exploitant ne doit pas dépasser annuellement la somme de 1 200 000FCFA.

Ce salaire admis en déduction du bénéfice, est lui-même imposable à l'IRRP catégorie des traitements, salaires, pensions et rentes viagères[133]. Il n'est pas tenu compte du régime matrimonial des époux.

À l'opposé du législateur congolais, l'Administration fiscale française ne fait cette limitation que pour les époux mariés sous le régime de la communauté des biens.

Il n'existe aucune restriction en ce qui concerne les salaires versés aux enfants de l'exploitant.

En référence à l'article 110 du CGI - Tome 1 au sujet de la rémunération du personnel salarié des entités soumises à l'IS, on peut dire que pour être déductible des résultats les salaires perçus par les enfants de l'exploitant individuel doivent correspondre à un travail effectif et ne pas être exagérés.

Le souci du fisc est tout simplement de lutter contre les emplois fictifs. Ainsi, en cas d'exagération ou de rémunérations fictives, la fraction excédentaire, selon le cas, est tout simplement rapportée au résultat[134].

---

132 Article 112 B du CGI-Tome 1.

133 Article 64 alinéa 1 CGI-Tome 1 (LF2017).

134 Article 110 A alinéa 2 du CGI-Tome 1.

Par contre, on considère que la rémunération de l'exploitant individuel ne constitue pas une charge déductible.

On peut regretter ce fait dans la mesure où le professionnel indépendant - cas d'un avocat ou d'un huissier de justice titulaire d'un office - assume deux fonctions : travailleur dans le cadre de l'exercice de son métier (qu'il ne peut déléguer à aucun agent de son office n'ayant pas la qualité pour postuler devant les juridictions), d'une part et manager dans le cadre des actes de gérance et de gouvernance de son office, d'autre part.

Le sort de sa rémunération devait donc être lié à cette mixture pour justifier une déductibilité au moins partielle. Ceci le distinguerait, par exemple, d'un exploitant forestier ou agricole qui a confié la gérance de son affaire à un manager salarié et qui n'attend plus que les résultats en fin d'exercice pour s'adjuger les bénéfices réalisés.

On parlerait alors du *salaire fiscal de l'exploitant*[135]qui a longtemps suscité de vives discussions.

2.1.2. La détermination du résultat fiscal

Le résultat fiscal c'est-à-dire celui qui constitue la base d'imposition des bénéfices réalisés est assis sur le résultat comptable, bénéficiaire ou déficitaire.

---

[135] Il y a quelques décennies, avant l'évolution de la législation fiscale en France, le patronat exigeait la déduction du salaire de l'exploitant tel que rapporté dans un encart par le professeur Maurice COZIAN : *« Les organisations patronales réclament depuis plusieurs années et avec insistance la reconnaissance du salaire fiscal de l'exploitant. Dans le profit de l'entreprise, en effet, il faut distinguer d'un côté, la part qui rémunère le travail du chef d'entreprise et qui correspond au salaire qu'il aurait pu percevoir s'il avait exercé la même fonction dans une entreprise analogue, de l'autre côté le surplus du profit qui a véritablement la nature d'un gain industriel ou commercial. On s'apercevrait alors que le profit de l'exploitant est parfois inférieur à la rémunération d'un directeur salarié d'une entreprise de dimension comparable. Les exploitants individuels se sentent d'autant plus lésés que les dirigeants de sociétés bénéficient du salaire fiscal. La rémunération d'un président-directeur général d'une société est passée en frais généraux, tandis que les modestes gains d'un boutiquier sont taxés comme des profits purs de nature industrielle et commerciale. L'inégalité de traitements demeure choquante. C'est pourquoi bien des commerçants se sont mis en sociétés uniquement pour bénéficier des avantages fiscaux et sociaux réservés aux salariés. C'est un exemple typique de l'influence de la fiscalité sur la structure de l'entreprise.»* op.cit. P.75.

Ce résultat comptable est reconstitué par la réintégration totale des prélèvements de l'exploitant (1) et une réintégration partielle des dépenses de caractère mixte (2).

2.1.2.1. La réintégration des prélèvements de l'exploitant

La rémunération de l'exploitant individuel, du point de vue fiscal, ne constitue pas une charge déductible pour son entreprise.

Le sort de l'associé d'une société civile ou d'une société de personne est fiscalement le même que celui de l'exploitant individuel.

Par conséquent, le salaire que se donne un tel exploitant témoigne tout simplement de sa rigueur ou discipline de gestion. Il n'y a pas de séparation de patrimoines dans l'entendement fiscal.

Pour le professionnel civil associé, bien que l'entité créée constitue une personne morale, on considère que cette personnalité juridique est fiscalement atténuée. On dit qu'il y a transparence fiscale.

Le professionnel libéral associé est directement imposé sur la part de ses gains, sans imposition préalable de la société civile.

La rémunération que se donnent l'exploitant individuel ou le professionnel libéral associé ou non est considéré comme une avance sur le bénéfice annuel qu'ils consomment mois après mois. Cette rémunération ne constitue pas fiscalement une charge déductible.

Ainsi, pour déterminer la base de calcul de l'impôt il faut réintégrer fictivement la somme des salaires consommés par l'exploitant individuel ou un tel associé.

À ce montant, il faut ajouter tous les prélèvements effectués au cours de l'année d'exercice pour ses besoins personnels, familiaux ou domestiques ainsi que la portion de revenus perçus par le conjoint de l'exploitant au-delà du seuil fixé par la loi.

2.1.2.2. La réintégration des dépenses de caractère mixte

Les autres dépenses à réintégrer partiellement sont celles de nature mixte. Elles sont définies à l'article 65 bis du CGI-Tome 1 (LF 2017).

Les charges à caractère mixte ne sont admises en déduction pour la détermination du bénéfice imposable que dans la limite des 2/3 des charges engagées par les contribuables relevant des revenus catégoriels des bénéfices industriels, commerciaux et artisanaux, des bénéfices des professions non commerciales et des bénéfices de l'exploitation agricole.

Les charges de nature mixte sont donc réintégrées dans le résultat comptable pour le tiers (1/3) de leur montant. Il s'agit des dépenses qui profitent personnellement en partie à l'exploitant : dépenses de carburant de voitures, de communication, etc.

Ainsi, le résultat comptable plus les réintégrations constituent le bénéfice fiscal ; base de calcul de l'IRPP.

Donc, il est indispensable, pour une bonne gestion, d'établir le compte de résultat pour savoir la profitabilité de son activité professionnelle.

En effet, il présente le résultat de l'activité durant l'année comptable écoulée : « le compte de résultat explique comment l'entreprise s'est enrichie ou appauvrie durant l'exercice comptable.

Il retrace l'activité de l'année écoulée en récapitulant les produits générés par l'activité (essentiellement les ventes) ainsi que les consommations nécessaires à la réalisation de cette activité (le comptable parle de *charges*).»[136]

2.1.2.2.1. La réintégration des autres dépenses non déductibles

Toutes les dépenses qui n'ont pas un caractère professionnel ou qui ne sont pas exposées dans l'intérêt de l'activité doivent être réintégrées.

Il en est ainsi de la fraction des intérêts dépassant les limites fixées par la BEAC, des subventions dépassant certains seuils, des amendes et pénalités fiscales ou résultant des condamnations pécuniaires pour violation des prescriptions légales, civiles ou pénales.

On pourrait ajouter les rémunérations occultes, notamment tous ces pourboires versés aux intermédiaires ou personnes anonymes.

---

[136] Laurence Thibault, op. cit. P.39.

2.2. Le bilan

Les dispositions spécifiques aux professions relevant des BNC, notamment les articles 42 à 49 du CGI-Tome 1 ne font pas expressément état de bilan.

Toutefois, il ne fait l'ombre d'aucun doute que le professionnel libéral a besoin de connaître la valeur patrimoniale de son affaire.

Le bilan est pour ainsi dire *la photographie du patrimoine*[137] de l'entreprise. Il est composé de l'actif (1) et du passif (2).

2.2.1. La composition de l'Actif du bilan

L'actif du bilan est composé de tous les biens et créances dont dispose l'entreprise. Il comprend, de manière succincte, les immobilisations (actif immobilisé), les stocks des entreprises commerciales ou industrielles, les créances et la trésorerie.

Ces derniers éléments constituent l'actif circulant. On peut donner quelques précisions sur ces notions :

2.2.1.1.Les immobilisations

Les immobilisations sont des biens meubles et immeubles destinés à demeurer plus ou moins longtemps dans l'entreprise. Ces biens sont en quelque sorte « immobilisés.»

Les immobilisations sont de trois sortes :

- les immobilisations incorporelles (brevets d'invention, licences, autorisations d'exploitation, droit au bail, etc…) ;
- les immobilisations corporelles (terrains, constructions, machines, ordinateurs, mobilier de bureau, matériels de bureau, etc.) ;
- les immobilisations financières (titres de participations, prêts, dépôts et cautionnements versés).

---

[137] Laurence Thibault, op. cit. P.31.

2.2.1.2. Les stocks (*à titre indicatif*)

On traite des stocks dans le cadre des entreprises commerciales, agricoles ou industrielles. Ce sont des produits finis ou semi-finis qui sont en attente d'utilisation dans le cycle de fabrication ou de commercialisation des marchandises. Les stocks font partie de l'actif circulant.

Les professions libérales règlementées ne disposent pas, en principe, de stocks. Car, leur activité consiste en des prestations intellectuelles ; du moins tant qu'elles ne s'en tiennent qu'à leurs prestations classiques.

2.2.1.3.Les créances

Il s'agit des créances de sommes d'argent résultant des cessions d'éléments de l'actif immobilisé de l'entreprise ou des factures émises en contrepartie des services fournis à la clientèle et qui n'ont pas encore reçu paiement.

Elles sont donc le fait de la vente des services à crédit ou des avances sur commandes envers les fournisseurs en attendant la livraison.

Il est presque impossible qu'une entreprise, fonctionnant normalement, ne puisse disposer de créances, en raison des délais de paiement souvent accordés aux clients.

Ces créances sont l'expression de la confiance dans les affaires. On sait, de manière classique, que le moteur des affaires c'est le crédit. Dès qu'une entreprise ou un professionnel perdent la confiance de leurs partenaires, ils ne sont plus crédibles et leur avenir est, de ce fait, irrémédiablement compromis.

Donc, le délai de paiement est en fait un crédit qui est accordé aux clients qui disposent ainsi d'un temps plus ou moins long (raisonnable) pour payer le prix de leur approvisionnement en biens et services nécessaires à leur activité professionnelle.

Pour mieux gérer son besoin en fonds de roulement (BFR), une entreprise doit pouvoir négocier des délais de paiement plus longs auprès de ses fournisseurs et obtenir règlement de ses factures par ses clients dans les brefs délais.

Les délais de paiement permettent à la caisse de l'entité de respirer.

C'est pourquoi, les entreprises ont tendance à honorer les factures un ou deux mois après leur réception, si ce n'est plus.

Pour celui qui doit payer à l'échéance, c'est une dette. En revanche, pour celui qui attend le payement, il s'agit d'une créance à recouvrer.

Dans les termes comptables, on dit que les créances font partie de l'actif circulant. Cet actif, en effet, est continuellement en mouvement, en raison des paiements qui interviennent à tout moment au cours de l'exercice comptable et entrainent la variation de ce poste.

2.2.1.4.La trésorerie

La trésorerie est constituée par les disponibilités financières sur les comptes bancaires et les espèces dans les caisses de l'entité.

La trésorerie fait également partie de l'actif circulant, bien que dans la présentation du tableau du bilan certains érudits préfèrent en faire une rubrique à part :

- actif immobilisé ;
- actif circulant et,
- trésorerie-actif

De façon simplifiée, on pourrait représenter l'actif du bilan ainsi

	Année N			Année N-1
	Valeur brute	Amortissement et provisions	Valeur nette	Valeur nette
Immobilisations incorporelles				
Immobilisations corporelles				
Immobilisations financières				
Total actif immobilisé				
Stocks				
Créances				
Trésorerie				
Total actif circulant				
Total actif				

Figure : Présentation schématique de l'actif du bilan.

Source : L. Thibault, *La comptabilité pour les nuls,* 2e éd. FIRST 2014, P.35.

2.2.2. La composition du passif du bilan

Le passif du bilan représente tout ce que l'entreprise doit aux propriétaires de l'entité et à tous ceux qui ont apporté leur concours financier.

Il s'agit des capitaux propres (1) et des dettes (2).

2.2.2.1.Les capitaux propres

Les capitaux propres constituent l'ensemble des ressources que les associés ou propriétaires de l'affaire ont apporté pour la création de l'entreprise et la formation du capital.

Dans le cadre d'une société, ils concourent à former le capital social. Dans le cas d'une entreprise individuelle, on parle volontiers de capital personnel.

C'est grâce aux capitaux propres que l'entreprise finance l'acquisition des immobilisations. Ces fonds sont destinés à rester longtemps dans l'entreprise. Il s'agit des ressources stables.

Du point de vue comptable, ces capitaux représentent une dette de l'entreprise envers les associés ou l'exploitant individuel.

Aux capitaux propres, on adjoint les réserves c.-à-d. des gains générés par l'entreprise, mais non distribués.

De même, le résultat bénéficiaire de l'entreprise figure au passif au même titre que les capitaux propres. C'est en fait pour signifier que l'entreprise doit ces sommes aux propriétaires de l'affaire.

Ainsi, dans la structure du passif du bilan de l'entreprise les capitaux propres sont l'indication de la richesse de l'entreprise. Ils représentent son patrimoine net.

2.2.2.2. Les dettes

Les dettes qui constituent le passif de l'entreprise sont constituées des sommes que l'entreprise doit rembourser. Il y en a trois sortes :

- *Les dettes financières ou emprunts* de sommes d'argent auprès des établissements financiers et/ou bancaires ;

- *Les dettes fiscales et sociales* dues aux salariés, aux organismes sociaux (ex CNSS) et à l'État (le fisc) *;*
- *Les dettes –fournisseurs* (à brève échéance) pour toutes sortes de fournitures ou services reçus des autres partenaires, notamment LCDE, EEC, imprimerie, bailleur, etc.

	ANNEE N	ANNEE N-1
Capital		
Réserves et report à nouveau		
Résultat de l'exercice		
Total capitaux propres		
Dettes financières		
Dettes fournisseurs		
Dettes fiscales et sociales		
Total dettes		
Total passif		

Figure : Présentation schématique du passif du bilan[138].

Mention :

- Le bilan est constitué suivant le principe de l'équilibre entre l'actif et le passif du bilan.

Actif=Passif.

Le passif représente les ressources qui ont permis le financement des biens de l'entreprise. Il retrace l'origine.

L'actif représente la destination, l'utilisation de ressources. Il retrace l'emploi qu'on a fait des ressources mises à disposition.

C'est ce qui explique que les emplois sont égaux aux ressources.

-Il existe d'autres rubriques dans le bilan comme les « comptes de régularisation » qui sont des comptes d'attente pour des dépenses ou des recettes qui sont transférées aux comptes de résultats des années à venir (ex charges payées d'avance) et les «provisions» qui sont des dettes ou charges non certaines, mais que le comptable anticipe par prudence telles que les dommages et intérêts dans un procès, services après-vente de biens avec garantie, etc. ;

[138] Source : Laurence Thibault, *La comptabilité pour les nuls,* 2e éd. FIRST 2014, P.37.

-Enfin, le bilan de clôture d'un exercice comptable correspond à celui d'ouverture de l'exercice suivant.

2.3. Les notes explicatives

Les notes explicatives sont des informations supplémentaires destinées à éclairer le lecteur sur les états financiers. Elles donnent certains détails et précisions permettant une bonne lecture ou compréhension des postes du bilan et du compte de résultat.

Observations générales sur les états de synthèse :

Il existe d'autres documents que l'entreprise peut établir pour mieux appréhender le patrimoine et l'activité au cours des périodes écoulées. Certains précèdent même l'établissement du bilan et du compte de résultat lorsqu'on veut affiner les analyses.

D'abord, l'entreprise est appelée à faire un inventaire physique de ses biens au moins une fois l'année pour confirmer cette réalité dans l'établissement du bilan de l'exercice.

Ensuite, à partir des écritures enregistrées dans les différents journaux tenus dans l'entreprise, les comptables établissent le grand livre dont les soldes sont reportés dans un document appelé la balance des comptes, classés dans l'ordre des numéros de compte.

Les soldes débiteurs sont présentés dans une colonne, les soldes créditeurs dans une autre. Le total de chaque colonne doit être égal de l'autre pour donner une balance équilibrée.

Ainsi, à partir de la balance les soldes sont reportés pour former les différentes rubriques du bilan et du compte de résultat.

Comme les soldes de comptes sont classés par numéro, il suffit de constater que les soldes des comptes de la classe 6 et 7 forment les rubriques du compte de résultat : les charges pour les comptes de la classe 6, et les produits pour les comptes de la classe 7.

Ainsi, le résultat de l'exercice est calculé par différence entre le total des produits et celui des charges.

Aux côtés du bilan et du compte de résultats, les entreprises relevant du régime réel et d'une certaine taille sont appelés à établir des tableaux plus complexes pour retracer les mouvements financiers.

De nos jours, grâce à la digitalisation ces opérations sont facilitées par des logiciels qui ne valident les tableaux que lorsqu'ils sont équilibrés.

CHAPITRE V

DECLARATION DE REVENUS ET CALCUL DE L'IMPOT

Dans le précédent chapitre, nous avons étudié le cheminement conduisant à l'établissement du compte de résultat et du bilan à la lumière des dispositions fiscales spécifiques, applicables aux professions produisant des bénéfices non commerciaux, contenues dans les articles 42 à 49 du CGI-tome 1.

Le mécanisme de calcul de l'impôt dû par les professionnels libéraux, en matière de l'IRPP, est pratiquement le même qu'en France[139].

En effet, une fois le résultat de l'exercice établi, le professionnel libéral doit souscrire la déclaration de l'ensemble de ses revenus personnels et ceux perçus ou mis à la disposition des membres de son foyer fiscal tel que défini par la loi (1). À partir de cette déclaration, il est procédé à la liquidation et au paiement de l'IRPP (2).

---

[139] Francis LEFEBVRE, *MEMENTO PRATIQUE, Fiscal 1994,* Editions Francis Lefebvre 1994, P.13 : *« L'IR est dû par les personnes physiques telles qu'elles sont définies par la loi. 1.Pour délimiter son champ d'application, il faut également définir le revenu imposable, lequel est constitué, en principe par le revenu net global dont dispose chaque année le contribuable.2.La base d'imposition s'obtient, d'abord en déterminant les revenus nets des diverses catégories selon les règles propres à chacune d'elles, puis en retranchant du total de ces revenus catégoriels les déficits, charges et abattements à déduire du revenu global.3.Le calcul de l'IR se caractérise essentiellement par le fait qu'il s'agit d'un impôt progressif. Il comporte en effet un barème gradué dans lequel les taux applicables à chaque tranche de revenu s'élèvent par paliers successifs, de telle sorte que la charge fiscale incombant en définitive au contribuable représente une fraction d'autant plus importante de son revenu imposable que celui-ci est plus élevé. Cependant le système du «quotient familial» permet d'aménager la progressivité de l'impôt en fonction de la situation et des charges de famille de chaque contribuable.»*

I. La déclaration de revenus personnels et familiaux

Les revenus concernés par l'impôt sur le revenu des personnes physiques proviennent de plusieurs catégories (1). Après leur recensement on procède à la totalisation algébrique (2).

1.1. Les revenus nets catégoriels

Les revenus imposables relèvent de plusieurs catégories.

Le Code Général des Impôts-Tome 1[140] définit les différentes catégories de revenus qui concourent à la détermination de la base imposable de l'IRPP.

Il s'agit de :

- Les revenus fonciers (qui comprennent les revenus des propriétés foncières, des produits de location du droit d'affichage, de la concession du droit d'exploitation des carrières, des redevances foncières, etc.);

- Les bénéfices industriels, commerciaux et artisanaux (ou BICA résultant de l'exploitation d'un commerce, d'une industrie ou d'une activité artisanale),

- Les bénéfices de l'exploitation agricole (élevage, agriculture, pisciculture ou aquaculture);

- Traitements, salaires, pensions et rentes viagères ;

- Les bénéfices des professions non commerciales (BNC) ;

- Les revenus des capitaux mobiliers qui comprennent les produits des actions et parts sociales, les tantièmes, jetons de présence et autres rémunérations aux membres des conseils d'administration, revenus des obligations, revenus des valeurs mobilières émises hors du Congo et revenus assimilés, revenus de créances, dépôts, cautionnements ;

---

[140] Article 11 alinéa 2 du CGI-Tome 1 ; Paragraphe I à VII sous-section 1 de la première section 2 du Chapitre 1, Livre1 du CGI-Tome1.

- Plus-values des cessions immobilières (art.68 ter du CGI-Tome 1), plus-values des cessions des droits sociaux des sociétés passibles de l'IS (art.68 du CGI-Tome 1) ; lesquelles plus-values ne sont taxables que sur la portion d'un tiers (1/3) de leur montant total.

Une personne peut réaliser au cours d'une année des gains provenant de plusieurs catégories ci-dessus définies.

C'est le cas d'un Huissier de justice qui serait par ailleurs fermier dans le Mayombe ou dans la vallée du Niari ; tout comme un Avocat à la cour qui serait enseignant à l'E.N.A.M et bénéficiaire de revenus fonciers résultant de la mise en location d'un domaine hérité des grands parents à Ogooué ; un Notaire qui, passant outre son incompatibilité, exploiterait un commerce de transport interurbain ou un hôtel, etc.

1.2. La totalisation algébrique

L'impôt sur le revenu des personnes physiques frappe l'ensemble des revenus acquis au cours d'une année.

Le professionnel libéral réunira donc dans sa déclaration non seulement le résultat de l'exercice de son activité principale, mais aussi les résultats de ses activités secondaires, y compris celles qui lui sont interdites en raison de son statut.

On parle de totalisation algébrique des revenus nets catégoriels.

En effet, chaque exploitation fera d'abord l'objet d'un traitement comptable distinct suivant les règles applicables à ladite catégorie.

Les recettes de chaque catégorie seront déterminées en respectant les règles y afférentes. Il sera également déduit les charges afférentes à chacune des catégories.

Les résultats nets de chaque catégorie de revenus seront par la suite additionnés à celui de l'exploitation principale du professionnel libéral.

C'est la règle posée par l'article 11-3) du CGI-Tome 1 ainsi conçue: « *Le bénéfice ou revenu net de chacune des catégories de revenus visés au paragraphe précédent est déterminé distinctement suivant les règles propres à chacune d'elles. Le résultat d'ensemble de chaque catégorie de revenus est obtenu en totalisant, s'il y a lieu, le bénéfice ou revenu afférent à chacune des entreprises, exploitations ou professions ressortissant à cette catégorie et déterminé dans les conditions prévues pour cette dernière. »*

Cette disposition a été renforcée par l'article 66 alinéa 2 du même Code- Tome 1 tel que modifié par la loi de finances pour l'année 2015.

Aux termes de ce texte , le revenu global imposable est déterminé eu égard aux propriétés et aux capitaux que possède le contribuable, aux professions qu'il exerce, aux traitements, salaires, primes, pensions et rentes viagères dont il jouit, aux revenus de toute nature qu'il a perçus, ainsi qu'aux bénéfices de toutes opérations lucratives auxquelles il se livre ; peu importe que le revenu soit de source congolaise ou non[141].

Il sied de noter que l'IRPP étant un impôt dû par un foyer fiscal, l'imposition est faite au nom du chef de famille.

Ainsi, sont totalisés non seulement les revenus de ce dernier, mais aussi ceux recueillis par son épouse, ses enfants légitimes, naturels ou adoptés et les personnes mises à sa charge[142].

L'article 10 du CGI-Tome 1 est clair à ce sujet : *« L'impôt est dû chaque année à raison des bénéfices ou revenus, produits ou profits de toute nature que le contribuable réalise ou dont il dispose au cours de la même année.»*

Ceci permet d'entrevoir le mécanisme de liquidation et de paiement de l'impôt sur le revenu des personnes physiques.

II. La liquidation et le paiement de l'impôt sur le revenu

La liquidation est l'opération qui consiste à déterminer le montant de l'impôt à payer. Dans le cadre du paiement de l'impôt sur le revenu des personnes physiques, elle requiert préalablement la détermination du quotient familial (1), l'application du barème fiscal (2) et la

[141] Article 66-1) du CGI-Tome 1.
[142] Article 4 du CGI-Tome 1.

détermination de l'impôt à payer (3) en un lieu indiqué et suivant des modalités précises (4).

2.1. La détermination du quotient familial

Le calcul de l'IRPP à payer passe par la détermination du quotient familial. Celui-ci consiste à diviser le revenu par le nombre de parts du foyer fiscal[143].

La détermination des parts est définie à l'article 91 alinéa 1 du CGI-Tome 1 comme suit :

- célibataire, divorcé ou veuf (sans enfant à charge) :1
- marié sans enfant à charge : 2
- célibataire ou divorcé ayant un enfant à charge : 2
- marié ou veuf divorcé ayant un enfant à charge : 2,5
- célibataire ou divorcé ayant 2 enfants à charge : 2,5
- marié ou veuf ayant 2 enfants à charge : 3
- célibataire ou divorcé ayant 3 enfants à charge : 3
- marié ou veuf ayant 3 enfants à charge : 3,5
- célibataire ou divorcé ayant 4 enfants à charge : 3,5 et ainsi de suite en augmentant d'une demi-part par enfant à charge du contribuable, jusqu'à un maximum de 6,5 parts.

Il est possible que les époux optent pour une imposition séparée. C'est le cas, lorsqu'ils sont en séparation de corps à la suite d'une instance en divorce ou une séparation de fait. Dans ce cas, chaque époux est considéré comme un célibataire ayant à sa charge les enfants dont il a la garde[144].

Il convient de préciser, pour le cas particulier du veuf, que pour le calcul de l'IRPP le contribuable sans enfant à charge est assimilable au contribuable marié sans enfant à charge pendant les deux années qui suivent le décès du conjoint.

Il peut ultérieurement bénéficier des dispositions favorables de l'article 92[145] c.-à-d. voir sa part passer à 1,5[146].

---

[143] Article 89 alinéa 1 du CGI-Tome1.
[144] Article 91 alinéa 2 CGI -Tome 1.
[145] Article 91 alinéa 3 CGI -Tome 1.

Cet avantage est également accordé aux contribuables célibataires et divorcés n'ayant pas d'enfants à leur charge.

Quant au veuf qui a, à sa charge, un ou plusieurs enfants non issus de son mariage avec le conjoint décédé il est traité comme célibataire ayant à sa charge le même nombre d'enfants[147].

Pour bénéficier des dispositions de l'article 92 dont s'agit il faut :

a) avoir un ou plusieurs enfants majeurs ou faisant l'objet d'une imposition distincte ;
b) avoir un ou plusieurs enfants qui sont morts à la condition que l'un d'eux au moins ait atteint l'âge de 16 ans ou que l'un d'eux au moins soit décédé par suite de fait de guerre ;
c) être titulaire d'une pension de veuve prévue par les lois du 31 mars et 24 juin 1919, ou d'une pension d'invalidité pour accident de travail de 40% et au-dessus ;
d) avoir adopté un enfant à la condition que, si l'adoption a eu lieu alors que l'enfant était âgé de plus de 10 ans, cet enfant ait été à la charge de l'adoptant depuis l'âge de 10 ans (et n'ait pas décédé avant d'avoir atteint l'âge de 16 ans).

L'enfant infirme majeur compte pour une part entière et non une demi-part[148].

Les enfants ne sont considérés comme étant à charge du contribuable que s'ils ne disposent pas de revenus distincts de ceux qui servent de base à l'imposition de ce dernier.

Ainsi, sont à charge[149] :

- les enfants légitimes, reconnus ou adoptés de moins de 21 ans au 1er janvier ou au 31 décembre de l'année d'acquisition du revenu ou de moins de 25 ans s'ils poursuivent leurs études ;
- les enfants infirmes sans limite d'âge;

---

146 Article 92-1) CGI-Tome 1.
147 Article 91 in fine CGI - Tome 1.
148 Article 92 -2) CGI - Tome 1.
149 Article 93 CGI-Tome 1.

- les enfants recueillis dans le foyer dans la limite de ceux qui remplissent les conditions ci-dessus et ouvrent droit aux prestations familiales.

Le principal effet recherché à travers le quotient familial est d'atténuer, tant soit peu, l'impact ou le volume de l'impôt à payer en le modelant en fonction de la situation et des charges de famille du contribuable.

L'impôt est légèrement modéré par ce système. Autrement, il serait un peu plus élevé.

Toutefois, ce raisonnement n'est valable que pour les contribuables mariés ou justifiant d'une charge de famille en raison du nombre élevé des personnes vivant dans leur foyer et considérées fiscalement comme personnes à charge.

Car, il n'y a aucun impact du système du quotient familial pour le contribuable célibataire n'ayant aucun enfant à charge. De même, la survenue des enfants est une charge réelle pour les parents que le système fiscal et social actuel ne saurait valablement compenser.

2.2. L'application du barème fiscal

Le calcul de l'IRPP fait intervenir un barème progressif par tranche. Ainsi, une fois le quotient familial a été mis en œuvre par division du revenu global net catégoriel par le nombre de parts, suivant l'article 89 alinéa 2 du CGI-Tome 1, le revenu correspondant est taxé par application du tarif prévu à l'article 95.

Ce tarif amendé par les lois de finance de 2014 et 2016 se réfère à une part.

Le revenu net imposable correspondant à une part est taxé en appliquant le taux de :

- 1% pour la fraction de revenu n'excédant pas 464 000FCFA
- 10% pour la fraction comprise entre 464 001 et 1 000 000FCFA
- 25% pour la fraction comprise entre 1 000 001 et 3 000 000FCFA
- 40% pour la fraction au-dessus de 3 000 000FCFA.

L'application du barème progressif par tranche de revenu permet de réduire très légèrement le montant de l'impôt.

Le revenu considéré est fractionné en différentes tranches. Un taux défini est appliqué distinctement sur la tranche considérée afin de dégager l'impôt brut correspondant à une part par sommation du résultat produit par chaque tranche.

2.3. La détermination de l'impôt à payer

On procède au calcul de l'impôt dû (1) avant de déterminer le solde à payer (2).

2.3.1. Calcul du montant de l'impôt dû

Pour déterminer le montant net de l'impôt à payer, une fois effectuée la sommation du résultat dégagé par toutes les tranches du revenu considéré, il suffit de multiplier ce résultat par le nombre de parts utilisé pour le quotient familial.

Cette multiplication permet de trouver l'impôt correspondant non plus à une part, mais plutôt au foyer fiscal imposé, comme on l'a souligné précédemment, au nom du chef de famille.

2.3.2. Calcul du solde de l'impôt à payer

Le montant de l'IRPP net est déduit de toutes les sommes perçues par anticipation par le fisc pour ne payer que le solde. Il s'agit des acomptes (1), des retenues à la source (2) et de la taxe immobilière lorsque le contribuable dispose de revenus fonciers tels les loyers (3).

2.3.2.1.La déduction des acomptes de l'IRPP

Il y a trois types d'acomptes à considérer dans notre cas :

2.3.2.1.1. Acomptes mensuels sur BNC

Il s'agit de toutes ces sommes perçues mensuellement par le fisc sur les recettes brutes réalisées par les contribuables des catégories des BNC et BICA au taux de 1% du chiffre d'affaires mensuel hors taxes.

La mesure n'est pas encore opérationnelle pour des raisons de pure fait, notamment de paramétrage informatique du logiciel utilisé par les recettes des impôts ainsi que des imprimés de déclaration générale de revenus mis à la disposition des contribuables qui n'ont pas encore intégré cette rubrique.

Toutefois, le professionnel qui en payera devra déduire la somme des douze (12) acomptes mensuels du montant de l'impôt annuel dû.

C'est ce qui ressort du prescrit de l'article 460 bis dernier alinéa du CGI-Tome 1 issu de la loi de finances pour 2018 qui dispose :

« L'impôt annuel définitif dû est diminué du montant des acomptes payés au cours de l'exercice. Le solde est acquitté spontanément entre le 10 et le 20 mai de chaque année. »

Il faut s'empresser de préciser, comme exposé précédemment, que du fait de la loi de finances pour 2019, le solde doit plutôt être acquitté entre le 10 et le 20 avril.

2.3.2.1.2. Acomptes sur retenues à la source

Les retenues à la source subies par le professionnel au taux de 10% HT sur les notes d'émoluments ou honoraires et autres factures de la part des clients au profit du trésor public constituent des avances à déduire du montant de l'impôt.

2.3.2.1.3. Acomptes par la taxe immobilière et l'IRVM

La taxe immobilière au taux d'un douzième (1/12e) du loyer annuel acquittée par le propriétaire des immeubles mis en location est à déduire du montant de son IRPP personnel.

Cette déduction bénéficie au propriétaire et non au preneur de l'immeuble qui a effectué le payement direct à l'Administration pour le compte du bailleur. Si le professionnel libéral a acquitté à titre personnel une telle taxe, il a le droit de la déduire.

Toutefois, cette déduction n'est opérée que si le contribuable déclare ses revenus fonciers[150]. Et, lorsque la taxe immobilière déduite est supérieure à l'IRPP dû, l'excédent constitue un crédit d'impôt reportable[151].

---

[150] Article 89 alinéa 5 du CGI-Tome 1.

[151] Article 89 alinéa 5 du CGI-Tome 1.

2.3.2.2. La déduction du crédit d'impôt

Il y a crédit d'impôt lorsqu'au cours d'un exercice comptable les sommes payées au titre d'acomptes de l'impôt considéré dépassent l'impôt réel.

Dans ce cas, le surplus n'est pas remboursé. Il est simplement reporté pour être pris en considération dans le calcul et paiement de l'impôt de l'année suivante.

Ce crédit d'impôt est donc à déduire de l'IRPP.

Il y a donc compensation, mais celle-ci n'a lieu que pour les impôts de même nature[152].

À ce sujet, il faut dire que le crédit d'impôt, objet de la compensation, doit avoir été effectivement constaté et prouvé par le chef de la résidence fiscale et par le Directeur Général des impôts et du domaine pour les montants atteignant ou dépassant 500 000 000FCFA.

Pour les montants inférieurs, une fois le crédit d'impôt constaté, un échéancier est à convenir avec le responsable de la résidence fiscale du contribuable, le comptable assignataire et le contribuable.

Le crédit d'impôt non constaté et non approuvé dans le délai de prescription est acquis au Trésor public.

2.4. Lieu et modalités de paiement de l'impôt sur le revenu

Le paiement de l'IRPP a lieu auprès d'une unité spéciale (1) suivant des modalités précises (2).

2.4.1. L'Unité de fiscalité des particuliers

Pendant longtemps, l'impôt sur le revenu des personnes physiques se payait dans les bureaux de contributions directes et indirectes des impôts. Il a été par la suite aménagé des unités spéciales de très petites et de petites entreprises appelées (UTPPE).

[152] Article 461 ter du CGI-Tome 1.

Cette unité a été instituée pour les déclarations des entreprises dont le chiffre d'affaires annuel hors taxes n'excède pas 25 000 000FCFA (très petites entreprises) et les entreprises dont le chiffre est supérieur à 25 000 000FCFA, mais n'excède pas 100 000 000FCFA.

Les contribuables dont le chiffre d'affaires est supérieur à 100 000 000FCFA, mais ne dépasse pas 2 000 000 000FCFA sont tenues de souscrire une déclaration du montant de leur résultat à l'unité des moyennes entreprises (UME) de la circonscription dans laquelle est situé le siège de l'entreprise ou son principal établissement[153].

En l'absence d'une unité de moyennes entreprises dans leur département, ils sont tenus de souscrire leur déclaration à l'unité chargée de la gestion des petites entreprises.

Quant aux contribuables dont le chiffre d'affaires est supérieur ou égal à 2 000 000 000FCFA, leur déclaration doit être déposée à l'unité des grandes entreprises (UGE).

Mais, pour son efficacité et sans doute en vue d'un meilleur contrôle il vient d'être crée une direction chargée de la fiscalité des particuliers qui a ses unités dans les départements chargées de la fiscalité des particuliers.

Désormais, tout le long de l'année les contribuables continueront à s'acquitter de leurs contributions auprès des anciennes unités comme par le passé.

Mais, en fin d'année les particuliers (salariés, commerçants, libéraux et autres) devront souscrire à l'unité départementale chargée de la fiscalité des particuliers une déclaration de leur revenu annuel acquis au cours de l'année écoulée, accompagnée des justificatifs, notamment les états annuels pour les professionnels indépendants, et payer le solde éventuel de l'IRPP compte tenu des acomptes acquittés en amont.

À Pointe-Noire, en attendant l'affectation des agents du trésor public, la caisse de l'unité des particuliers est ouverte auprès de l'UGE (Unité des Grandes Entreprises), Avenue Emmanuel DADET.

---

[153] Article 30 alinéa 1 & 2 du CGI-Tome 1.

2.4.2. Les modalités de paiement

Le paiement des impôts donne lieu à de tractations.

Au parlement, chaque année des débats houleux sont tenus sur la question au moment du vote du budget de l'État.

La nécessité de sécuriser les deniers publics est remise en cause par les réalités pratiques avérées, y compris les défaillances des infrastructures modernes : problèmes de connexion internet, de bugs de logiciels, etc. ne permettant pas de réaliser les paiements comme souhaités.

Constamment, les lois de finances successives reviennent sur des décisions ou options antérieures.

À la lumière de la loi de finances pour l'année 2019, le paiement des impôts et taxes a lieu suivant les modalités ci-après[154] :

Les impôts, droits et taxes ainsi que les pénalités de retard y rattachés, visés au présent code sont payés par virements bancaires, par chèques certifiés et en espèces pour les montants n'excédant pas cinq (5) millions francs CFA.

La part des impôts et taxes destinés aux collectivités locales est séparée de celle revenant à l'État.

Cette part est payée exclusivement par chèque certifiée ou en espèces.

Les virements et chèques certifiés sont établis à l'ordre du trésor public et virés dans le compte courant du D.G. du trésor public.

Il y a donc trois modalités de paiement :

- paiement en espèces jusqu'à 5 000 000FCFA,
- sur la base d'une même déclaration, le paiement des impôts, droits et taxes doivent distinguer d'un côté la part des recettes destinées au budget général de l'État et de l'autre la part des recettes revenant aux collectivités locales. La part des collectivités locales est payée exclusivement par chèque

[154] Article 461 du CGI-Tome 1 (LF2019).

certifié établi à l'ordre du trésor public ou en espèces avec le maximum de 5 000 000FCFA exclusivement par chèques certifiés pour la part des recettes destinées aux collectivités locales ;

- paiement par virement sur le compte courant du Directeur Général du trésor public uniquement pour la part des recettes revenant au budget général de l'État.

Ci-après le tableau permettant de saisir les nouvelles instructions:

	Modes de paiement		
	Virement	Chèque	Espèces
À l'ordre de (Trésor Public=TPG)	TPG	TPG	NA
Cpte courant du Trésorier Payeur Général	OUI	NA	NA
Montant maximum	NON	NON	5 000 000
Recettes du budget État	OUI	OUI	OUI
Recettes des budgets des collectivités locales et organismes	NON	OUI	OUI

Source : Instruction n°0151/MFB/DGID/DRCD du 26/02/2019 du D. G.I.D. pour l'application de la loi n°40-2018 du 28/12/2018 -LF 2019.

TROISIEME PARTIE

L'ADMINISTRATION FISCALE EN ACTION

L'Administration fiscale entre en action envers les contribuables pour effectuer des contrôles qui aboutissent, généralement, à des redressements fiscaux (chapitre 6) ainsi qu'aux sanctions fiscales (chapitre 7) dans le cadre du recouvrement des impôts et taxes (chapitre 8).

CHAPITRE VI

LES CONTROLES ET REDRESSEMENTS FISCAUX

Le système déclaratif des impôts est fondé sur le bon sens, la responsabilité et la bonne foi des contribuables qui doivent être conscients de l'impérieuse nécessité de leur concours financier pour le fonctionnement de l'État et de ses institutions.

Cependant, comme en toutes matières, la confiance n'exclut pas le contrôle. D'où, le contrôle des déclarations souscrites par les contribuables.

Ainsi, nous consacrons le présent chapitre à l'examen des modalités de contrôle ouvertes à l'administration fiscale sur la comptabilité et les déclarations des contribuables.

Nous désignerons les acteurs et les éléments sur lesquels porte le contrôle fiscal (1). Celui-ci peut déboucher sur le redressement fiscal et la taxation d'office (2).

I. Les acteurs et les éléments du contrôle fiscal

Il importe de commencer par les acteurs du contrôle fiscal (1). Puis, nous évoquerons les éléments du contrôle (2).

1.1. Les acteurs du contrôle fiscal

L'idée du contrôle fiscal exercé sur les professionnels libéraux est énoncée à l'article 47 alinéa 1 in fine du CGI-Tome 1 qui traite du détail des dépenses *des contribuables imposés d'après le régime de la déclaration contrôlée.*

L'alinéa 1 de cet article fait de l'inspecteur des impôts le principal acteur du contrôle fiscal.

On peut donc retenir que l'inspection des impôts est la structure habilitée pour le contrôle.

Dans la structuration des bureaux des contributions directes et indirectes, il existe de services dédiés à la gestion, aux enquêtes, recoupements, contrôles et vérifications, etc.

Les unités de l'administration fiscale étant assumées par des agents de l'État ayant le grade d'inspecteur, on est amené à conclure que le principal acteur du contrôle fiscal c'est le chef de l'unité à laquelle le contribuable est affiliée en raison de sa résidence fiscale.

Ensuite, viennent tous ses collaborateurs immédiats ayant pouvoir à cet effet.

L'alinéa 2 de l'article 47 précité ne trahit aucunement les dispositions générales des articles 387 à 390 bis J du CGI-Tome 1 sur la vérification des contribuables.

Ces dernières dispositions sont édictées au chapitre 5 de la Partie 3 du CGI- Tome 1 qui traite des dispositions communes aux parties 1 et 2.

En effet, aux termes de l'article 387 alinéa 1 *« les agents des impôts ont le pouvoir d'assurer le contrôle et l'assiette de l'ensemble des impôts ou taxes qu'ils vérifient.»*

Et s'agissant effectivement de l'IRPP, l'alinéa 1 de l'article 387 bis du même code dispose expressément que : « *Les agents des impôts peuvent procéder à la vérification approfondie du revenu global des personnes physiques au regard de l'IRPP dans les conditions prévues au présent Code.*»

Le contrôle fiscal est donc de la compétence des agents, mais suivant leur grade.

En effet, suivant le prescrit de l'alinéa 2 de l'article 387 suscité les vérifications sur place des comptabilités ne peuvent être effectuées que par un agent ayant au moins le grade d'inspecteur dont la compétence s'étend, sur le territoire du Congo, à l'ensemble des impôts, droits et taxes dévolus à la seule administration fiscale.

Néanmoins, il est plausible de soutenir que la police administrative peut vérifier si les contribuables nationaux et étrangers évoluant sur le territoire national sont détenteurs de tous les titres légaux leur permettant d'exercer librement leurs activités conformément aux lois et règlements en vigueur.

On sait, par exemple, que la taxe professionnelle jadis, la patente aujourd'hui est l'imposition requise de tout contribuable lui permettant d'exercer normalement son activité durant une année.

C'est pour cette raison que le titre de patente comprenant une photographie et indiquant l'activité du contribuable doit être affiché au mur à l'intérieur du local.

La police administrative, aux côtés de l'Administration fiscale, peut ainsi se mouvoir vers le contribuable, dans les limites de ses attributions.

1.2. Les éléments du contrôle fiscal

Au sens de la lettre de l'article 85 du CGI-Tome 1, les déclarations spéciales concernant les BICA et les BNC sont vérifiées dans les conditions prévues par les articles 32 et 47 dudit code qui donnent pouvoirs à l'inspecteur divisionnaire ou inspecteur vérificateur et décrivent une procédure simple et précise.

Toutefois, de manière générale le contrôle fiscal peut être ponctuel (1) et porter sur les pièces de comptabilité (2). Il peut être fait sur place (3) ou viser uniquement et de façon approfondie le revenu global personnel (4).

1.2.1. Le contrôle ponctuel

Le contrôle ponctuel (CP) est effectué à partir des déclarations souscrites par le contribuable en cours d'année[155].

Ce sont les impôts et taxes à paiement mensuel définis par le CGI qui font l'objet du contrôle ponctuel[156].

---

[155] Article 387 ter alinéas 1, 2 & du CGI-Tome 1.

[156] Article 387 ter alinéa 1 du CGI-Tome 1.

Pendant ce type de contrôle, l'Administration est en droit de demander au contribuable tout document nécessaire à l'exécution de sa mission[157].

Toute personne assujettie aux impôts et taxes à déclaration et à paiement mensuels doit, en effet, fournir aux agents des impôts, au lieu où est tenue la comptabilité, toutes justifications concernant les opérations imposables, notamment [158]:

- les factures de vente ;
- les bons de commande et de livraison ;
- les livres de paie des salaires et autres rémunérations versées à des tiers ;
- les pièces et les moyens de règlement des factures ;
- les éléments physiques d'exploitation ;
- le livre journal ;
- le grand livre des comptes.

En fait, le contrôle ponctuel se fait au sein de l'Administration, mais il se fait dans les locaux professionnels (entreprise) lorsque les chefs de redressement envisagés l'exigent.

Il porte sur une période inférieure à six (06) mois concernant l'exercice en cours. En aucun cas, ce contrôle ne peut être entrepris après le 31 mars de l'année qui suit celle au titre de laquelle ces déclarations ont été souscrites[159].

De plus, la durée d'un contrôle ponctuel ne peut s'étendre au-delà de quinze jours ouvrables[160].

Le contrôle ponctuel ne fait pas obstacle à l'exercice du droit de contrôle par les services de vérifications générales.

Il s'agit d'un contrôle sur pièces. Les inspecteurs soumis à cette tâche sont habilités à constater et à redresser toutes les omissions et insuffisances relatives aux impôts et taxes sus évoqués ; ce quelle que soit la nature des opérations concernées.

---

[157] Article 387 ter alinéa 3 du CGI-Tome 1.
[158] Article 388 bis alinéa 4 du CGI-Tome1.
[159] Article 387 ter alinéa 2 du CGI-Tome 1.
[160] Article 388 ter du CGI-Tome 1.

1.2.2. Le contrôle sur pièces

Le contrôle sur pièces (CSP) consiste à vérifier l'authenticité des pièces comptables, notamment les justificatifs.

En effet, la comptabilité est une discipline normative. Les flux enregistrés doivent être appuyés par des titres justificatifs : factures, quittances de paiement, pièces de caisse, etc.

Il faut être capable de produire les originaux de ces pièces. Il faut saisir les opérations financières effectuées, les traiter, les enregistrer puis conserver dans un certain délai les informations y découlant suivant les règles requises.

Le contrôle sur pièces justifie le droit de communication de pièces. Justement, l'inspecteur des impôts peut demander communication de livres et pièces justificatives[161]. À cette occasion, les inspecteurs peuvent constater les omissions ou les irrégularités et donner la suite qui convient.

Le contrôle sur pièce peut faire l'objet d'une notification au contribuable avant l'émission d'un avis de vérification.

Les dispositions de l'article 388 bis alinéa 4 suscités sont applicables, notamment l'obligation de fournir les factures de vente (notes d'émoluments, honoraires ou autres supports d'enregistrement des paiements des prestations), les bons de commande et de livraison , les livres de paie des salaires et autres rémunérations versées à des tiers, les pièces et les moyens de règlement des factures, les éléments physiques d'exploitation, le livre journal et le grand livre des comptes.

En fait, la comptabilité doit être disponible au Congo au siège social ou au principal établissement de l'entreprise[162].

Les documents comptables doivent y être conservés pendant une durée de dix années[163].

Les pièces justificatives relatives à des opérations ouvrant droit à déduction doivent être obligatoirement des documents originaux[164].

---

[161] Article 47 alinéa 2 du CGI-Tome 1.
[162] Article 387 quater alinéa 2 du CGI – Tome 1.
[163] Article 387 quater alinéa 3 du CGI -Tome 1.

Le problème de disponibilité de la comptabilité se pose lorsque celle-ci est externalisée et confiée à des cabinets ou sociétés spécialisées. Il faut alors trouver un moyen de la rendre disponible au siège de l'entreprise ou à son principal établissement.

Ceci implique aussi de prendre toutes les précautions ou diligences pour la protection des documents, notamment contre le vol, les incendies et les intempéries.

Il est souvent conseillé de tirer au moins une photocopie en couleur des pièces les plus importantes ou de recourir à la numérisation comme moyen ad hoc de conservation.

En recourant à l'informatique, les professionnels ont accès à des outils de traitement rapide de leurs opérations. L'Internet, les logiciels comptables et toutes les nouvelles applications dans le domaine des T.I.C et des e-commerces contribuent à faciliter le travail des milliers de professionnels, d'un bout à l'autre du globe terrestre.

Mais, au même moment, comme on le constate, s'accroissent les activités criminelles. La cybercriminalité est devenue un phénomène planétaire aux conséquences incalculables.

Personne n'est suffisamment armé pour être totalement à l'abri d'un virus informatique, d'un logiciel malveillant capable de bloquer le fonctionnement de votre ordinateur ou de détruire toutes vos données ou encore de les pirater et les divulguer à votre ainsi.

À cela s'ajoutent les difficultés croissantes liées à la qualité de la fourniture de l'internet dans les pays dits sous-développés, comme le Congo ; difficultés auxquelles il faut associer le sempiternel problème de l'électricité.

Tous ces travers ont un effet nocif sur la bonne tenue de beaucoup des activités professionnelles.

Il faut pour cela s'entourer de l'antivirus de la dernière génération, procéder constamment à la mise à jour des applications et recourir à plus d'un système et lieu de conservation des documents sensibles. Tout cela a un coût, mais la sécurité en vaut la peine.

---

[164] Article 388 quater alinéa 4 du CGI – Tome 1.

1.2.3. Le contrôle sur place

Les vérifications sur place portant sur la comptabilité sont l'œuvre des agents de la direction générale des impôts ayant au moins le grade d'inspecteur.

Dans ce sens, il s'agit des vérifications qui donnent lieu, le plus souvent, à des redressements fiscaux.

La vérification sur place des comptabilités ne peut s'étendre sur une durée supérieure à trois mois à compter de la date du début de la vérification constatée sur procès-verbal pour les contribuables dont l'activité principale (commerciale) est de vendre des marchandises, objets, fournitures et denrées à emporter ou à consommer sur place ou de fournir le logement et dont le chiffre d'affaires n'excède pas 100 000 000FCFA[165].

Dans tous les cas, une vérification approfondie du revenu global ne peut excéder un an à compter du début de la vérification.

Dans le jargon fiscal, le contrôle sur place s'entend de la vérification générale de comptabilité (VGC).

Il s'agit là des dispositions d'ordre général applicables aux contribuables. Elles débouchent généralement au redressement fiscal ou à la taxation d'office.

1.2.4. La vérification approfondie du revenu global personnel

Dans le jargon fiscal usité dans notre pays, ce contrôle est appelé VARG. Il est prévu à l'article 387 bis du CGI, Tome 1.

Aux termes de ce texte, les agents des impôts peuvent procéder à la vérification approfondie du revenu global des personnes physiques au regard de l'IRPP dans les conditions prévues au CGI.

Les vérifications approfondies du revenu global personnel sont effectuées au bureau par un agent ayant au moins le grade d'inspecteur[166].

---

[165] Article 389 -1) alinéa 1 du CGI-Tome 1.
[166] Article 387 bis alinéa 3 du CGI – Tome 1.

À cette occasion, le vérificateur peut contrôler la cohérence entre d'une part, les revenus déclarés, et d'autre part, la situation patrimoniale, la situation de trésorerie et les éléments du train de vie des membres du foyer fiscal[167].

II. Le redressement fiscal et la taxation d'office

Nous examinerons séparément le redressement fiscal (1) et la taxation d'office (2).

2.1. Le redressement fiscal

Le redressement fiscal est le résultat d'un processus de contrôle et de vérification approfondie de la situation comptable et fiscale d'un contribuable au cours duquel sont constatées des irrégularités essentielles de nature à impacter le résultat d'un ou plusieurs exercices comptables et se traduisant généralement par des omissions ou des manquements significatifs.

D'après le professeur Maurice COZIAN «*il y a lieu à redressement d'impôts lorsque l'Administration découvre des erreurs, des omissions ou des inexactitudes dans les déclarations des contribuables à la suite d'un examen de bureau, de l'exercice d'un droit de communication, d'une vérification de comptabilité, ou d'une vérification personnelle. Indépendamment des sanctions qui sont éventuellement applicables, le contribuable se verra notifier un supplément d'impôt à payer.*»[168]

Tout commence par un contrôle normal, ponctuel ou non, mais nécessairement sur la base des pièces justificatives.

L'agent vérificateur doit pouvoir suivre une démarche légale qui ne nuit pas aux droits légitimes du contribuable.

Aux termes de la loi, s'agissant des professionnels libéraux[169], l'inspecteur peut demander communication de livres comptables et des pièces justificatives.

---

[167] Article 387 bis alinéa 1 &2 du CGI-Tome 1.

[168] Maurice COZIAN, *Précis de fiscalité,* 6e éd. 1981, Librairies Techniques, P.472.

[169] Article 47 alinéas 2, 3 et 4 du CGI - Tome 1.

Il peut rectifier les déclarations. Mais, dans ce cas il doit au préalable faire connaître au contribuable la rectification qu'il envisage et en indiquer les motifs.

Il invite en même temps l'intéressé à faire parvenir son acceptation ou ses observations dans un délai qui ne pourra excéder 30 jours.

Le défaut de réponse dans le délai imparti vaut acceptation. En revanche, si des observations sont présentées et que le désaccord persiste, l'imposition est établie d'après le chiffre de l'Administration et notifiée au contribuable.

Si le contribuable n'est pas d'accord avec les rectifications effectuées par l'administration il peut, après mise en recouvrement du Rôle, demander une réduction de son imposition par voie de réclamation devant la juridiction contentieuse, comme nous le verrons au chapitre 9. La charge de la preuve incombe alors à l'Administration[170].

Telles sont les dispositions légales consacrées spécifiquement aux professions libérales produisant les BNC.

À côté de ces dispositions, il existe des dispositions générales communes aux contribuables, personnes physiques et personnes morales, qui régissent le processus du redressement fiscal.

Ce genre de redressement est rappelé à l'article 387 ter à l'occasion du contrôle général sur pièces notifié au contribuable avant l'émission d'un avis de vérification.

Dans ce dernier cas, le contribuable s'oblige à répondre à la notification des redressements à lui adressée et les redressements envisagés par le contrôle sur place de comptabilité ou tout autre contrôle en second lieu. On prend en compte les redressements confirmés du contrôle précédent[171].

Le contribuable est tenu de répondre dans le délai de trente jours[172].

---

[170] Article 47 alinéa 4 du CGI - Tome 1.
[171] Article 387 ter alinéa 7 du CGI- Tome 1.
[172] Article 390 bis A alinéa 1 du CGI-Tome 1.

En effet, dans son droit de vérification qui s'étend à tous les documents comptables ou extra comptables détenus par le contribuable, l'administration fait connaître au redevable la nature et les motifs du redressement envisagé.

Elle l'invite en même temps à faire parvenir son acceptation ou ses observations dans un délai de trente (30) jours à compter de la réception de cette notification. Si celui-ci donne son accord dans le délai prescrit ou si les observations présentées dans ce délai sont reconnues fondées, l'Administration procède à l'établissement d'un rôle ou à l'émission d'un Avis de mise en recouvrement sur la base acceptée par le contribuable.[173]

À défaut d'accord après la réponse du contribuable dans le délai prescrit, l'administration fixe la base de l'imposition et calcule le montant de l'impôt exigible, sous réserve du droit de réclamation du redevable après l'établissement du Rôle ou l'émission d'un avertissement.

La fixation de la base de l'imposition et le calcul du montant de l'impôt exigible doivent se faire dans un délai maximum de soixante (60) jours à compter de la réception des observations du contribuable, sous réserve de la nullité de la procédure.[174]

Ces dispositions témoignent des pouvoirs étendus reconnus à l'administration fiscale à l'égard des contribuables.

À la lumière des compléments apportés par la loi des finances pour l'année 2019, l'administration fiscale dispose désormais d'un délai de 60 jours à compter de la date de réception de la réponse du contribuable pour émettre la lettre de confirmation des redressements.

À défaut, toute la procédure de vérification s'annule.

Il est rappelé que cette disposition est applicable à tous les contrôles fiscaux sus cités, sauf la vérification approfondie du revenu global personnel visé à l'article 387 bis du CGI-Tome 1.

Il existe, cependant, des dispositions fiscales spécifiques à la vérification des déclarations en rapport avec l'IRPP. Ces dispositions

[173] Article 390 bis A alinéas 1 & 2 du CGI- Tome 1.
[174] Article 390 bis A alinéa 3 du CGI-Tome 1 (LF 2019).

sont énoncées aux articles 81 à 85 du CGI-Tome 1. Mais, elles sont considérées comme générales et communes aux catégories de revenus autres que les BICA et les BNC.

En effet, à la lecture des dispositions de l'article 85, le Code Général des Impôts paraît établir un régime spécial de vérifications des déclarations ayant trait à l'IRPP - catégorie BICA sujette à l'article 32, d'une part et catégorie BNC sujette à l'article 47, d'autre part.

Il ressort effectivement de cet article 85 ce qui suit : « *Les déclarations spéciales aux BICA et aux BNC sont vérifiées dans les conditions prévues par les articles 32 et 47 du présent Code.* »

Le processus prévu par l'article 47 dont s'agit est simple tel qu'envisagé dans les développements qui précèdent sur les professionnels libéraux, à savoir :

1°) Demande de communication de livres et pièces justificatives ;

2°) Possibilité de rectification des déclarations, sous réserve de communication préalable de l'intention et des motifs ;

3°) Invitation du contribuable en même temps à faire parvenir son acceptation ou ses observations dans un délai qui ne pourra excéder 30 jours ;

4°) Le défaut de réponse vaut acceptation ;

5°) Imposition d'après le chiffre de l'Administration en cas de désaccord persistant et notification de la décision au contribuable ;

6°) Demande de réduction de l'imposition par voie de réclamation devant la juridiction contentieuse ; la charge de la preuve pesant sur à l'Administration.

2.2. La taxation d'office

La taxation d'office, comme cela s'entend, est l'imposition d'autorité du contribuable par l'Administration fiscale en raison de l'absence de comptabilité ou du refus de faire droit à une demande de communication des pièces justificatives permettant la maîtrise de la situation financière et comptable.

La situation est semblable à celle donnant lieu au redressement fiscal. L'Administration affirme ses pouvoirs les plus étendus.

Il ressort des dispositions de l'article 47 bis du CGI-Tome 1 que le contribuable qui n'a pas satisfait aux obligations prévues aux articles 46 (souscription d'une déclaration annuelle de recettes et dépenses professionnelles et le bénéfice net accompagné du relevé des dépenses professionnelles par nature de dépenses) et 47 (déclaration contrôlée, détail des dépenses, communication de livres et pièces justificatives ; réponse dans le délai de 30 jours suivant la demande de l'administration) est taxé d'office.

Un tel contribuable ne peut obtenir la réduction de sa cotisation après la mise en recouvrement du rôle qu'en apportant la preuve de l'exagération de l'évaluation faite par l'administration.

Telles sont les dispositions spécifiques applicables aux professionnels libéraux.

En sus de ces dispositions, nous avons retrouvé un certain nombre de dispositions générales relatives à la taxation d'office.

D'abord, les dispositions communes à toutes les catégories de revenus en rapport avec l'IRPP. Elles sont énoncées aux articles 86 à 88 du CGI Tome 1.

Selon le prescrit de l'article 86 susdit,- Est taxé d'office :

- 1° tout contribuable qui n'a pas fait sa déclaration dans les délais impartis à l'article 80 ci-dessus ou qui s'est opposé au contrôle fiscal ;
- 2° tout contribuable qui s'est abstenu de répondre aux demandes d'éclaircissements ou de justifications de l'inspecteur divisionnaire des contributions directes et indirectes ;
- 3° tout contribuable dont le revenu déclaré, défalcation faite des charges énumérées à l'article 66, est inférieur au total des dépenses personnelles, ostensibles et notoires, augmentées de ses revenus en nature. En ce qui concerne ces contribuables, la

base d'imposition est, à défaut d'éléments certains permettant de leur attribuer un revenu supérieur, fixée à une somme égale au montant des dépenses et des revenus en nature, diminuée du montant des revenus affranchis de l'impôt par l'article 62 que le contribuable puisse faire échec à cette évaluation en faisant valoir qu'il aurait utilisé des capitaux ou réalisé des gains en capital ou qu'il recevait périodiquement ou non des libéralités d'un tiers ou que certains de ces revenus devraient normalement faire l'objet d'une évaluation forfaitaire.

L'inspecteur divisionnaire ou l'inspecteur vérificateur notifie, préalablement à l'établissement du Rôle, la base de taxation au contribuable dans les conditions fixées à l'article 83 ci-dessus.

Selon le prescrit de l'article 88 du même Tome du CGI, le contribuable taxé d'office ne peut obtenir, par la voie contentieuse, la décharge ou la réduction de la cotisation qui lui a été assignée qu'en apportant toutes les justifications de nature à faire la preuve du chiffre exact de son revenu. Il supporte les frais de l'expertise, s'il y a lieu.

De même, le montant d'un impôt payé à la suite d'une taxation d'office ne peut être considéré comme charge déductible du bénéfice imposable de l'exercice en cause.

Puis, il est noté à l'article 390 bis A alinéa 4 du CGI Tome 1 qu'« *à défaut de réponse du contribuable dans le délai prescrit, lequel contribuable, soit a reçu la notification des redressements, soit s'est opposé à recevoir la notification des redressements par acte d'huissier de justice, l'administration fiscale fixe la base de l'imposition, calcule le montant de l'impôt exigible, et y ajoute le double des frais d'huissier de justice à titre d'amende. Dans ce cas, le contribuable qui perd le droit de réclamation devant l'administration fiscale est susceptible des poursuites judiciaires 15 jours après établissement du rôle ou l'émission d'un avertissement, sans préjudice de toute action de poursuite administrative prévue par les articles 485 et suivants du CGI, tome 1.* »

D'autres dispositions similaires sont énoncées par le Code Général des Impôts à travers différents régimes fiscaux ; tel l'article 33 au sujet des contribuables dont le chiffre d'affaires atteint ou dépasse la centaine de millions.

Il faut reconnaître que ces dispositions sur la taxation d'office ont plutôt le caractère d'une sanction.

C'est, d'ailleurs, ce que reconnaît le professeur Maurice COZIAN lorsqu'il affirme que : *« La procédure de redressement unifiée suppose que le contribuable a tenu une comptabilité régulière et déposé dans les délais les déclarations fiscales ; ces documents sont présumés sincères et les vérifications de l'Administration ne peuvent s'exercer qu'en respectant un certain nombre de garanties. Mais, si le contribuable adopte une attitude de refus (absence de comptabilité ou de déclaration), le contrôle proprement dit de l'Administration devient impossible. C'est pourquoi il est prévu, à titre de sanction, des procédures d'office dont la rigueur contraste avec le caractère contradictoire des procédures de droit commun.»*

Les procédures d'office ont une dénomination variable. On parle de taxation d'office, d'évaluation d'office et de rectification d'office.

Tous ces différents cas donnent lieu à taxation d'office, à défaut d'éléments de base prévus spécialement par la règlementation fiscale.

Il s'agit donc d'infliger aux contrevenants des sanctions encourues par le fait d'un comportement de « rébellion.»

Ce sont ces sanctions à caractère administratif et pénal qu'il importe maintenant d'examiner dans le chapitre qui suit.

CHAPITRE VII

LES SANCTIONS FISCALES

Le droit fiscal est très normatif. Il prescrit des normes juridiques à suivre dont la violation est inéluctablement sanctionnée par l'autorité administrative ou judiciaire compétente.

Pire, il sanctionne même le contribuable de bonne foi pour toute omission ou erreur qu'il aura commise sans se soucier de l'incidence que la sanction peut avoir sur la situation financière de ce dernier, parfois subjugué par le poids des déficits et de la conjoncture économique morose!

La problématique de l'impôt touche au nerf de la guerre, à la première ressource financière sûre de l'État, en cette période de vaches maigres où la rente pétrolière a sensiblement baissé et le poids de la dette publique devenu un goulot d'étranglement de l'économie nationale, des entreprises et des ménages.

C'est pourquoi, l'État met toute son énergie, à travers l'investissement humain et législatif, pour assurer en toute puissance le recouvrement de l'impôt.

Cet intérêt justifie le régime de la sanction des violations constatées.

En effet, les sanctions fiscales sont devenues de plus en plus sévères.

Chaque fin d'année, au moment du vote de la loi des finances appelée à doter l'État du budget d'exercice de la prochaine année, on découvre de nouvelles prescriptions fiscales assorties de sanctions de plus en plus coercitives. Ces sanctions deviennent oppressantes et asphyxiantes pour les entreprises privées qui courbent déjà l'échine sous le poids de la crise.

Les ménages et le secteur informel, jadis négligés, ne sont pas épargnés.

Le fisc est placé au centre des stratégies financières de l'État. Il conçoit et suggère au Gouvernement, à travers le ministère des finances et du budget, toutes sortes de mécanismes et de sanctions qui sont par la suite adoptés par le parlement sans modifications majeures (POUR ou CONTRE nous votons POUR).

Les sanctions ainsi prises comprennent des condamnations à caractère civil (1). D'autres sont de caractère pénal, avec un accent particulier sur la répression des fraudes fiscales (2). Entre les deux types, il existe une catégorie particulière de sanctions contre ce qu'on pourrait appeler l'incivisme fiscal (3).

I. Les condamnations civiles

Les condamnations civiles concernent essentiellement la sanction du défaut de déclaration (1), de l'inobservation des délais (2), des manquements formels ou inexactitudes contenues dans les déclarations (3). On peut aussi rappeler les sanctions civiles frappant ceux qui adoptent une attitude de refus ou de résistance (4).

D'ores et déjà, il faut souligner, avec la loi n°41-2018 du 28 décembre 2018 portant loi des finances pour l'année 2019, que ne sont pas admises en déduction, les transactions, amendes, confiscations et pénalités de toute nature[175].

1.1. La sanction du défaut de déclaration

Nous avons vu au début de cette étude que la première obligation du professionnel vis-à-vis du fisc est de déclarer son existence[176] dans le délai de quinze (15) jours du début de ses activités, sinon au plus tard un (1) mois en tenant compte du délai ouvert pour l'immatriculation au RCCM.

[175] Article 113 C du Code Général des Impôts-Tome 1.

[176] Article 46 du CGI –Tome 1.

D'autres déclarations sont rendues obligatoires pour faire connaître le résultat de son activité, le paiement des impôts et taxes personnels ou le versement des sommes d'argent au personnel salarié et non salarié.

Ces prescriptions ont un caractère impératif. Leur violation est assortie de condamnations civiles.

D'abord, en cas de défaut de déclaration d'existence une amende fiscale de 200 000FCFA est établie au nom de l'exploitant ou du représentant légal de la société, établissement ou association[177].

De même, pour la détermination des valeurs locatives, l'article 276 du CGI-Tome 1 fait obligation aux bailleurs, propriétaires ou gérants des propriétés bâties ou non bâties de fournir chaque année, avant le 1er octobre, par écrit, à l'inspection divisionnaire des contributions directes et indirectes, une déclaration indiquant l'identité de chaque locataire à titre onéreux ou gratuit, le montant du loyer principal et, s'il y a lieu, le montant des charges, et la consistance des locaux loués ou vacants. Le défaut de cette déclaration est sanctionné par une amende de 25 000FCFA pour chaque déclaration[178].

Par ailleurs, les articles 176, 177, 178, 179, 180 et 181 du même Tome du Code Général des Impôts édictent diverses prescriptions, notamment :

- Sur la déclaration de salaire du personnel salarié (article 176 et 177 du CGI – Tome 1) ;
- Sur la déclaration de pensions ou rentes versées aux bénéficiaires (article 178 du CGI - Tome 1) ;
- Sur la déclaration des droits d'auteurs ou d'inventeurs (article 180 du CGI- Tome 1).

Suivant l'alinéa 2 de l'article 380 du même code, le contribuable qui ne produit pas les déclarations prévues aux articles suscités perd le droit de déduire les sommes correspondantes pour l'établissement de ses impositions.

---

[177] Article 378 alinéa 1 du CGI – Tome 1.

[178] Article 276 ; 381 du CGI-Tome 1.

C'est là une sanction grave, car les impôts et taxes professionnels sont en principe des charges déductibles dans le calcul et la détermination du revenu net imposable.

La perte de la déductibilité est devenue le dénominateur commun de toutes les condamnations pécuniaires avec le nouvel article 113 C du CGI Tome 1 issu de la loi des finances pour 2019.

La législation fiscale récente s'est orientée vers le doublement de la somme due dont le contribuable s'est abstenu d'acquitter ou a acquittées tardivement.

En ce sens, l'article 379 du CGI-Tome 1 dispose : *« Toute infraction aux dispositions des articles 96, 183,183 bis et 185 ter du présent code donne lieu à une majoration de droits de 100%.»*

Toutes les dispositions auxquelles se réfèrent ces articles sont contenues dans le Tome 1.

L'article 96 sus visé édicte une retenue à la source de 20% au titre de l'IRPP qui doit être opérée sur les sommes revenant aux personnes se trouvant à l'étranger visées à l'article 2 paragraphe 3 et article 48.

Il s'agit d'une part, des personnes se trouvant hors du Congo au 1er janvier de l'année d'imposition qui, à cette date, continuent à être rétribuées par les entreprises auxquelles elles appartenaient avant leur départ du Congo.

D'autre part, il est question de l'imposition des sommes payées, entre autres, aux titulaires d'une profession produisant des BNC se trouvant hors des États CEMAC, en rémunération de leur activité déployée au Congo.

Quant à l'article 183, il a trait aux retenues à la source au taux de 10% concernant les bénéfices non commerciaux (BNC) effectuées sur les rémunérations des notes, factures ou honoraires des prestations des exploitants non commerçants exerçant sur le territoire national.

Les avocats, les notaires, les huissiers de justice, les architectes et autres professionnels libéraux entrent dans cette catégorie.

Les nouvelles dispositions de cet article issues de la loi des finances 2019 sont plus contraignantes. Car, par le passé cette retenue était effectuée au taux de 5%.

Les débours avancés par le professionnel ne rentrent pas dans la base de calcul.

À défaut de déclarer dans la DAS, l'entreprise est sanctionnée par la perte de la déductibilité des sommes versées[179].

L'article 183 bis concerne les retenues à opérer par les maisons d'édition sur les droits d'auteurs.

Et l'article 185 fait référence à ceux qui n'ont aucune résidence fiscale au Congo.

Enfin, il a été institué une sanction civile particulière ayant trait à la production des documents justificatifs à l'occasion d'un contrôle fiscal.

L'article 373-6°) du CGI-Tome 1 issu de la loi de finances pour l'année 2019 édicte désormais que *la production, après la notification des redressements, des documents justificatifs et autres pièces comptables régulièrement demandés au cours de la phase contradictoire de tout contrôle fiscal, est nulle et de nul effet.*

C'est une sanction lourde. Car, ici, ce n'est pas la qualité des documents et pièces excipés qui est mise en cause, mais plutôt le retard dans la production.

Dès que le contribuable a été requis à produire des documents à l'occasion d'un quelconque contrôle fiscal, il est tenu de satisfaire à cette injonction dans le délai légal.

Dans le cas contraire, la production ultérieure est assimilée à une fraude. La sanction qui s'en suit est la nullité de cette production. L'Administration va tout simplement ignorer ces documents.

Le contrôle dont il est question est général. Il peut bien s'agir de la vérification de la comptabilité sur place dans les locaux du

---

179 Avant dernier alinéa.

contribuable en cause, du contrôle sur pièces que du contrôle ponctuel comme exposé précédemment.

L'Administration fiscale, elle-même, au regard de la gravité des conséquences qu'induit cette dernière mesure, a dû attirer l'attention de ses vérificateurs et des contribuables à l'occasion de la vulgarisation de la loi fiscale[180].

1.2. La sanction de l'inobservation des délais

Les prescriptions fiscales tendent, dans la plupart des cas, à faire adopter aux contribuables un certain comportement dans un certain délai.

Qu'il s'agisse de la déclaration d'existence, qu'il s'agisse des déclarations de revenus ou encore qu'il s'agisse du paiement des impôts et taxes dus au budget général de l'État ou à celui des collectivités décentralisées, les contribuables doivent se déterminer dans un certain délai en termes de jours, de semaines, de mois, de trimestres ou d'années.

Selon le nouveau calendrier fiscal, tous les impôts sont payés entre le 10 et le 20 du mois suivant celui ayant donné naissance à l'imposition[181].

Si en droit, de manière générale, l'inobservation des délais est sanctionnée par la prescription ou forclusion - qui a l'effet d'une guillotine - en fiscalité, l'inobservation des délais est, dans la plupart

---

[180] Instruction du 28 février 2019 du DGID pour l'application de la loi n°40-2018 du 28 décembre 2018 portant LF 2019, P28*:«En considération de la gravité des effets de cette disposition, l'attention des vérificateurs est attirée pour que toute demande de pièces justificatives soit prouvée c'est-à-dire écrite avec accusé de réception nominatif, daté et signé. La demande doit être suffisamment précise avec indication du délai de réponse, de la nature ou de la désignation du document ou de l'information recherchée. Lorsqu'une information importante qui a une incidence sur des chefs de redressement est donnée oralement, la partie diligente et intéressée doit établir un procès-verbal ou tout document en tenant lieu, consigné par l'autre partie.*
De même, le contribuable vérifié qui fournit des réponses, des documents ou des pièces justificatives doit prendre toutes les dispositions pour disposer et conserver les preuves des éléments de réponses.»

[181] Article 461 bis du CGI-Tome 1.

des cas, sanctionnée par des pénalités de retard lorsqu'il s'agit du paiement des impôts.

Les articles examinés ci-dessus traitent aussi des mêmes sanctions pour le retard dans les déclarations ou paiements.

Ainsi, la production tardive de la déclaration prévue à l'article 276 est sanctionnée par une amende fiscale de 25 000FCFA.[182] .

Pour les mêmes raisons, à défaut de reverser la retenue à la source, l'entreprise est redevable d'une amende égale au prélèvement effectué, d'un intérêt de retard de reversement de 5% par mois ou fraction de mois, sans préjudice de la majoration des droits prévue à l'article 379[183].

Pour le cas de certains contribuables astreints aux dispositions des articles 31 bis et 31 ter, l'article 381 ter du CGI-Tome 1 est sans appel. En effet, aux termes de ce texte « *Toute infraction aux dispositions des articles 31 bis et 31 ter du CGI est sanctionnée respectivement par une pénalité de 100 000FCFA par mois de retard et par une amende annuelle de 500 000FCFA.*»

Enfin, en ce qui concerne les impositions fiscales, nous soulignerons le cas des acomptes mensuels de l'IRPP catégories BICA et BNC dus par les contribuables soumis au régime du réel. L'article 460 bis alinéa 4 du CGI-Tome 1 issu de la loi des finances pour l'année 2018 sanctionne le défaut de paiement volontaire de ces acomptes d'une *majoration de 10% applicable aux sommes non réglées.*

Quant aux cotisations sociales, l'article 17 de la loi 004/86 du 25 février 1986 portant Code de sécurité sociale prévoit l'application des intérêts aux employeurs débiteurs de cotisations sociales.

Le taux de ces intérêts, pour les cotisations sociales faisant l'objet d'un échéancier, a été relevé à 1 % par mois par l'ordonnance n°24/71 du 27 septembre 1971 modifiant le taux de majoration de retard[184].

---

[182] Article 381 et 276 du CGI-T2.

[183] Article 183 dernier alinéa du CGI-Tome 1.

[184] Ces dispositions ont été récemment rappelées à l'intention des contribuables employeurs par Lettre circulaire n°010/DG/CNSS du 28 Février 2019 du Directeur

Outre les sanctions examinées ci-dessus, il existe d'autres sanctions fiscales qui sont prévues pour les irrégularités de pure forme. Ce sont ces sanctions qu'il nous revient, à présent d'examiner.

1.3. La sanction des manquements formels ou irrégularités contenues dans les déclarations

La fiscalité est très contraignante. Toutes les déclarations souscrites doivent respecter les prescriptions requises.

La tenue des documents comptables et la présentation des déclarations doivent être conformes, sans ratures, ni blanc, ni surcharge quelconques.

Une sorte de perfection est recherchée de la part de celui qui fait profession de tenir les comptes et de faire les déclarations prescrites par les lois. Les principes de sincérité et de transparence de la comptabilité s'expriment au travers de cette rigueur pour donner une image fidèle de la situation de l'entreprise.

Les omissions sont autant sanctionnées que le retard ou le défaut de déclaration. L'article 381 du CGI-T1 ne sanctionne pas seulement le défaut ou la production tardive de la déclaration prévue à l'article 276, mais aussi toute omission ou réponse inexacte à l'une des rubriques figurant sur les imprimés fournis par l'Administration. La sanction est une amende fiscale de 25 000FCFA pour chaque déclaration omise ou comportant des inexactitudes ou omissions.

De même, au sens de l'article 380 alinéa 1 du CGI-Tome 1, *« Toute infraction aux dispositions des articles 176, 177, 178, 179, 180 et 181 du présent code est sanctionnée d'une amende fiscale de 10 000FCFA encourue autant de fois qu'il est relevé d'omission ou d'inexactitude dans les renseignements qui doivent être fournis en vertu de ces articles. »*

D'autres dispositions sur les omissions sont plus cinglantes, notamment :

-Article 377 : *« Les personnes et sociétés soumises aux prescriptions de l'article 397 ci-après et qui ne s'y conforment pas ou fournissent*

Général de la CNSS relative à l'application des intérêts moratoires aux cotisations sociales faisant l'objet d'un échéancier.

des renseignements inexacts à l'administration sont passibles d'une amende fiscale de 100 000FCFA pour chaque omission ou inexactitude ou pour chaque chèque de voyage ou lettre de crédit non inscrit sur le registre prévu à l'avant dernier alinéa dudit article.»

-Article 377 bis *« Les omissions ou inexactitudes concernant les éléments du train de vie dont la déclaration est prévue par l'article 76 sont punies d'une amende de 100 000FCFA par élément omis, renseignement incomplet ou inexact.»*

1.4. Sanctions contre les attitudes de refus ou de résistance

Nous avons longuement analysé, dans les pages précédentes, cette forme de sanctions civiles contre tous ceux qui adoptent une attitude de résistance ou de refus contre les prescriptions de l'administration fiscale. Il s'agit, à n'en point douter, de la taxation d'office.

À ce propos, l'article 381 quinquiès CGI - Tome 1 stipule que : *« Dans les conditions des articles 86, 87 et 88, et pour tous les impôts, droits et taxes régis par le présent Code, tout contribuable peut être taxé d'office.»*

Les textes auxquels fait référence cet article ainsi que les dispositions de l'article 47 du même code édictent clairement les différents cas dans lesquels l'inspecteur divisionnaire ou l'inspecteur vérificateur peuvent être emmenés à taxer d'office un contribuable qui ne fournit pas à l'Administration les éléments substantiels permettant la détermination objective de son assiette imposable.

Nous pouvons également citer les cas où le contribuable s'est réservé de payer alors que tous les éléments de liquidation sont réunis.

Nous n'évoquerons que le cas de l'article 381 bis du CGI-Tome 1 qui stipule : *« En application des dispositions de l'article 359 ci-dessus, la taxe sera majorée de 100 % pour les possesseurs de véhicules qui ne seront pas en mesure de justifier du règlement de la taxe sur les véhicules à moteur.»*

Enfin, il n'est pas inutile de rappeler, à titre de sanction, que le contribuable taxé d'office ne peut obtenir, par la voie contentieuse, la décharge ou la réduction de la cotisation qui lui a été assignée qu'en apportant toutes les justifications de nature à faire la preuve du chiffre exact de son revenu. Il supporte les frais de l'expertise, s'il y a lieu.[185]

De même, ainsi qu'il a été rappelé précédemment, le montant d'un impôt payé à la suite d'une taxation d'office ne peut être considéré comme charge déductible du bénéfice imposable de l'exercice en cause[186].

C'est là une sanction grave de conséquences pour l'entité, au même titre que les condamnations à caractère pénal.

II. Les condamnations à caractère pénal et la répression des fraudes fiscales

Nous retiendrons ici toutes les sanctions infligées en termes d'amendes contre la violation des prescriptions fiscales dont se rendent coupables les contribuables (1). Certaines sanctions, pour le cas des violations ayant le caractère d'une infraction pénale, peuvent se traduire par des peines privatives de liberté (2).

2.1. Les amendes et pénalités fiscales

Les amendes fiscales sont des peines pécuniaires infligées aux contribuables en infraction à l'égard des prescriptions fiscales.

Suivant le lexique des termes juridiques, *l'amende fiscale*, distincte de l'amende pénale, *est à la fois une peine et une mesure de réparation destinée à récupérer les sommes dont le fisc a pu être privé*[187].

C'est une peine parce qu'il s'agit évidemment d'une sanction contre un écart de conduite. Le contribuable a adopté un comportement contraire aux prescriptions légales en la matière. Il faut donc le corriger pour le ramener sur le droit chemin.

Ici, c'est aussi la loyauté du contribuable qui est remise en cause.

---

185 Article 88 alinéa 1 du CGI-Tome 1.

186 Article 88 alinéa 2 du CGI-Tome 1.

187 Raymond Guillien et Jean Vincent, *Lexique des termes juridiques,* sous la direction de Serge Guinchard et de Gabriel Montagnier, 16e édition 2007, P.43.

Le législateur fixe le montant de l'amende. Il laisse parfois, comme en matière pénale, la latitude à l'Administration poursuivante de choisir entre le minima et le maxima de la peine.

L'amende est aussi une réparation dans la mesure où c'est un moyen de recouvrement des impôts et taxes qui ont échappé au fisc.

Ainsi, comme nous l'avons examiné précédemment, plusieurs prescriptions fiscales sont assorties expressément des amendes en cas de violation.

Le Code Général des Impôts traite ces violations comme des infractions pénales.

On peut citer les cas ci-après:

Article 373 du CGI-Tome 1 (LF 2017) qui punit, selon les cas, des amendes allant de 15 000F à 1 000 000FCFA le défaut ou le retard de déclaration ou de dépôt des documents donnant lieu ou non au paiement de l'impôt.

L'Article 373 ter (2017) qui sanctionne d'une *amende de 2 000 000 FCFA* par document toute infraction dans la traduction des documents prévus à l'article 31 du CGI-Tome 1 ainsi qu'une *pénalité de 50% ou de 100% à 200%* des droits éludés ou des redressements effectués pour toute inexactitude, insuffisance ou omission commise de bonne ou mauvaise foi en matière de TVA, y compris les ventes sans factures par un redevable de la TVA.

Sur ce dernier aspect, il nous parait fondamental de rappeler que, sans préjudice des poursuites pénales pouvant être engagées à son encontre, tout contribuable qui émet une facture telle que visée ci-dessus est responsable du paiement d'une amende égale à la taxe ainsi facturée et, solidairement, du paiement de la pénalité de 200 %.

De même, l'article 379 précise que toute infraction aux dispositions des articles 96, 183, 183 bis et 185 ter du présent Code donne lieu à une majoration de droits de 100% tout comme l'article 380 (LF 2013) sanctionne d'une *amende fiscale de 10 000FCFA* encourue autant de fois qu'il est relevé d'omission ou d'inexactitude dans les renseignements qui doivent être fournis en vertu de ces articles toute infraction aux dispositions des articles 176, 177, 178, 179, 180 et 181.

Il en est ainsi de l'article 381 du même code qui prévoit une *amende fiscale de 25 000FCFA* pour chaque déclaration omise ou comportant des inexactitudes ou omissions pour le défaut ou la production tardive de la déclaration prévue à l'article 276 dudit Code, ou toute omission, réponse inexacte à l'une des rubriques figurant sur les imprimés fournis par l'administration.

Par ailleurs, pour les infractions relatives au défaut ou retard dans le versement de l'IRPP ou de la taxe forfaitaire, les dispositions des articles 511 à 515 du CGI prévoient plusieurs *pénalités.*

Ainsi, l'article 511 sanctionne d'une *pénalité égale à 50 %* du montant des retenues non effectuées contre tout employeur ou débirentier qui n'a pas opéré les retenues prévues à l'article 172 ou qui n'a opéré que des retenues insuffisantes.

L'article 512 fixe la *pénalité à 50% du montant des sommes dont le montant a été différé* au cas où le contrevenant n'a pas reversé dans les deux mois la retenue qu'il a opérée. Cette *pénalité est portée à 100%* lorsque le retard est supérieur à deux mois.

Les mêmes *pénalités* sont appliquées en ce qui concerne le versement de la taxe d'apprentissage et de la taxe forfaitaire prévues par les articles 141, 512, 171 bis et suivants.

Selon l'article 514 alinéa 3, lorsque le délinquant est une société ou association, les pénalités prévues ci-dessus sont applicables personnellement aux présidents, directeurs généraux, directeurs, gérants et, en général, à toute personne ayant qualité pour représenter la société ou l'association!

2.2. Les peines privatives de liberté et autres sanctions pénales

Les mêmes irrégularités ci-dessus, notamment celles de nature frauduleuse sont constitutives de délits.

Toutes ces fraudes de nature à fausser la comptabilité du contribuable, et partant à diminuer son imposition exposent à des peines pénales.

C'est le cas des déclarations inexactes ou de l'absence de déclaration qui sont punies des peines prévues pour le faux témoignage énoncées aux articles 361, 362, 364 et 367 du Code pénal. C'est ce qui ressort des dispositions de l'article 521 du CGI-Tome 1.

Ces dispositions prévoient de fortes peines privatives de libertés, outre ou cumulativement avec des amendes.

En effet, l'article 361 du Code pénal prévoit la réclusion criminelle en matière pénale. La violation de la prescription fiscale est dans ce cas précis traitée comme un crime.

Pour sa part, l'article 362 prévoit, selon les cas, un emprisonnement de 2 ans au moins et 5 ans au plus en matière correctionnelle.

Quant à l'article 363, il est prévu un emprisonnement de 2 à 5 ans et une amende de 12 000F à 480 000F pour le faux témoignage en matière civile.

Conformément à la suite de l'article 521 du CGI suscité, les articles 60, 61 et 464 du Code pénal sont applicables au délit suscité. Ces articles punissent les complices[188] des auteurs des infractions délictuelles, criminelles ou contraventionnelles des peines allant de la simple amende et de la confiscation des objets saisis aux peines privatives de liberté.

En outre, les auteurs de fraudes avérées ou tentatives de fraudes en matière fiscale sont passibles, indépendamment des pénalités ou amendes fiscales, d'une *amende de 250 000FCFA à 5 000 000FCFA et d'un emprisonnement de 2 à 5 ans ou de l'une de ces deux peines seulement*[189].

En fait, il s'agit de la sanction de toutes les manœuvres tendant à se soustraire à l'établissement ou au paiement partiel ou total des impôts se traduisant soit par une omission volontaire dans les déclarations prescrites, soit par la dissimulation d'une part de sommes sujettes à l'impôt. Ces manœuvres sont généralement réalisées par falsification de la comptabilité appuyée par des justifications inexactes ou par une insolvabilité organisée ou encore par d'autres artifices faisant obstacle au recouvrement de l'impôt.

---

188 Le texte est applicable aux comptables, experts comptables, commissaires aux comptes agréés ou non qui assistent ou accompagnent les contribuables dans la tenue de la comptabilité et les déclarations fiscales.

189 Article 521 du CGI-Tome 1.

L'article 524 du CGI - Tome 1 abonde dans le même sens.

En effet, aux termes de ce texte :

Pourront également être poursuivis et punis dans les conditions prévues par l'article 522 :

- quiconque a sciemment omis de passer ou de faire passer dans des écritures ou a passé ou fait passer des écritures inexactes ou fictives dans les documents dont la tenue est prévue par les articles 28, 31, 47 et 172 du CGI ;
- les fonctionnaires de l'État, des Communes, des Régions ou des Districts qui s'abstiennent, après mise en demeure, de souscrire les déclarations ou encore se font les complices des contribuables cherchant à se soustraire à l'impôt, notamment en mentionnant, sur les plis adressés par le service de l'assiette ou du recouvrement des motifs de non distribution inexacts. La présente disposition ne met pas obstacle aux sanctions disciplinaires qui pourraient intervenir de ce chef ; quiconque q procédé aux retenues prévues par l'article 172 ou a mis l'impôt sur le chiffre d'affaires à la charge de la clientèle et s'est abstenu de reverser au Trésor les sommes ainsi précomptées dans les trois mois du précompte, qu'il y ait à chercher si l'intéressé a voulu se soustraire frauduleusement ou non au reversement de l'impôt et qu'il puisse invoquer une dette de l'administration.

Les plaintes sont déposées dans les conditions prévues par le précédent article.

Il convient de noter que les dispositions des articles 522 et 525 du CGI sont également applicables aux personnes ayant contrevenu aux dispositions relatives au droit de communication[190].

Tout en soulignant que les fraudes fiscales peuvent constituer l'infraction de faux et usages de faux, nous ne saurions terminer ce paragraphe sans aborder le sempiternel problème de la fraude en matière de NIU[191].

---

[190] Article 526 du CGI-Tome 1.

[191] Institué en 2012 ; article 399 ter et 399 quater du CGI-Tome 1.

En effet, tout citoyen appelé à effectuer des transactions économiques et à y percevoir des revenus a l'obligation de se faire connaître du fisc et d'obtenir un numéro unique pour son identification fiscale afin de répondre personnellement de ses obligations fiscales.

C'est avec ce numéro qu'il effectue ses opérations économiques avec ses partenaires, d'une part et avec l'Administration, d'autre part.

Ainsi, le NIU est personnel. Il ne peut être ni loué, ni cédé. Il ne peut non plus être saisi ou faire l'objet de nantissement.

Or, il a été constaté depuis un certain temps que des opérateurs économiques et des citoyens véreux font usage du NIU des tiers pour accomplir leurs formalités administratives, portuaires, douanières et par conséquent fiscales.

Pendant ce temps, ils ne sont pas personnellement connus du fisc. De ce fait, ils ne peuvent pas répondre de leurs obligations. En revanche, dans les mêmes circonstances de temps et de lieu, ils mettent en mal les titulaires de ces NIU vis-à-vis de l'Administration, notamment des régies financières.

Pour mettre un terme à ce procédé aux conséquences désastreuses, la loi de finances pour l'année 2019 est venue renforcer les sanctions contre les auteurs de cet usage et leurs complices.

En effet, les nouvelles dispositions de l'article 399 ter alinéa 3 et 521 bis du CGI – Tome 1 sont dorénavant rendues comme suit :

Article 399 ter alinéa 3 :

Sans préjudice des sanctions pénales, l'utilisation frauduleuse du numéro d'identification unique (NIU) est punie par une amende de 3 000 000F CFA. Le propriétaire est solidairement responsable du paiement de cette amende en cas de complicité avérée.

Il ressort de cet article que l'utilisation inappropriée du NIU d'un contribuable par une personne qui n'en est pas propriétaire est une fraude. Cette fraude constitue une infraction pénale.

Lorsqu'elle est établie, l'auteur et les complices sont poursuivis et condamnés à des sanctions pénales prévues contre les fraudeurs.

Ils sont en outre, selon les cas, condamnés solidairement à une amende fiscale lourde de 3 000 000FCFA.

Article 521 bis (LF 2019)

L'utilisation frauduleuse du numéro d'identification unique instituée à l'article 399 ter du Code Général des Impôts, tome 1, est punie, sans préjudice des pénalités et amendes fiscales, d'une amende de 500 000FCFA et d'un emprisonnement de trois mois à trois ans.

La loi n°40-2018 du 28 décembre 2018 portant loi de finances pour l'année 2019 a créé l'article 521 bis du Code Général des Impôts.

Cet article punit l'auteur de la fraude d'une amende de 500 000FCFA et d'un emprisonnement de trois mois à trois ans.

Il y a donc une double pénalité : une peine pécuniaire et une peine privative de liberté.

Les raisons pour lesquelles le législateur a été emmené à punir aussi sévèrement l'utilisation frauduleuse du NIU sont celles qui ont motivé son établissement.

Les mêmes raisons ont été avancées en 1999 en France, notre patrie de référence, de laquelle le droit fiscal, pour ne pas dire tout le droit congolais contemporain, tire sa substance.

Ainsi, par imitation ou reproduction servile, on a fait nôtres les vraies motivations ayant conduit en France à l'utilisation du numéro national d'identification des personnes physiques (géré par l'Insee) par les administrations financières.

Monsieur Yves SAINTE-AURE écrit, à ce propos, exactement que : *« Jusqu'à présent, les différentes administrations fiscales ou financières disposaient, pour leurs fichiers, de systèmes d'identification des redevables ou usagers spécifiques à chaque administration. Il en résultait une grande difficulté pour établir des connexions entre les différents fichiers en vue de permettre des recoupements et de faciliter les recherches. La loi de finances pour 1999*[192] *(art.107) a adopté des dispositions autorisant les administrations financières (D.G.I, Comptabilité publique et*

[192] Il s'agit de la loi française.

Douanes) à utiliser un système unique d'identification des personnes physiques, comme il en existe un pour les personnes morales et les professionnels (n° Siret/Sire). Il s'agit du numéro d'identification utilisé par les organismes sociaux. Les administrations concernées peuvent collecter, conserver et échanger entre elles ce numéro dans le traitement des données relatives à l'assiette, au contrôle et au recouvrement de tous impôts (cette disposition est codifiée à l'art. L.287 du L.P.F). Cette mesure, qui permet selon la présentation faite par les ministères intéressés d'éviter les homonymies et en même temps de mieux lutter contre la fraude fiscale, devrait faciliter les échanges d'information entre toutes les administrations qui utiliseront ce même identifiant...»[193]

Dans le souci de moderniser les conditions de travail et de sécuriser les recettes publiques, le ministère des finances, en s'aidant du GUOT et en s'inspirant du leadership rwandais, est en train de réaliser le pari de l'interconnexion de toutes les régies financières permettant de mieux appréhender les transactions financières des entreprises publiques et privées ainsi que des ménages.

Tout contribuable devrait en prendre conscience pour ne pas faire les frais de l'incivisme fiscal.

III. Les sanctions spéciales contre l'incivisme fiscal

Nous examinons ici les dispositions spéciales contre les contribuables qui ne font pas preuve de moralité fiscale, d'une part (1) et contre ceux d'entre eux qui quittent le Congo, d'autre part (2).

3.1. Les sanctions spécifiques contre l'immoralité fiscale

Les sanctions examinées ci-dessus sont aussi valables pour les retenir comme sanctionnant l'immoralité fiscale.

En effet, la fraude dans les écritures comptables dans le dessein d'échapper totalement ou partiellement à l'imposition est moralement un acte répréhensible.

Toutefois, il existe des mesures spéciales prises par le législateur pour encourager la moralité fiscale et sanctionner l'immoralité.

---

193 Yves SAINTE-AURE, op.cit. P.P.195-196.

Cette moralité est attestée par un certificat institué par la loi n°41-79 du 18 décembre 1979, modifiée et insérée comme Annexe 3 au Tome 1 du Code Général des Impôts.

Ceux dont la moralité fiscale est ainsi attestée ont libre cours à l'exercice de leurs activités professionnelles et au payement sur deniers publics pour toutes prestations fournies.

Le Certificat de moralité fiscale est valable pour la durée d'une année. Il est délivré à toutes les personnes physiques et morales domiciliées ou résidant habituellement en République du Congo[194] sur présentation, par les personnes physiques et morales exerçant une activité industrielle, commerciale, artisanale, ou non commerciale, du NIU, de la patente de l'année en cours et des quittances justifiant le paiement des autres impôts directs et indirects dus au titre de l'année en cours et de l'exercice précédent ainsi que des quatre attestations de non redevance fiscale de l'année écoulée et moyennant une somme de 10 000FCFA[195].

Les autres personnes doivent présenter un NIU, la déclaration des revenus de l'année écoulée ainsi que les quittances justifiant le paiement des impôts dus au titre de l'année en cours et de l'exercice précédent.

Le principal avantage de ce certificat de moralité est de conférer à ceux qui exercent une activité industrielle, commerciale, artisanale ou non commerciale le droit:

- d'exercer pleinement leur activité ;
- *de soumissionner aux marchés de l'État ;*
- de bénéficier des crédits bancaires ;
- d'obtenir la qualité d'importateur ou exportateur.

Les autres contribuables ont, grâce au certificat de moralité, le droit de se présenter à tout scrutin prévu par la loi et d'exciper de leur qualité de contribuable.

---

194 Article 14 de la Loi n°41-79 du 18 décembre 1979 modifiée-Annexe3 CGI-T 1.

195 Article 15 alinéa 1 de la loi n°41-79 du 18 décembre 1979 modifiée par la loi n°40-2018 du 28 décembre 2018 portant loi de finance pour l'année 2019-Annexe 3 CGI-Tome 1.

Il s'agit là d'un privilège. Nous savons combien sont grands le contentieux de l'État, d'une part et les marchés publics, d'autre part.

L'homme d'affaires ou le professionnel qui refusent de s'acquitter des impôts et taxes tombent inéluctablement dans l'immoralité fiscale et refusent ipso facto de devenir « Grands ». Car, ils ferment, eux-mêmes, les portes des grands marchés.

En effet, l'article 17 de ladite loi *interdit clairement à toute personne physique ou morale d'exercer sur le territoire congolais une profession commerciale, industrielle, artisanale ou non commerciale sans justifier de la possession du certificat de moralité fiscale ; ce à partir du 1er avril 1980*[196].

La violation de cette interdiction entraîne normalement *la perte de la qualité de commerçant, d'industriel, d'artisan ou de titulaire d'une profession non commerciale*[197].

3.2. Les sanctions spéciales contre les redevables quittant le Congo

Le législateur congolais a conçu des sanctions spéciales contre certains contribuables indélicats pour lutter contre l'incivique fiscal.

Ces dispositions visent particulièrement les nationaux et étrangers ayant une résidence ou cherchant à s'installer à l'étranger où ils ont tendance à se réfugier ou transférer leurs avoirs dans le dessein d'échapper à leurs obligations.

Qu'il s'agisse des impôts et taxes, qu'il s'agisse des cotisations sociales, une législation spécifique a été mise au point.

Cette législation, tombée en désuétude, a été ravivée. Elle est destinée à empêcher les contribuables, dirigeants des entreprises, qui n'ont pas fait la preuve d'avoir payé leurs cotisations fiscales et sociales à sortir hors des frontières nationales.

En effet, suivant le prescrit de l'article 459 alinéa 2 du CGI-T1, *tout contribuable quittant définitivement le Congo ne peut obtenir un visa de départ* et mainlevée du cautionnement prévu à l'article 6 de l'arrêté

---

[196] Alinéa 1.
[197] Article 17 alinéa 2.

général n°4047 du 26 décembre 1952 que sur justification du paiement des impositions restant dues à la date du départ.

Les attestations justifiant ce paiement sont délivrées par les Percepteurs et Préposés du Trésor ou par les Comptables de la Direction Générale des Impôts après avoir été préalablement visées par la Direction des contributions directes et indirectes.

De même, la loi sociale prescrit que les dirigeants des entreprises privées ou d'économie mixte et tous employeurs ne peuvent quitter le territoire national s'ils n'ont pas acquitté leurs cotisations sociales ou rapporté la preuve des garanties à ce sujet.

Les contrevenants sont simplement retenus aux frontières par les éléments de la division de la surveillance du territoire (DST)[198].

En effet, l'article 171 du Code de la sécurité sociale fait obligation à tout employeur désireux de quitter le territoire national, à titre provisoire ou définitif, d'obtenir du Directeur Général de la Caisse Nationale de la Sécurité Sociale un *certificat de non redevance attestant que le voyageur est libre de tout engagement envers la Caisse Nationale de Sécurité Sociale.*

Cette disposition, longtemps en veilleuse, a été ravivée par cette circulaire qui a commencé à produire ses effets. Reste à rendre la mesure opposable à tous et à éviter les abus qui pourraient causer préjudice aux innocents, à la suite d'une erreur sur la personne ou même de lenteur administrative.

En somme, nous constatons que le cadre réglementaire fiscal s'enrichit de plus en plus des dispositions contraignantes. Pour les mêmes omissions et fautes, diverses sanctions pécuniaires sont prévues et rendues non déductibles du revenu net imposable.

---

[198] Lettre circulaire n°00065/MFP-RE-TSS-CAB du 27 février 2019 du Vice Premier Ministre, chargé de la fonction publique, de la réforme de l'État, du travail et de la sécurité sociale, Monsieur Firmin AYESSA, relative à l'application des dispositions de l'article 171 du Code de sécurité sociale. Cette mesure, entrée en vigueur, a récemment fait l'écho sur les antennes de la Radio France Internationale.

On se demande, au-delà du caractère dissuasif qu'elles renferment, si de telles sanctions sont de nature à assurer la survie des entreprises ou plutôt à les enterrer tout simplement.

En effet, il est de principe en matière pénale, selon l'idée que l'on se fait de la bonne distribution de la justice, de veiller à la proportionnalité des peines aux délits.

Car, il paraît suicidaire d'exiger d'une entreprise aux abois, le paiement du double de sa cotisation pour le simple fait de l'avoir acquittée deux jours de retard, par exemple. Pour sa survie, un tel contribuable aura tendance à chercher à y échapper par des pots de vin et le trafic d'influence.

Il faudra certainement une étude d'évaluation pour savoir l'impact de ces mesures sur l'économie nationale, notamment la vie des entreprises et les recettes de l'État.

De même, la multiplication des formalités et la complexité de la liasse fiscale conjuguée à l'engorgement des services administratifs sous équipés ne sont pas de nature à booster les performances des entreprises auxquelles des coûts cachés sont créés (perte de temps, supplément de ressources humaines, matérielles et financières).

La mise au point sur la pression fiscale nous permet d'aborder le sujet du recouvrement de ces divers impôts et taxes.

CHAPITRE VIII

LE RECOUVREMENT DE L'IMPOT

Le paiement des impôts dépend, en grande partie, de la prise de conscience des citoyens sur leur devoir civique. Ceux-ci sont davantage motivés par l'affectation qu'en font les décideurs politiques aux différentes échelles de l'État.

Le recouvrement des impôts et taxes obéit à des procédures légales bien définies qu'il convient de savoir pour anticiper et mieux se défendre.

Le paiement des impôts devrait être spontané. Dans cette optique, on parlerait du recouvrement amiable (1).

À défaut, l'Administration chargée du recouvrement, dans ses attributions légales, n'hésite pas de recourir à la force (2).

I. Le recouvrement amiable et les actes préalables aux poursuites

Les impôts et taxes ainsi que leurs acomptes et accessoires sont payés suivant leur exigibilité[199].

Les impôts et taxes visés par le CGI, ainsi que les contributions, impôts, taxes et produits recouvrés comme en matière de contributions directes sont exigibles en totalité entre le 10 et le 20 du mois qui suit celui de la mise en recouvrement du titre de perception.

La plupart des impôts directs, pour leur paiement, font l'objet de l'émission des Rôles[200]

[199] Articles 459 à 460 bis du CGI-T1.

Ces derniers sont des titres de perception établis par le responsable de la résidence fiscale dont relève le contribuable.

Comme le souligne Yves SAINTE-AURE, « le rôle constitue le titre officiel en vertu duquel le percepteur peut réclamer le paiement de l'impôt et en poursuivre le recouvrement »[201].

Le contribuable est appelé à payer spontanément ses impôts et taxes. En raison des difficultés économiques et des tensions réelles de trésorerie, celui-ci peut solliciter un étalement de certaines impositions.

En effet, aux termes des dispositions de l'article 518 quater A alinéa 2 du CGI-Tome 1[202] « Pour les impôts, droits et taxes recouvrés sur titre, l'autorisation de *paiement différé* ou *échelonné* est accordée au contribuable requérant par le receveur quel que soit le montant, *suivant échéancier qui ne peut excéder douze mois.*»

Ainsi, il revient aux contribuables de formuler cette demande par voie écrite à l'autorité compétente qui devrait faire preuve de bonne compréhension, surtout en cette période de vaches maigres.

Cette modalité de recouvrement est valable tant pour le payement du principal des droits dus que pour le paiement des amendes et pénalités qui y sont attachées.

L'étude du recouvrement amiable de l'impôt suggère d'esquisser les différentes phases préalables au recouvrement forcé.

Il faut retenir, à titre d'information, que dans les administrations fiscales cohabitent le personnel du fisc et les comptables publics affectés par le Trésor public, comme dans la plupart des régies financières de l'État. Ceux-ci s'insèrent dans le processus de recouvrement des impôts.

En principe, l'impôt est portable c'est-à-dire que le redevable doit prendre toutes les mesures pour effectuer son règlement, soit par

---

[200] Les principaux impôts perçus par voie de rôle sont l'impôt sur le revenu et les impôts directs locaux tels que taxe foncière, taxe professionnelle ou patente, etc…

[201] Yves SAINTE-AURE, *Paiement & Recouvrement de l'Impôt,* Editions LIAISONS, 2013, P.67.

[202] Complété par la loi des finances pour l'année 2019.

virement, soit par chèque, soit en espèces en allant vers le service compétent.

Pour autant, dans certains cas des agents du service de recouvrement sont habilités à quérir l'impôt sur place. Il en est ainsi lors des enquêtes sur le terrain où ils peuvent accepter l'engagement du contribuable à s'acquitter d'une dette selon un échéancier ou plan de paiement.

Le paiement de l'impôt, à l'exception de ce cas précis, demeure portable. Il se pose alors le problème de la détermination du lieu de paiement.

Le lieu de paiement dépend généralement de la nature de l'impôt à payer, du montant du chiffre d'affaires de celui qui le doit ou de l'adresse du redevable.

On retient, généralement, que lorsque le recouvrement de l'impôt par sa nature relève de la compétence du Trésor public, sa perception est confiée au percepteur. C'est le cas de l'Impôt sur le revenu.

Lorsque, au contraire, le recouvrement de l'impôt est confié à la Direction générale des impôts, c'est le receveur des impôts qui est compétent. C'est le cas du recouvrement de la T.V.A. et autres contributions de timbres, etc.

Ainsi, on s'aperçoit que les impôts directs relèvent de la compétence du percepteur tandis que les impôts indirects, les taxes et les contributions indirectes sont recueillies et perçus par la caisse du receveur des impôts.

Toutefois, on peut assister à des aménagements de cette distinction générale en raison des locaux et des effectifs du personnel.

1.1. Impôts recouvrés par les comptables du Trésor

En principe, dans l'esprit français, les comptables du Trésor public recouvrent des impôts directs perçus par voie de rôle comme l'impôt sur le revenu des personnes physiques, les taxes pour les chambre de commerce et de métiers, la taxe professionnelle, la taxe foncière sur les propriétés bâties et non bâties, les taxes sur les locaux.

Ils perçoivent aussi les impôts directs perçus sans rôle tels l'impôt sur les sociétés et la taxe unique sur les salaires.

Au Congo on retrouve les comptables publics, au sein de l'administration fiscale, dans des grandes unités telles que l'UME, l'UGE et la Direction Générale des Impôts.

Des dispositions pratiques peuvent aboutir à d'autres aménagements sur le terrain.

Toutefois, aux termes des dispositions légales, ces comptables se meuvent principalement à partir des Rôles et Avis de mise en recouvrement (1), qui nécessitent une notification préalable (2) et des lettres de rappel et derniers avis avant les poursuites (3).

1.1.1. Rôle et Avis de mise en recouvrement

À l'échelle des responsabilités quotidiennes des différentes unités territoriales du fisc, on peut retenir que l'Avis de mise en recouvrement est établi par l'ordonnateur secondaire, responsable de la résidence fiscale dont relève le contribuable.

Dans l'esprit de l'article 459 bis du CGI-Tome 1, le processus est enclenché à la suite des vérifications d'usage.

À l'issue de ces vérifications, le Directeur des vérifications générales adresse une lettre de demande de mise en recouvrement à l'ordonnateur secondaire, responsable de la résidence fiscale dont dépend le contribuable vérifié. Celui-ci émet alors un Avis de mise en recouvrement, puis assigne un comptable public auquel l'Avis est également transmis.

Le comptable public prend en charge l'Avis et le contresigne. Ce n'est qu'à partir de ce moment que l'Avis de mise en recouvrement peut être adressé au contribuable.

Mais cet Avis est, en principe, précédé de l'établissement du Rôle d'imposition.

Ce Rôle est une liste nominative des contribuables qui indique, pour chaque redevable, le montant de l'impôt à payer ainsi que certains éléments de son calcul.

Dans la pratique on constate, cependant, l'usage direct de l'Avis de mise en recouvrement.

Tout se passe donc comme si on se trouvait en face d'une imposition à la carte.

L'Avis de mise en recouvrement une fois établi doit être notifié.

1.1.2. Notification de l'Avis de mise en recouvrement

La notification est le moyen par lequel le contribuable est informé de son imposition, suivant l'Avis de mise en recouvrement qui a été établi.

Elle est faite par écrit.

La procédure paraît accélérée. En effet, une fois que l'Avis de mise en recouvrement est établi, le comptable public dispose d'un délai de cinq (5) jours ouvrables, avec une date d'accusé-réception à partir de laquelle court le délai de recouvrement[203].

Il devrait procéder par lettre recommandée avec accusé de réception.

En pratique, l'Administration procède par une simple lettre ou tout autre moyen laissant trace écrite. Ainsi, le recours à l'exploit d'huissier est possible, pourvu d'assurer la confidentialité et le secret professionnel.

Le délai de paiement est celui indiqué par l'article 459 alinéa 1 du CGI-Tome c'est-à-dire rendu exigible en totalité entre le 10 et le 20 du mois qui suit celui de la mise en recouvrement du titre de perception.

Comme nous l'avons noté précédemment, sauf différé accordé au contribuable, une majoration de 10% sera appliquée au montant des cotisations ou fractions de cotisations qui n'auraient pas été payées au dernier jour du deuxième mois qui suit celui de la mise en recouvrement.

Il arrive que le redevable se montre indifférent. Dans ce cas, une lettre de rappel et un dernier avis avant poursuites sont nécessaires.

---

[203] Article 459 bis alinéa 3 du CGI-Tome 1 (LF 2017).

1.1.3. Lettre de rappel et dernier avis avant poursuites

Lorsque l'impôt n'a pas été acquitté à la date d'exigibilité, le comptable public doit prévenir le redevable par un Avis de mise en recouvrement. Celui-ci est individuel ou collectif. Il est rendu exécutoire par le comptable public.

Il est en principe adressé par lettre recommandée avec accusé de réception[204].

Par ce moyen, sans préjudice des sanctions attachées au retard ou au non-paiement, l'administration rappelle au contribuable son devoir d'acquitter son impôt.

Ainsi, à défaut de paiement des sommes mentionnées sur l'Avis de mise en recouvrement ou de réclamation assortie d'une demande de sursis de paiement avec constitution de garantie, le redevable qui ne régularise pas sa situation dans un délai de dix (10) jours est poursuivi selon les procédures en vigueur[205].

Ces dernières procédures se traduisent par une exécution forcée qui consiste en des *poursuites* sur la base des *contraintes exécutoires* que l'Administration est en droit de se délivrer à elle-même pour le recouvrement de toutes ses impositions.

1.2. Impôts recouvrés par la Direction Générale des Impôts

Le recouvrement des impôts par la Direction Générale des Impôts et ses services habilités commence toujours, après l'établissement des Rôles, par un Avis de mise en recouvrement (1). Le non-paiement dans le délai imparti suscite une mise en demeure (2).

1.2.1. Émission des Rôles et Avis de mise en recouvrement

Aux termes de l'article 407 CGI-T1 (LF 2017), il faudra retenir, de manière générale, que tout titre de perception concernant les impôts, droits et taxes visés au CGI est établi par le responsable de la résidence fiscale dont relève le contribuable.

Les impôts directs sont recouvrés par voie de rôle.

---

[204] Article 484 alinéa 1 CGI-Tome1.
[205] Article 484 alinéa 4 CGI-Tome 1.

En ce sens, tous les exemplaires des Rôles rédigés par les inspecteurs divisionnaires des contributions directes et indirectes sont transmis au Directeur des Contributions Directes et Indirectes, accompagnés des avertissements destinés aux redevables d'impositions nominatives[206].

Ce dernier procède aux vérifications d'usage, fait corriger par leur auteur ceux des documents irréguliers avant de donner son approbation, après comparaison des mentions figurant sur les avertissements et celles des Rôles.

À son tour, de manière périodique, mois après mois, le Directeur des Contributions Directes et Indirectes soumet ces Rôles reçus et vérifiés au Directeur Général des Impôts qui les soumet à son tour à l'approbation du Ministre des finances[207].

Dans la foulée, c'est au Directeur des Contributions Directes et Indirectes que revient la responsabilité de préparer les arrêtés rendant les Rôles exécutoires et les états de prise en charge destinés au service du recouvrement.

Dès leur signature par le ministre des finances ou par délégation, par le Directeur Général des Impôts, ce dernier certifie au dos de chacun des Rôles que ce document *« s'élevant à la somme de ....a été rendu exécutoire par arrêté du...n°...»*.

C'est alors que commence la mise en recouvrement du rôle ou de l'Avis de mise en recouvrement, suivant une date fixée par lui en accord avec le Trésorier Payeur Général ou le Receveur principal des impôts[208].

La date de mise en recouvrement est importante, car elle marque le point de départ des délais de recouvrement et de prescription des impôts. Elle marque également le début de la période de deux ans sur laquelle porte le privilège du Trésor public[209].

Une fois cette date fixée, le Directeur Général des Impôts transmet immédiatement au Payeur ou préposé du trésor ou au receveur

[206] Article 409 CGI-Tome 1.
[207] Article 410 et 411 CGI-Tome 1.
[208] Article 415 CGI-Tome 1.
[209]Article 415 alinéa 2 CGI-T1.

principal des impôts une expédition authentique des Rôles ou titres de paiement dont le recouvrement lui incombe et la liasse des avertissements correspondants.

Chaque Rôle est accompagné d'avis et d'un certificat de mise en recouvrement. Les mêmes documents sont transmis aux chefs de districts[210].

À partir de ce moment, l'agent chargé du recouvrement prend en charge le rôle et assure l'expédition des avertissements.

À cet effet, il adresse les Avis de mise en recouvrement qui lui ont été transmis à l'appui du Rôle, au Président du Comité Exécutif de région ou de district ou au Président du Comité Exécutif Communal pour l'affichage.

Un avertissement est également transmis à tout contribuable inscrit au Rôle qui mentionne le total des sommes à acquitter, les conditions d'exigibilité et la date de mise en recouvrement du rôle[211].

À une échelle inférieure et dans le cadre normal des activités de routine des unités déconcentrées du fisc, il faut dire que l'Avis de mise en recouvrement est établi par l'ordonnateur secondaire, responsable de la résidence fiscale dont relève le contribuable[212].

Il découle généralement de la vérification de la comptabilité du contribuable par les préposés de la Direction Générale des Vérifications agissant sous l'autorité de leur directeur.

1.2.1.1. Impositions concernées par l'Avis de mise en recouvrement

Tous les impôts directs ainsi que toutes les taxes et produits recouvrés comme en matière de contributions directes peuvent faire l'objet de l'Avis de mise en recouvrement.

---

[210] Article 416 CGI-T1.

[211] Article 417 et 418 CGI-T1.

[212] Article 459 bis du CGI-Tome 1.

1.2.1.2. Forme et contenu de l'Avis de mise en recouvrement

L'Avis de mise en recouvrement émis par l'Administration fiscale est un écrit.

En général, l'Administration dispose des imprimés préétablis qu'il suffit de remplir. Une simple lettre suivant un certain modèle peut suffire.

Le plus important est le contenu qu'il renferme. Celui-ci contient, entre autres, l'identité précise du contribuable, son activité, son adresse et le montant à recouvrer.

En outre, l'Avis de mise en recouvrement indique généralement le délai de paiement ainsi que la recette ou la caisse où le contribuable doit acquitter son imposition.

Il est, enfin, rappelé les dispositions fiscales gouvernant le recouvrement des impôts à savoir les articles 459, 460, 485 et suivants du Code Général des Impôts-tome 1.

1.2.1.3. Notification de l'Avis de mise en recouvrement

Comme dans le cas des impôts recouvrés par les comptables publics du Trésor, il est question de déterminer les modalités de notification de l'Avis de mise en recouvrement (1), le lieu de notification (2) et les effets qui en résultent (3).

1.2.1.3.1. Modalités de notification de l'Avis de mise en recouvrement

Le processus de notification de l'avis de mis en recouvrement est indiqué à l'article 459 bis du CGI – tome 1.

Une fois établi par l'ordonnateur secondaire, pris en charge et contresigné par le comptable public, l'Avis de mise en recouvrement est notifié par ce dernier au contribuable dans un délai de cinq (5) jours ouvrables avec une date d'accusé-réception.

À partir de cette date, court le délai de recouvrement[213].

[213] Alinéa 5 de l'article 459 bis du CGI (LF 2017).

C'est donc par voie administrative qu'il est procédé par tout moyen laissant trace écrite, sous le respect du secret professionnel[214].

Cependant, rien n'interdit de recourir à la signification par voie d'huissier.

Celle-ci peut, en effet, produire un impact psychologique plus conséquent qu'une simple correspondance administrative.

1.2.1.3.2. Lieu de notification de l'Avis de mise en recouvrement

L'Avis de mise en recouvrement est notifié au domicile du contribuable.

Le domicile de toute personne, comme défini aux articles 102 et 103 du Code de la famille, est au lieu où elle a, en fait, sa résidence principale.

Lorsque cette résidence ne peut être établie avec certitude, le domicile est au lieu où cette personne exerce son activité professionnelle principale.

Ainsi, toute personne qui exerce une profession a, en ce qui concerne cet exercice, un domicile professionnel qui est au lieu de cette profession. Les significations la concernant y sont valablement faites.

C'est donc en cet endroit que l'administration fiscale notifiera son avis de recouvrement[215].

Pour le professionnel libéral, ce sera généralement dans les locaux de son cabinet d'architecte ou d'avocat, de son office de Notaire ou d'Huissier de justice où la notification aura lieu, entre les mains de celui-ci ou de ses préposés ayant qualité à cet effet.

---

[214] L'article 406 alinéa 1 du CGI-Tome 1 prescrit que tous avis et communications échangés entre les agents de l'administration ou adressés par eux aux contribuables et concernant les impôts et taxes prévus par le CGI doivent être transmis sous enveloppe fermée.

[215] Pour les entreprises commerciales et autres personnes morales, le siège social sert de domicile principal. On y ajoute les agences secondaires suivant la théorie et la jurisprudence des gares principales et des succursales multiples.

Cependant, lorsque par suite d'un changement d'adresse ou de cessation d'activité la résidence principale du contribuable ou son lieu d'exercice professionnel ne peut être établi avec certitude, le domicile est réputé au dernier domicile connu ou, si l'existence d'un domicile antérieur ne peut être établie, à la Mairie du lieu de sa naissance.

Dans tous ces cas, le souci qui doit animer l'administration fiscale est de chercher par tous les moyens à apporter l'information au concerné pour le mettre en état de se défendre et répondre en toute conscience de ses obligations fiscales.

En effet, selon l'article 476 du CGI-Tome 1, lorsqu'un contribuable a quitté sa résidence avant l'émission du rôle, il appartient à l'agent chargé du recouvrement de chercher son adresse et d'adresser une contrainte extérieure au Comptable de la nouvelle résidence de l'assujetti.

Cette transmission a lieu par l'intermédiaire du Trésorier Général, du Trésorier Payeur Général ou du receveur principal des impôts.

C'est certainement ce souci qui a animé le législateur à prescrire l'affichage à la Mairie et l'archivage du Rôle accompagné d'avis et du certificat de mise en recouvrement[216].

1.2.1.3.3. Effets de la notification de l'Avis de mise en recouvrement

Le Trésor public jouit d'un privilège sur le patrimoine du contribuable. Le titre de recette régulièrement mis en recouvrement est exécutoire contre le contribuable qui y est inscrit et ses représentants ou ayants cause.

De même, chacun des époux, lorsqu'ils vivent sous le même toit, est solidairement responsable des impositions assises au nom de son conjoint au titre de l'IRPP[217].

En effet, les titres des impôts, notamment les Rôles, Avis de mise en recouvrement et les bordereaux de versement de l'enregistrement,

---

[216] Article 416- b) et 417 du CGI-Tome 1.
[217] Article 467 du C GI- Tome 1.

des domaines et du timbre valent *titres de recette ayant force exécutoire*[218].

À ce titre, ils peuvent justifier toutes mesures de poursuites ou d'exécution forcée comme nous allons le voir.

De façon sommaire, on peut dire que la notification de l'Avis de mise en recouvrement produit trois effets majeurs :

1°) La notification de l'avis de recouvrement authentifie la créance du Trésor public ;

2°) La notification de l'avis de recouvrement ouvre le délai de réclamation ;

3°) La notification de l'avis de recouvrement ouvre le délai de prescription de l'action en recouvrement.

Ainsi, lorsque le contribuable dispose de justes motifs pour se soustraire en partie ou en totalité des impositions qui lui sont adressées, il doit pouvoir formuler sa réclamation à temps dans les formes et garanties requises.

Autrement, l'avis de recouvrement exécutoire ou rendu exécutoire consacrera pour toujours la créance de l'État et justifiera les poursuites de droit tant sur la personne du contribuable que sur ses biens.

C'est cette modalité forte de recouvrement qu'il convient à présent d'examiner.

II. Le recouvrement forcé de l'impôt

Le recouvrement forcé des impôts et taxes peut être poursuivi selon les procédures spécifiquement fiscales (1). Le recours aux voies d'exécution civiles reste toutefois possible (2).

2.1. Les procédures fiscales spéciales d'exécution forcée

Le Code Général des Impôts est un vaste réservoir de procédures minutieusement agencées pour contraindre les contribuables

[218] Article 464 alinéa 2 du CGI-Tome 1 (LF 2017).

redevables au paiement des impôts et taxes dus au budget de l'État et au budget des collectivités décentralisées.

En effet, l'impôt - cela s'entend – « est une prestation pécuniaire requise des particuliers par voie d'autorité et à titre définitif, sans contrepartie immédiate, en vue de la satisfaction des charges publiques qui incombent à l'État et à ses démembrements.»

Pour cela, le législateur a prévu des mesures contraignantes contre les contribuables pour donner à l'État les moyens de se procurer les ressources financières dont il a sans cesse besoin pour son fonctionnement et la poursuite de la réalisation de ses objectifs tant politiques, économiques que socio-culturels.

Ainsi, à défaut de paiement des sommes mentionnées sur l'Avis de mise en recouvrement ou de réclamation assortie d'une demande de sursis de paiement avec constitution de garantie, le redevable qui ne régularise pas sa situation dans les dix (10) jours est poursuivi selon les procédures en vigueur[219].

Au nombre des mesures figurant parmi les procédures en vigueur, nous citerons volontiers les mesures conservatoires et garanties fiscales légales(1), les contraintes et les poursuites fiscales (2) et l'avis au tiers détenteur (3) et d'autres mesures spéciales (4).

2.1.1. Les mesures conservatoires et garanties fiscales

Nous évoquerons l'hypothèque légale et le privilège du Trésor sur les biens du contribuable.

2.1.1.1 . L'hypothèque légale du Trésor

Pour le recouvrement des impositions de toute nature et amendes fiscales, le Trésor public dispose d'une *hypothèque légale*[220] sur tous les biens immeubles des redevables, ou même des responsables du recouvrement.

[219] Article 484 alinéa 4 du CGI-Tome 1.
[220] Article 477 du CGI-Tome 1.

C'est une hypothèque légale c'est-à-dire une garantie qui n'est pas consentie par la volonté des parties ou par une décision judiciaire. Elle est issue d'une disposition de la loi.

C'est donc un privilège que la loi attache à la créance de l'État à travers le trésor public qui s'assure ainsi de la garantie de recouvrement des impôts et taxes. Il ne revient qu'à l'État de la mettre en œuvre suivant les procédures en vigueur en la matière. Elle demande, cependant, à être inscrite, préalablement à sa mise en œuvre effective.

En effet, cette hypothèque légale prend rang à la date de son inscription au bureau des hypothèques[221]. Toutefois, elle ne peut être inscrite par le Trésor public qu'à partir de la date à laquelle le contribuable a encouru une majoration ou pénalité pour défaut de paiement[222].

C'est autant dire qu'elle ne peut, normalement, être rendue effective à l'insu du contribuable défaillant.

Le souci de justice et d'équité commande que l'on observe le principe du contradictoire et que la défaillance du contribuable, pour diverses raisons, ne soit pas une surprise.

2.1.1.2 . Le privilège du trésor public

Le privilège du Trésor public en matière de recouvrement des impôts est prévu aux articles 471 et 474 du CGI-Tome 1.

Le privilège en matière de recouvrement des contributions directes est ce bénéfice accordé par la loi au Trésor public d'être préféré aux autres créanciers sur leur débiteur commun.

Néanmoins, ce privilège ne s'exerce avant tout autre que pendant une période de deux (2) ans à dater de la mise en recouvrement du rôle.

Il porte sur les meubles et autres effets mobiliers appartenant aux redevables, en quelque lieu qu'ils se trouvent.

---

[221] Division de la conservation foncière dans le ressort duquel le bien immobilier est immatriculé.
[222] Article 477suscité in fine.

Toutefois, à l'égard des exploitants d'un fonds de commerce, ce privilège ne s'exerce que lorsqu'il n'existe pas d'hypothèques conventionnelles sur tout le matériel servant à l'exploitation du fonds.

Il en sera ainsi même lorsque ce matériel sera réputé immeuble (par destination) par application de l'article 525 du Code civil[223].

Le privilège du Trésor public s'exerce également :

- 1° pour le recouvrement de la contribution foncière : sur les récoltes, fruits, loyers et revenus des biens immeubles sujets à la contribution ;
- 2° pour le recouvrement des redevances des exploitations minières : sur les produits, loyers et revenus de toute nature de la mine.

En raison de ce privilège, il est prescrit aux huissiers de justice, aux greffiers, commissaires-priseurs, séquestres et tous autres dépositaires publics de deniers de ne remettre aux héritiers, créanciers et autres personnes séquestrées et déposées qu'en justifiant du paiement des contributions directes dues du chef desquelles lesdites sommes seront provenues.

La loi fiscale autorise ces dépositaires, en tant que de besoin, à payer directement les contributions qui se trouveraient dues avant de procéder à la délivrance des deniers aux ayants droits.

Les quittances desdites contributions leur sont passées en compte[224].

Il en est de même des locataires, fermiers, receveurs, économes et autres dépositaires et débiteurs de deniers provenant du chef des redevables et qui sont affectés au privilège du Trésor public[225].

Enfin, il faut souligner avec insistance que le privilège du Trésor public attaché à l'impôt direct ne préjudicie pas aux autres droits que le Trésor public peut exercer sur les contribuables et leurs biens sur tout le territoire national.

---

[223] Article 471 du CGI-Tome 1.
[224] Article 472 du CGI-Tome 1.
[225] Article 473 du CGI-Tome 1.

2.1.2 .Les contraintes et les poursuites

Les contraintes sont délivrées par le trésorier payeur, le receveur principal des impôts, le receveur de l'Unité des Grandes Entreprises (UGE) et le receveur de l'enregistrement des domaines et timbres.

Seuls ces responsables administratifs ont qualité pour engager les poursuites et décerner contraintes contre un contribuable retardataire et/ou récalcitrant[226].

Ils sont assistés, dans le recouvrement des impôts, taxes, droits et contributions dont ils ont la charge, par des agents[227] de poursuites qui ont qualité pour engager les poursuites avec frais.

Seuls ces porteurs de contraintes, agents assermentés et commissionnés par le Gouvernement, peuvent, en effet, exercer les poursuites avec frais[228].

Dans la suite des phases de recouvrement, à défaut de paiement des sommes mentionnées sur l'Avis de mise en recouvrement ou de réclamation, et après écoulement de délai mentionné à l'article 459 suscité [229], le comptable public chargé du recouvrement peut décerner contre le redevable *une contrainte à fin de commandement* établie et délivrée par le porteur des contraintes.

Il n'est pas inutile de rappeler que pour le recouvrement des amendes, condamnations pécuniaires ou droits dus au Trésor, le Code de procédure pénale, tout comme le Code Général des Impôts, prévoit la *contrainte par corps* contre la personne convaincue de l'infraction, à défaut de paiement dans un certain délai.

En effet, aux termes de l'alinéa 2 de l'article 486 bis du CGI-Tome 1, en cas de récidive, outre l'exclusion définitive des marchés publics, la contrainte par corps et une peine de cinq à quinze jours d'emprisonnement peuvent être prononcées par l'autorité judiciaire à

---

[226] Article 480 alinéa 1 du CGI-Tome 1.

[227] Il s'agit en principe des Huissiers assermentés du Trésor ou des Huissiers de justice.

[228] Article 481 du CGI-Tome 1.

[229] C'est-à-dire entre le 10 et le 20 du mois qui suit celui de la mise en recouvrement du titre de perception.

l'encontre du dirigeant principal de l'entreprise individuelle ou du gérant de la société.

La contrainte par corps résulte donc des poursuites que le comptable public ou le fonctionnaire public des impôts compétent décide d'engager devant la juridiction pénale, non pas contre les biens, mais plutôt contre la personne même du dirigeant de l'entreprise individuelle ou du gérant de la société mise fiscalement en cause.

C'est là une procédure lourde qui débouche sur la privation de liberté des citoyens.

Au sens de l'article 486 du CGI-Tome 1, les poursuites fiscales sur les biens du contribuable comprennent trois degrés ou phases:

1° degré : commandement ;

2°degré : saisie ;

3° degré : vente.

2.1.2.1. Le commandement et la mise en demeure

En toute matière juridique et selon le bon sens, il ne paraît pas normal d'user des mesures coercitives sans avoir, au moins une fois, averti la personne passible des poursuites quant aux conséquences de l'attitude réfractaire qu'elle est en train d'adopter.

Ainsi, en droit, hormis l'effet de l'échéance du terme résultant d'une convention, le débiteur est, en principe, constitué en demeure par une sommation ou par autre acte équivalent[230]. Il suffit, pour cela, qu'il y ressort une interpellation suffisante.

Suivant l'alinéa 1 de l'article 486 bis du CGI-Tome 1, la mise en demeure fiscale est le préalable de la saisie.

Et dans le processus de saisie fiscale, le commandement, qui est une modalité plus énergique de la sommation, est rédigé, comme pour tous les exploits, en original et en copie.

---

[230] Article 1139 du Code Civil.

Il est signifié au contribuable débiteur. En son absence, le commandement peut être valablement signifié au bureau du maire ou du chef de district[231].

Le commandement afin de saisie est établi par le porteur de contraintes et visé par l'agent chargé du recouvrement. Un seul original peut être utilisé pour plusieurs retardateurs.

Contrairement aux procédures de droit commun dans lesquelles le commandement est généralement assorti d'un délai de huit à vingt jours, le commandement afin de saisie fiscale est assorti d'un délai de trois jours seulement[232].

Ainsi, à l'expiration de ces trois jours, après la signification, le porteur de contraintes peut procéder à la saisie.

Il faut rappeler ici que les contraintes administratives délivrées par le comptable public ou le fonctionnaire compétent du fisc ont effectivement la valeur d'un titre exécutoire[233].

La saisie est faite pour tous les termes échus des contributions, sans distinction d'exercice.

Cette saisie, selon l'article 490 du CGI-Tome 1, s'exécute d'après les formes prescrites par le Code de procédure civile.

Dans la mesure où celui-ci est supplanté[234] par les Actes Uniformes de l'OHADA depuis mai 1999[235] en matière de recouvrement des créances, on sous-entend que cet article renvoie actuellement et principalement à l'application des dispositions de l'Acte Uniforme de l'OHADA portant Organisation des Procédures Simplifiées de Recouvrement et de Voies d'Exécution. Dans cette hypothèse, il se

---

[231] Article 487 du CGI-Tome 1.

[232] Article 489 du CGI-Tome 1.

[233] Article 33 de l'Acte uniforme de l'OHADA portant Organisation des Procédures Simplifiées et des Voies d'Exécution.

[234] Effet abrogatoire de l'article 10 du Traité de l'OHADA signé à Port Louis en île Maurice du 17 octobre 1993, entré en vigueur le 18 septembre 1995 puis révisé au Québec le 17 octobre 2008 et entré en vigueur le 21 mars 2010 et article 333 de l'Acte uniforme de l'OHADA portant Organisation des Procédures Simplifiées de Recouvrement et des Voies d'Exécution.

[235] Entrée en vigueur pour l'application immédiate orga omnes des Actes Uniformes issus du Traité OHADA au Congo.

pose alors la problématique des délais à observer entre les différentes étapes de la procédure.

La suite de la procédure dépend de l'attitude du contribuable :

- soit il décide d'ignorer le commandement qui lui a été signifié,
- soit il soulève des contestations relativement à la procédure engagée, auquel cas il brave l'Administration par un contentieux fiscal,
- soit encore il offre de se libérer en totalité ou en partie.

Dans ce dernier cas, le porteur de contraintes est autorisé à suspendre la saisie[236].

En contrepartie de ce paiement, quittance provisoire ou définitive est remise au contribuable[237].

Dans le premier cas, il est procédé directement à la saisie.

2.1.2.2. La saisie fiscale des biens

Il s'agit ici principalement de la saisie des biens meubles corporels. Toutefois, il faut s'empresser de soulever que les biens immobiliers ne sont pas épargnés. Nous exploitons ici les dispositions contenues dans le Code Général des Impôts.

La saisie s'exécute dans les mêmes formes que celles prescrites par les voies civiles d'exécution définies jadis par le Code de procédure civile[238].

Le porteur des contraintes procède donc par la rédaction du procès-verbal de saisie.

S'agissant d'une procédure destinée à la vente des biens du débiteur fiscal, le porteur aura le choix entre la saisie conservatoire et la saisie vente.

---

[236] Article 489 alinéa 490 du CGI - Tome 1.

[237] Article 496 du CGI - Tome 1.

[238] Au Congo - Brazzaville un même code prévoit les règles de procédure civile, commerciale, administrative et financière à suivre, notamment pour l'examen d'une cause devant les instances judiciaires.

En raison de leur importance et de l'abondance des questions soulevées tant par la doctrine que par la jurisprudence qui ne peuvent être profondément examinées dans le cadre restreint de la présente étude, nous renvoyons la description de ces mécanismes des voies d'exécution civiles à notre prochain ouvrage.

La saisie est exécutée nonobstant opposition[239]. En cas d'indigence, il est dressé procès-verbal de carence, après délivrance du certificat d'indigence par le président du comité exécutif communal ou du président du comité de district ou de région.

2.1.2.3. La vente de biens saisis

Dans tous les cas, la vente des biens saisis suivant les prescriptions fiscales ne peut s'effectuer que huit (08) jours après une autorisation spéciale du Ministre des finances accordée sur la demande expresse du Trésorier-payeur ou du receveur principal des impôts[240].

La vente est faite, non pas par les porteurs de contraintes, mais par les soins des commissaires-priseurs[241] et sous l'assistance de l'agent de perception ou de son représentant qui donne aussitôt quittance[242]. Un procès-verbal de vente est établi à cet effet.

2.1.3. Avis à tiers détenteurs (ATD)

La procédure d'Avis à tiers détenteurs est une modalité particulière de saisie des créances et des rémunérations effectuée par l'Administration fiscale entre les mains des tiers, personnes physiques ou personnes physiques, établissements financiers/bancaires ou non, employeurs ou non contre les avoirs et salaires des contribuables débiteurs des impôts, pénalités et frais accessoires (frais de poursuite).

C'est une procédure particulière utilisée dans le cas où les deniers sont affectés au privilège du Trésor public et assimilable à la saisie attribution des créances.

Elle est prévue à l'article 503 -2) alinéa 2 ; 503-3) et 4) du Code Général des Impôts.

---

[239] Article 498 du CGI - Tome 1.
[240] Article 492 et 493 du CGI – Tome 1.
[241] Article 493 alinéa 2 du CGI-Tome 1 : ventes aux enchères par autorité de justice.
[242] Article 494 du CGI-Tome 1.

2.1.3.1. Objet de l'avis à tiers détenteur

L'Avis à tiers détenteur ne frappe que les créances de sommes d'argent. Il s'exécute sur les biens meubles incorporels en ce sens que l'Avis à tiers détenteur ne porte pas physiquement sur les billets de banque et pièces de monnaie.

Les billets de banque, s'ils devaient être saisis, feraient l'objet d'une procédure spéciale.

Ils peuvent, en effet, être rendus indisponibles à l'occasion d'une saisie conservatoire ou exécutoire (saisie-vente) de biens meubles corporels par l'huissier de justice ou agent d'exécution qui en fait mention dans son procès-verbal. Puis, il les consigne pour être affectés au paiement du créancier saisissant et des créanciers opposants, ensemble avec le prix de la vente.

Il s'agit donc d'une saisie qui porte sur les créances de sommes d'argent : argent en dépôts dans les comptes bancaires, créances de factures de livraison de marchandises ou autres biens et services, salaires et autres rémunérations auprès des employeurs ou clients.

2.1.3.2. Forme de l'avis à tiers détenteur

Nous n'avons pas trouvé dans le Code Général des Impôts un formalisme particulier au sujet de l'Avis à tiers détenteur.

Il s'agit, dans la pratique, d'un imprimé spécial en original et copie comportant certaines mentions de poursuite pour le recouvrement de la créance du Trésor public contre un contribuable récalcitrant.

Évidemment, il n'est fait recours à l'Avis à tiers détenteur qu'à l'expiration des délais sus évoqués consignés dans l'Avis de mise en recouvrement et la mise en demeure.

2.1.3.3. Notification de l'Avis à tiers détenteur

L'Administration fiscale dispose des renseignements[243] sur les redevables grâce aux multiples obligations de déclarations faites aux

---

[243] Droit de communication auprès des entreprises privées (article 391 à 392 du CGI-Tome 1), droit de communication auprès des administrations publiques (article 393 à 396) ; droit de communication de compte auprès des sociétés, agents de change,

contribuables, entreprises, banques et autres institutions de contrôle et de police.

Elle a mis au point un système bien élaboré d'investigation et d'enquêtes pour le recoupement d'informations sur les transactions financières et les facultés patrimoniales des contribuables.

L'interconnexion de régies financières grâce au GUOT (guichet unique des opérations transfrontières) et autres institutions centralisatrices de renseignements participe de cette stratégie.

Grâce à ces sources d'information, l'Administration notifie son avis au tiers détenteur et au contribuable.

2.1.3.3.1. Notification au tiers détenteur

L'Avis à tiers détenteur est délivré à tout dépositaire, détenteur précaire ou permanent ou encore à toute personne physique ou morale débitrice de sommes appartenant au contribuable redevable.

Ce tiers peut être une institution financière ou bancaire, un fermier, employeur, un locataire, un client, séquestre amiable ou judiciaire, les héritiers d'un contribuable, un notaire, etc.

Ces tiers sont expressément visés aux articles 473 et 503-4) du CGI-Tome 1. C'est ce dernier texte qui ajoute à la liste précédente les clients, les gérants, administrateurs, directeurs ou liquidateurs d'entreprises pour les sommes dues par celles-ci aux redevables.

L'Administration fait parvenir à cette personne physique ou morale l'Avis à tiers détenteur.

Ainsi, l'Avis à tiers détenteur peut être émis par le Percepteur à l'encontre de l'employeur sitôt après la notification de l'avertissement au contribuable, lorsque l'impôt est dû par un salarié du secteur public ou du secteur privé, sans que le Percepteur ait à épuiser toute la procédure habituelle en matière de recouvrement.

C'est là un grand pouvoir de l'Administration.

---

changeurs, banquiers, escompteurs, officiers publics ou ministériels ou associations recevant habituellement en dépôt des valeurs mobilières, valeurs ou espèces, compte d'avances, compte courant ou autre(Article 397 du CGI-Tome 1).

2.1.3.3.2. Notification au contribuable

La notification du contribuable vise à l'informer de la procédure forcée diligentée contre lui entre les mains du tiers.

Elle permet au saisi de faire valoir ses droits de défense.

2.1.3.4. Effets de la notification de l'avis au tiers détenteur

La notification de l'Avis à tiers détenteur produit des effets à l'égard du Trésor public, du tiers détenteur et du contribuable.

2.1.3.4.1. Effets à l'égard du Trésor public

L'Avis à tiers détenteur bénéficie de l'effet d'attribution immédiate.

Ainsi, la signification ultérieure d'autres saisies ou de toute autre mesure de prélèvements ou même la survenance d'un jugement portant ouverture de procédures collectives d'apurement du passif ne remettent pas en cause cette attribution.

2.1.3.4.2. Effets à l'égard du tiers détenteur

L'Avis à tiers débiteur notifié produit à l'égard de ce tiers l'effet d'une saisie qui rend indisponibles les sommes sur lesquelles il porte.

Ces sommes ne peuvent plus faire l'objet d'une appropriation ou d'une quelconque affectation par le débiteur, le tiers détenteur ou tout autre créancier.

En effet, les dépositaires détenteurs ou débiteurs de sommes appartenant ou devant revenir aux redevables de l'impôt sont tenus, sur l'injonction qui leur est faite sous forme d'Avis à tiers détenteurs notifié par le comptable public, de verser en lieu et place des redevables, les fonds qu'ils détiennent ou qu'ils doivent, à concurrence des impositions dues par les redevables[244].

Le tiers détenteur engage sa responsabilité s'il méconnait l'Avis à tiers détenteur. Il est tenu en lieu et place du redevable au cas où il méconnait, sans autorisation ou décision de justice, l'Avis à tiers détenteur.

---

[244] Article 503-3) du CGI-Tome 1.

Lorsque le tiers détenteur est un établissement bancaire ou financier assimilé, il doit bloquer le compte sur lequel porte les sommes poursuivies.

2.1.3.4.3. Effets à l'égard du contribuable

La notification de l'Avis au débiteur interrompt la prescription de la créance du redevable sur le tiers détenteur et des sommes privilégiées du Trésor public contre le redevable. Elle fait courir un nouveau délai de prescription.

Par ailleurs, cette notification ouvre au débiteur la possibilité de faire opposition : un délai d'opposition en fournissant des garanties suffisantes.

Si le redevable vient à n'être plus débiteur des impositions, l'Administration doit donner aussitôt mainlevée de saisie.

2.1.4. Autres mesures fiscales spéciales de recouvrement

L'Administration fiscale dispose du pouvoir régalien de l'État pour contraindre au paiement des impôts et taxes.

Ces mesures sont citées aux articles 486 bis et 487 du CGI-Tome 1, à savoir :

- Publication dans un journal des noms des récalcitrants ;
- Exclusion temporaire des marchés publics ;
- Suspension de délivrance des licences d'importation ;
- Blocage des comptes bancaires ;
- Fermeture de l'entreprise. ;
- Exclusion définitive des marchés publics.

La mesure de fermeture administrative peut être ordonnée par :

- le directeur départemental jusqu'à dix (10) jours,
- par le directeur général des impôts jusqu'à vingt (20) jours,
- sur décision de justice au-delà de vingt (20) jours.

La fermeture pour non-paiement d'impôts est une mesure humiliante pour le contribuable et peut paraître trop sévère si le non-paiement est dû aux difficultés économiques avérées, à la conjoncture politique et économique.

Il en est ainsi, particulièrement, pour les entreprises auxquelles l'État lui-même, gros débiteur, doit des factures impayées pour diverses prestations.

La dette intérieure, on le sait, est à l'origine de la paralysie de plusieurs petites et moyennes entreprises au Congo.

Nous avons déjà examiné les sanctions pénales auxquelles peut recourir le fisc pour parvenir au recouvrement des impôts et taxes. Nous venons également d'examiner les procédures spéciales ouvertes au fisc dans le recouvrement de ses impôts et taxes. Il importe, à présent, d'exposer les mesures ordinaires auxquelles il peut recourir comme tout créancier.

2.2. Les procédures ordinaires de recouvrement

L'Administration fiscale peut, comme tout créancier, poursuivre le recouvrement des créances d'impositions en recourant aux mesures d'exécution civiles.

Il existe toute une panoplie de voies d'exécution. Celles-ci portent sur les biens corporels et incorporels.

Selon la nature de ces biens, les saisies sont soit mobilières ou immobilière.

Selon leur finalité, on distingue les saisies et mesures conservatoires tendant à la préservation des droits des créanciers avec les saisies exécutoires visant la vente ou l'attribution des biens et sommes d'argent.

Car, c'est un principe général de droit tiré de l'Article 28 alinéa 1 de l'Acte Uniforme de l'OHADA du 10 avril 1998 portant Organisation des Procédures Simplifiées de Recouvrement et des Voies d'Exécution aux termes duquel :

« À défaut d'exécution volontaire, tout créancier peut, quelle que soit la nature de sa créance, dans les conditions prévues par le présent acte uniforme, contraindre son débiteur défaillant à exécuter ses obligations à son égard ou pratiquer une mesure conservatoire pour assurer la sauvegarde de ses droits. »

Cet article pose le principe suivant lequel le patrimoine du débiteur est le gage de ses créanciers.

Le même article en son alinéa 2 pose le principe de la discussion préalable des meubles avant toute poursuite sur les immeubles, sauf garanties hypothécaires ou créances privilégiées.

Outre les voies d'exécution, le fisc peut recourir aux procédures de redressement ou de liquidation contre les contribuables en cessation de paiement tout comme il peut attaquer les actes d'aliénation faits par le redevable en fraude des droits du fisc.

Nous présentons succinctement ces mesures civiles d'exécution (1), des procédures collectives d'apurement du passif (2) et les actions dirigées contre les actes d'appauvrissement ou de négligence du redevable (3).

2.1.3. Les voies d'exécution civiles

Nous survolerons les mesures conservatoires (1) et les mesures exécutoires (2). Nous donnerons, dans un paragraphc distinct, un bref aperçu de la saisie immobilière (3).

Ces mesures rendent indisponibles les biens et titres représentant des créances de sommes d'argent. Il sied de préciser, à ce stade, que toute saisie rend indisponible les biens et créances sur lesquels elle porte.

C'est donc une aberration en droit de parler de « *saisie avec indisponibilité de biens* ». Cette redondance inutile peut prêter à confusion.

En effet, *indisponibilité* ne veut pas dire *dépossession ou enlèvement physique* même s'il s'agit souvent de la cause de ce résultat. Un bien rendu indisponible par l'effet d'une saisie sort tout simplement du commerce juridique; il est désormais placé sous main (autorité) de justice. Son propriétaire perd de ce fait certains attributs de son droit de propriété, notamment le droit de l'aliéner et, dans certains cas, le droit de jouir de ses fruits ou de l'user, sans nécessairement qu'il soit besoin de le déposséder. Le bien saisi n'est pas pour autant moins indisponible.

L'Huissier de justice est au cœur de ces procédures. Il en est le spécialiste attitré.

Cette précision faite, nous pouvons commencer l'examen des saisies et mesures conservatoires dans le cadre du recouvrement des impôts.

2.1.3.1. Les Saisies conservatoires

Les saisies conservatoires peuvent être définies comme des mesures d'exécution forcée qui tendent à la préservation ou conservation des droits des créanciers sur des biens et effets mobiliers de leurs débiteurs.

Elles portent sur des biens meubles corporels ou incorporels du débiteur[245]en sa possession ou détenus par un tiers, personne physique ou personne morale.

Elles sont ouvertes à tout créancier chirographaire, nanti ou privilégié dont le recouvrement de la créance est menacé, soit par une volonté interne du débiteur (refus manifeste de payer, dilapidation du patrimoine, intention de voyage définitif à l'étranger), soit par une volonté externe du débiteur (circonstances économiques défavorables ou autres) de nature à causer le péril de la créance.

En tant que mesures de sauvegarde des droits, la mise en œuvre des saisies conservatoires n'est pas assujettie à la détention d'un titre exécutoire définitif constatant une créance certaine, liquide et exigible.

L'apparence de la créance et la menace qui pèse sur le recouvrement sont les deux conditions justificatives d'une mesure de saisie conservatoire.

Lorsqu'elles portent sur des créances de sommes d'argent, les saisies conservatoires rendent indisponibles à concurrence du montant autorisé par la juridiction compétente ou à concurrence du montant pour lequel la saisie est pratiquée.

---

[245] Article 56 de l'Acte Uniforme du 10 avril 1998 portant organisation des procédures simplifiées de recouvrement et des voies d'exécution.

Dans ce cas, la saisie vaut de plein droit consignation des sommes saisies et confère au saisissant un droit de gage[246] sur lesdites sommes dans le respect du principe « saisie sur saisie ne vaut».

Le créancier saisissant, quel que soit son statut et la nature de sa créance de sommes d'argent, recourt aux saisies conservatoires, sans commandement préalable, en vertu soit d'une autorisation judiciaire[247], soit en vertu d'un titre exécutoire définitif ou provisoire[248], soit encore en vertu d'un titre exécutoire dit imparfait, notamment en cas de défaut de paiement, dûment établi, d'une lettre de change acceptée, d'un billet à ordre, d'un chèque, ou d'un loyer impayé après commandement dès lors que celui-ci est dû en vertu d'un contrat de bail d'immeuble écrit.

Les saisies conservatoires, pratiquées par exploit d'huissier ou agent d'exécution, doivent, par la suite, être converties, selon la nature des biens rendus indisponibles, soit en saisie vente des biens meubles corporels[249]ou des droits d'associés et des valeurs mobilières[250], soit en saisie attribution des créances[251] sur la base d'un titre exécutoire définitif ou titre exécutoire par provision que le créancier doit chercher à obtenir s'il n'en avait pas au jour de la saisie initiale.

La recherche du titre exécutoire permettant la conversion de la saisie doit être faite dans le délai d'un mois, à compter de la date de saisi, soit par une instance judiciaire au fond telle une requête ou assignation en paiement (selon les pays), soit une requête en injonction de payer, soit encore procédure de reconnaissance de créance par voie notariée.

Évidemment, les mesures diligentées entre les mains de tiers doivent toujours être portées à la connaissance du débiteur dans le délai de huit (08) jours).

Le dénouement de ces saisies s'exprime par la vente amiable[252] ou forcée[253], aux enchères publiques[254] au plus offrant et dernier

---

[246] Article 57 de l'Acte Uniforme précité.
[247] Article 54 du même Acte Uniforme.
[248] Article 55 dudit Acte uniforme.
[249] Article 69 de l'Acte Uniforme de l'OHADA sur les voies d'exécution.
[250] Article 88 de l'Acte Uniforme précité.
[251] Article 82 du même Acte uniforme précité.
[252] Article 115 de l'Acte Uniforme précité.

enchérisseur[255] des biens saisis ou par l'attribution rétroactive (paiement) au créancier poursuivant des sommes saisies entre les mains du tiers[256].

2.1.3.2. Saisies exécutoires

Les saisies exécutoires sont celles qui visent, non la sauvegarde des droits, mais plutôt la vente ou l'attribution directe des biens saisis pour en affecter le prix ou le montant au paiement du créancier saisissant.

Leur mise en œuvre nécessite la détention préalable d'un titre exécutoire définitif ou provisoire constatant une créance certaine, liquide et exigible[257].

Il s'agit principalement de la saisie vente qui porte sur les biens meubles corporels, y compris la saisie des récoltes sur pieds (article 91 à 152), la saisie attribution des créances (Article 153 à 172) et la saisie des rémunérations (article 173 à 204).

Si la saisie vente frappe tous les biens meubles corporels du débiteur, la saisie attribution porte uniquement sur les créances des sommes d'argent du débiteur entre les mains des tiers : dépôts sur comptes épargne, comptes courants, comptes indivis ou joints, comptes de monnaie électronique, comptes de chèques postaux, créances de factures auprès des clients; etc.

Dans toutes ces formes de saisies auxquelles le fisc peut avoir recours, l'effet immédiat est de rendre indisponibles les biens et sommes d'argent saisis.

Le détenteur de ces biens (cas du gardien et du banquier) et leur propriétaire débiteur saisi perdent la libre disposition de ces biens qui ne peuvent plus être déplacés, consommés, vendus avant dénouement de la procédure, sauf autorisation de la juridiction compétente, sous peine de poursuites pénales pour vol, destruction ou détournement de biens saisis.

---

253 Article 120 et suivants du même Acte Uniforme.
254 Vente à la criée.
255 Qui dit mieux?
256 Article 164 de l'Acte uniforme précité.
257 Article 31 et 32 de l'Acte Uniforme de l'OHADA sur les Procédures Simplifiées de Recouvrement et des Voies d'Exécution.

En droit, les saisies ne sont pas et ne peuvent pas, en principe, être levées par voie de réquisitions des magistrats du ministère public (Procureur de la République et ses substituts, Procureurs Généraux, Avocats Généraux, Substituts Généraux).

Les sanctions civiles sont également attachées à l'inobservation de certaines prescriptions de collaboration et de neutralité, notamment la condamnation des tiers saisis aux causes de la saisie et au paiement des dommages-intérêts, en cas de manquement à l'obligation de renseignement, à celle de concourir à la conservation ou à l'exécution des droits des créanciers[258].

La saisie des rémunérations est diligentée entre les mains des employeurs sur la quotité saisissable des salaires et autres rémunérations assimilées perçus par leurs employés débiteurs.

Au départ exécutée sous forme de saisie-arrêt, sans exigence préalable de titre exécutoire, la saisie des rémunérations est assujettie désormais à la détention préalable d'un titre exécutoire.

La procédure est enclenchée par une phase judiciaire de tentative de conciliation.

Ce n'est qu'en cas de non conciliation que la procédure est orientée vers l'employeur qui doit verser périodiquement la portion saisie au greffe du tribunal compétent jusqu'à concurrence de la somme due.

Lorsque les salaires sont virés sur des comptes courants ouverts dans les établissements bancaires ou financiers, ils peuvent être saisis suivant la procédure de saisie attribution des créances.

En raison de leur caractère alimentaire, en cas de contestation, le montant de la saisie sera en principe ramené à celui de la quotité saisissable de ces salaires.

Il revient donc au débiteur saisi de rapporter la preuve que les sommes saisie dans le compte proviennent des salaires alloués par son employeur en rémunération de ses prestations professionnelles.

---

[258]Articles 38 et 156 de l'Acte Uniforme de l'OHADA précité. Voir aussi, Me Rock Dieudonné LANDZE, *Le concours des tiers saisis dans la saisie attribution de l'OHADA,* Bulletin OHADA Brazzaville, n°002, 2000 P.2.

2.1.3.3. La saisie immobilière

La saisie immobilière est une saisie spéciale au même titre que la saisie des navires et des aéronefs.

Elle porte sur des biens et droits immobiliers immatriculés ou devant l'être.

Sauf pour les créances hypothécaires, il ne peut être fait recours à la saisie immobilière qu'après des poursuites infructueuses engagées sur les meubles.

Dans ce cas, en raison de la carence, tout créancier chirographaire peut poursuivre la réalisation des immeubles de son débiteur.

Pour les besoins de la cause, lorsque le débiteur poursuivi est propriétaire des parcelles de terrain non immatriculées, le créancier peut se faire autoriser par la juridiction compétente à les faire immatriculer au nom du débiteur.

Le plus souvent les procédures sont enclenchées sur la base des conventions notariées exécutoires portant sur diverses facilités bancaires ou crédits accordés sur comptes courants par les banques commerciales ou d'habitat à leurs clients et assorties d'affectation hypothécaire.

En cas de défaillance de ceux-ci, l'établissement bancaire enclenche le processus de réalisation de la garantie conventionnelle ou forcée en délivrant à l'Huissier de justice un pouvoir spécial aux fins de saisie.

Le cœur de la procédure est la publication effective - et non le simple dépôt de l'acte - par inscription sur le livre foncier du commandement aux fins de saisie délivré plus tôt au débiteur hypothécaire, après le débiteur principal.

La procédure normale se poursuit par la rédaction suivie du dépôt, dans les 50 jours, du cahier des charges au greffe du tribunal compétent appelé, le moment venu, à statuer sur les dires et observations qui seraient éventuellement formulés par le débiteur saisi et les autres créanciers inscrits, à la suite de la sommation de prendre communication du cahier des charges qui leur est délivrée par l'Huissier de justice investi du pouvoir spécial, dans les huit (08) jours du dépôt du cahier des charges

Passé cette étape des dires et observations, un mois au plus tôt et quinze jours au plus tard avant la date d'adjudication, il est procédé à la publicité par apposition des placards aux endroits requis, dont le domicile du saisi, la Mairie du lieu de situation de l'immeuble et la porte du tribunal.

L'annonce est également publiée dans un journal d'annonces légales et peut l'être aussi par voie de presse audiovisuelle.

Cs formalités sont couronnées par un procès-verbal d'huissier attestant de l'apposition des placards.

L'adjudication c'est-à-dire la vente aux enchères publiques intervient devant le tribunal ou en l'Office d'un Notaire ; ce au profit du plus offrant et dernier enchérisseur à partir d'une mise à prix fixée par le créancier. Celle-ci ne peut être inférieure au quart de la valeur de l'immeuble saisi[259]. Ce qui pose le problème de l'expertise d'évaluation préalable de l'immeuble donné en garantie.

En l'absence d'enchérisseur, le bien saisi peut être remis en vente. À défaut, le poursuivant est déclaré adjudicataire et tenu des frais divers de poursuites.

Dans les délais légaux, un tiers peut surenchérir et provoquer l'ouverture de nouvelles enchères en proposant un prix élevé. Dans ce cas, sa défaillance ouvre droit à une procédure de folle enchère.

En cas de vente définitive, le jugement ou le procès-verbal de vente dressé par le Notaire est délivré à l'adjudicataire, après paiement des frais et exécution de toutes les clauses du cahier des charges.

Il sera alors procédé aux significations en vue de la transcription sur le titre foncier de la transaction intervenue en faveur du nouveau propriétaire.

---

[259] Article 267-10) de l'Acte Uniforme OHADA sur les procédures simplifiées de recouvrement et des voies d'exécution.

Outre les voies d'exécution, le fisc, comme tout autre créancier dont la créance est établie, pourra enclencher le processus d'ouverture des procédures collectives d'apurement du passif.

2.1.4. Les Procédures collectives d'apurement du passif

Il s'agit des procédures tendant au traitement collectif préventif ou curatif des créanciers d'un débiteur défaillant dont les difficultés financières ou de trésorerie le placent en état de ne point faire face à l'immédiat ou à l'échéance à ses engagements financiers.

Les procédures actuelles sont issues de l'Acte uniforme de l'OHADA du 10 septembre 2015 portant Organisation des Procédures Collectives d'Apurement du passif[260].

Lorsque ces difficultés n'ont pas atteint le point de la cessation des paiements, il est ouvert la procédure de règlement préventif ou celle de conciliation.

Dans le cas contraire, il est procédé au redressement judiciaire ou à la liquidation des biens.

La cessation des paiements est la situation d'un débiteur qui ne peut faire face à son passif exigible avec tout son actif disponible (actif immédiatement réalisable).

Le débiteur est plus ou moins dessaisi de la gestion de son affaire. Il lui est joint, selon les cas, un syndic- liquidateur et autres experts qui l'assistent ou le remplacent dans la gestion.

Toutes les poursuites individuelles cessent. Tous les créanciers sont réunis dans une masse (la masse des créanciers inscrits) et sont représentés par le syndic.

Les procédures collectives d'apurement du passif visent soit à éviter la cessation des paiements (la conciliation et le règlement préventif en vue d'un concordat), soit à en sortir (redressement judiciaire), soit à réaliser les actifs pour assurer le passif (liquidation des biens et disparition de l'entité).

---

[260] Acte publié au journal officiel OHADA, spécial du 25 septembre 2015, p.1 et s.

Les deux premières sont des procédures préventives qui sont destinées à sauvegarder les entreprises en difficulté et à apurer leur passif avant la cessation des paiements[261].

La conciliation, au vu des difficultés avérées ou prévisibles, tend, pour le débiteur qui l'initie, à trouver un accord amiable avec les principaux créanciers et cocontractants pour mettre fin à ces difficultés grâce à un conciliateur désigné par le président de la juridiction compétente[262].

Le règlement préventif est ouvert au débiteur qui, sans être en état de cessation des paiements, justifie de difficultés financières ou économiques sérieuses. Il vise à conclure un concordat préventif un concordat pour le redressement de l'entreprise[263].

Les deux dernières procédures sont menées sous la férule et le contrôle du juge commissaire qui est appelé à donner toutes les autorisations nécessaires et veiller sur le déroulement de la procédure.

L'échec des trois premières procédures entraine la conversion en liquidation des biens.

Les créanciers, en cas de liquidation des biens, sont en principe payés au marc le franc.

Il s'agit des procédures ouvertes contre les professionnels. Pendant longtemps, elles ont été réservées aux commerçants et aux sociétés commerciales.

Lorsque la défaillance de l'entité résulte de la mauvaise gestion, notamment de la confusion de patrimoines, de la non tenue de comptabilité ou autres malversations, les dirigeants d'une telle entité sont passibles de banqueroute simple ou frauduleuse, de la faillite personnelle et – plus grave- sont justiciables de la procédure en comblement du passif social.

Dans ce dernier cas, ils sont solidaires avec l'entreprise défaillante et répondent des dettes sociales sur leur patrimoine personnel.

---

[261] Article 5 de l'Acte Uniforme de l'OHADA du 10 septembre 2015 sur les procédures collectives d'apurement du passif.

[262] Articles 5-3 à 5-5 de l'Acte Uniforme suscité.

[263] Articles 6 à 7 et la suspension des poursuites individuelles.

2.1.4.1. Le redressement judiciaire

Le redressement judiciaire, comme le nom l'indique, vise à sauver l'affaire, l'entreprise ou l'entité poursuivie.

Pour ce faire, on accompagne le gérant de l'affaire dans sa gestion pour l'aider à conclure un concordat de redressement avec les différents créanciers.

Suite aux propositions figurant sur le rapport remis au tribunal, il emmène les divers créanciers à lui faire de nouveau confiance à partir d'un plan de paiement et des activités à mener.

Si ses propositions sont acceptées, le concordat est signé et homologué. Celui-ci est un contrat qui traduit l'engagement des parties. Il doit être exécuté dans les termes conclus, notamment les délais.

Durant cette période, les poursuites individuelles sont suspendues. Le juge commissaire et les autres organes de la procédure veillent au respect dudit concordat.

En cas de non-respect, celui-ci est remis en cause et les créanciers reprennent leurs droits individuels de recouvrement.

Si au contraire, le traitement de la situation révèle une situation irrémédiablement compromise, la procédure peut être convertie en liquidation des biens.

2.1.4.2. La liquidation des biens

La liquidation des biens, jadis appelée liquidation judiciaire, est la procédure collective ouverte aux professionnels et entreprises dont la situation est irrémédiablement compromise, des entités qui n'offrent aucune perspective d'avenir.

Le but de la procédure est de réaliser tous les actifs existants de l'entité, de recouvrer ses créances en souffrance afin de payer de manière collective, proportionnellement à leur créance, les différents créanciers inscrits.

La loi établit elle-même l'ordre de désintéressement des créanciers parmi les super privilégiés, les privilégiés, les créanciers nantis et les créanciers chirographaires. Le trésor public jouit d'un privilège.

2.2.3. Les autres actions patrimoniales dirigées contre les actes du redevable

Les créanciers sont autorisés à prendre des mesures tendant à assurer le patrimoine de leurs débiteurs afin de se faire payer le moment venu.

Certains débiteurs demeurent inactifs alors qu'ils possèdent des créances envers d'autres entités. Il s'agit par les présentes procédures de palier leur négligence.

D'autres débiteurs, par malhonnêteté, procèdent à des actes d'appauvrissement au moyen de donations ou de ventes déguisées.

Pour combattre ces agissements, il est ouvert à leurs créanciers des actions judiciaires dites croisées : l'action paulienne et l'action oblique[264].

2.2.3.1. L'action paulienne

L'Action paulienne est une action en recouvrement engagée sur le patrimoine du débiteur.

Cette action découle de l'article 1167 du Code civil de 1804 qui dispose : « Les créanciers peuvent, en leur nom personnel, attaquer les actes faits par leur débiteur en fraude de leurs droits.»

---

[264] L'Auteur est connu dans les milieux de l'Administration fiscale sous cette appellation «actions croisées ; action oblique, action paulienne». En effet, au début des activités de la Division de la Conservation foncière de Pointe-Noire Centre à la Tour Mayombe, alors chargé de signifier et faire exécuter un jugement qui annulait une vente immobilière sur une propriété immatriculée au nom du nouvel acquéreur qui avait fait l'objet d'une promesse en vente en garantie d'un crédit bancaire consenti à l'ancien propriétaire promesse, « le promettant », l'Auteur de cet ouvrage était confronté à la résistance farouche des services de la conservation foncière qui n'avaient jamais entendu parler de ces actions sur le fondement duquel le jugement avait été rendu pour justifier l'annulation ou l'inopposabilité du Titre foncier. Tous, avec leur chef, prenaient position pour le nouvel acquéreur, en dépit de la signification de la grosse du jugement rendu! L'Auteur a dû passer des heures et des journées entières pour donner des explications sur ces notions avec l'appui du Code Civil annoté. D'où, l'appellation consacrée.

Il s'agit d'une action révocatoire qui tend à faire déclarer inopposable par le tribunal compétent les actes juridiques faits ou conclus par le débiteur avec le dessein de porter préjudice aux créanciers par la diminution de leur gage.

En effet, le principe de l'unicité du patrimoine suggère que toute personne ne dispose que d'un seul et même patrimoine.

Ce patrimoine, à son actif, comprend tous les biens, droits et actions que cette celle-ci possède et peut disposer librement. Au passif, celui-ci est composé de toutes les obligations et dettes ou charges auxquelles cette personne est astreinte.

C'est ce patrimoine, dans son unicité, qui répond des dettes vis-à-vis des créanciers. Il constitue donc leur gage.

Plus son actif est important et varié, plus sûrs seront les créanciers au moment de faire valoir leurs droits. Moins important il est, moins de chances auront-ils à entrer dans leurs droits.

C'est le créancier qui fait diligence dans les procédures de recouvrement qui a le plus de chances de se faire payer. Voilà pourquoi on dit qu'en droit civil le paiement est au prix de la course.

Or, pour échapper aux procédures simplifiées de recouvrement des créances et des voies d'exécution, le débiteur aura la malice de faire tous actes de simulation ou d'appauvrissement de son patrimoine : faire des donations aux tiers, vendre à vil prix, échanger tel bien de valeur par tel autre moins valeureux, etc.

De la sorte, les créanciers auxquels il devra faire face se retrouveront, le moment venu, dans la carence des biens à saisir. Cette ruse est une fraude appelée « fraude paulienne ».

Pour l'annihiler, le législateur du Code civil français de 1804 a prévu l'action révocatoire dite action paulienne qui consiste à attaquer ces actes pour, non pas s'en approprier, mais les faire revenir tout simplement dans le patrimoine de leur débiteur.

L'action paulienne vise à revaloriser le patrimoine du débiteur et à rendre inopposable à leurs bénéficiaires des actes faits par leur débiteur en fraude de leurs droits.

Une fois ramenés juridiquement dans le patrimoine – mieux rendus inopposables-, les biens du débiteur qui en étaient sortis peuvent alors être saisis par le créancier qui a tenté une telle action.

Enfin, il sied de noter que cette action ne s'applique pas aux droits extrapatrimoniaux du débiteur, à ceux attachés à sa personne et aux droits insaisissables.

Cette action vise donc à protéger les créanciers. Mais, on s'accorde à dire que son effet immédiat n'est pas la nullité des actes accomplis, mais plutôt leur inopposabilité à celui qui a engagé une telle action.

Elle profite donc uniquement à cette personne. On dit que l'action paulienne est une action personnelle avec effet révocatoire rétroactif.

La restitution du bien entraîne également celle des fruits perçus.

2.2.3.2. L'action oblique

L'action oblique est une autre action en recouvrement que les créanciers peuvent mettre en œuvre.

Cette action découle des dispositions de l'article 1166 du Code civil dont le texte est ainsi conçu : « Néanmoins les créanciers peuvent exercer tous les droits et actions de leur débiteur, à l'exception de ceux qui sont exclusivement attachés à la personne.»

Cet article, curieux, commence par «Néanmoins». Évidemment, parce que le principe posé à l'article précédent est celui de l'effet relatif des conventions légalement formées entre les parties contractantes et qui ne doivent pas nuire aux tiers.

L'action oblique est donc une exception à la règle. Elle tend à pallier la négligence ou l'inertie d'un débiteur quant aux diligences à faire pour protéger ses propres intérêts.

C'est une action exclusivement patrimoniale qui ne porte pas sur les droits attachés à la personne et autres droits extrapatrimoniaux dont dispose le débiteur.

Ce dernier doit manifestement faire preuve d'une carence ou négligence à engager des poursuites contre ses propres débiteurs.

Le créancier, pour sa part, doit justifier d'une créance établie à la fois certaine, liquide et exigible[265] et de l'intérêt à engager une telle action.

En effet, l'action oblique n'est ouverte que si la négligence du débiteur compromet les droits des créanciers[266].

La loi n'indique pas des conditions particulières de recevabilité pour la mise en œuvre de l'action oblique.

Toutefois, cette action vise à sauvegarder l'intérêt personnel du débiteur négligent. Ainsi, celui-ci est admis à intervenir dans l'instance engagée et faire écarter la demande pour défaut d'intérêt de celui qui l'a initié.

De même, le tiers contre qui l'action oblique est formée et avec lequel l'instance se trouve directement engagée [267]peut opposer le défaut d'intérêt du poursuivant.

En revanche, lorsqu'elle aboutit, cette action profite à tous les créanciers, dont le fisc qui peut, par ailleurs en être, l'initiateur.

Nous venons là d'examiner les différentes mesures que peut légalement initier le fisc dans l'expression de ses pouvoirs régaliens. En l'état actuel de la conscience des citoyens si toutes ces mesures étaient mises systématiquement en œuvre, nous ne savons pas dans quelle situation les administrateurs et les administrés dans leur ensemble se retrouveraient.

Dans bien de cas, l'Administration se montre diligente et intransigeante à affirmer son autorité dans le recouvrement des impôts et taxes, notamment envers les entreprises privées et certains petits commerçants.

Dans d'autres, elle paraît réticente à entrer en recouvrement de certains impôts, particulièrement dans le foncier ou l'immobilier où, il

---

265 Ré. 25 mars 1924 ; D.H. 1924.282 ; Civ. 1re, 4 janv. 1983, Bull. civ. I, n°1.
266 Civ. 3e, 19 juin 1969 ; Bull. civ. III, n°498 ; Civ., 1re, 14 juin 1984, Bull. civ. I, n°197.
267 Civ. 11 juill.1951, D.1951.586.

nous semble, toutes les fortunes, grandes ou petites, paraissent être concernées au vu des dispositions actuelles.

Au-delà de toutes ces considérations, le problème majeur qui demeure est celui du choix des politiques susceptibles d'assurer aux entreprises et aux particuliers les conditions descentes de vie et de survie qui assurent leur développement et bien être à travers une fiscalité juste et équilibrée qui ne compromet pas le pouvoir d'achat des populations compte tenu des conditions actuelles d'existence.

QUATRIEME PARTIE

DROITS DES CONTRIBUABLES ET PROCEDURES CONTENTIEUSES

Le contribuable dispose des droits garantis par les textes en vigueur dont il peut se prévaloir vis-à-vis du fisc. Pour ce faire, il peut recourir à la procédure gracieuse (chapitre 9) et à la procédure contentieuse (chapitre 10). En cas d'échec, le recours à la justice demeure possible (chapitre 11).

CHAPITRE IX

PROCEDURE GRACIEUSE ET DROITS DU CONTRIBUABLE VERIFIE

Le contribuable mis en cause par l'Administration fiscale dispose du droit d'entrer en communication avec celle-ci pour défendre sa cause.

Comme il s'agit de faire face à l'Administration, le contribuable qui a sujet de se plaindre contre le fisc, notamment sur sa taxation, songera d'abord à faire connaître son opinion ou sa doléance à ladite Administration.

En matière fiscale la procédure gracieuse est en principe engagée pour solliciter, sous certaines conditions la bienveillance de l'Administration.

Nous verrons que le Code Général des Impôts a prévu une juridiction gracieuse ainsi que la procédure à suivre.

Les conditions requises pour mener une procédure contre l'Administration fiscale au sujet des impôts et taxes sont presque identiques autant pour la procédure gracieuse que pour la procédure contentieuse.

Nous présenterons brièvement les recours gracieux et les autres droits du contribuable vérifié (1), puis la juridiction gracieuse (2).

I. Les recours gracieux et les droits du contribuable vérifié

Les recours gracieux peuvent consister en une demande de clémence tendant à obtenir la remise ou la modération de l'impôt ; mesure que l'Administration, sous certaines conditions, peut aussi décider d'office (1). Le contribuable peut également recourir à une transaction (2). Nous évoquerons aussi succinctement les droits reconnus au contribuable vérifié (3).

1.1. Demande de remise ou modération de l'impôt et le dégrèvement d'office

La motivation du contribuable n'est pas de contester la taxation ou de formuler un grief quelconque contre l'Administration fiscale.

Sa requête, bien au contraire, tend à obtenir la renonciation de l'Administration à tout ou partie de son droit.

En effet, ici le contribuable demande à l'Administration d'abandonner tout ou partie de sa créance. Cette remise ou modération résulte d'un acte unilatéral de l'Administration.

Cet acte peut être accompli à la suite d'une demande formulée par le contribuable en difficulté.

Lorsqu'on aboutit à un tel résultat sur initiative des services compétents de l'Administration elle-même, en dehors de toute demande du contribuable, on se trouve dans la procédure du dégrèvement d'office.

En effet, la juridiction gracieuse connaît des demandes tendant à obtenir de la bienveillance de l'autorité administrative, en cas de d'indigence ou de gêne mettant le contribuable dans l'impossibilité de se libérer envers le Trésor, la remise ou la modération d'impositions régulièrement établies[268].

Le contribuable est donc admis à formuler une telle demande. De même, les agents de l'assiette peuvent à toute époque rectifier les erreurs d'impositions par voie de dégrèvement d'office[269].

C'est le Directeur Général des Impôts qui statue sur les états de dégrèvement d'office qui lui sont présentés. Il notifie sa décision à l'agent de l'assiette qui a proposé le dégrèvement et à l'agent chargé du recouvrement.

---

[268] Article 422-2) du CGI-Tome1.

[269] Article 438 du CGI-Tome 1.

Il importe de souligner qu'il s'agit ici des impôts et pénalités établis et non contestés par le contribuable.

Lorsque cette demande porte sur le principal des impôts, il peut s'agir de la contribution foncière due par les propriétaires, notamment en cas de destruction totale ou partielle, ou de démolition volontaire en cours d'année, d'immeubles faisant l'objet de taxation ou encore en cas d'interruption de la location de maisons d'habitation louées, lorsque la durée totale de la vacance a été de six (6) mois consécutifs[270].

Il peut aussi s'agir, de manière générale, dans tous les cas où, par suite de gêne ou d'indigence, le contribuable ne peut acquitter tout ou partie de ses cotisations.

L'indigence justificative de remise ou modération d'impôt doit être établie. Elle ne doit pas être confondue à un simple défaut de prospérité plus ou moins passager d'entreprises commerciales, industrielles, forestières, minières ou agricoles.

S'agissant de la remise de pénalités, elle met en jeu le service d'assiette ou de la majoration de 10% et celui du recouvrement ; la décision revenant toujours à la Direction Générale des Impôts.

Cependant, sauf cas prévus aux articles 435 à 437[271] et 452 à 456[272] du CGI-Tome 1, aucune autorité publique ne peut en principe accorder des remises ou des modérations des impôts et taxes existants si elles ne sont pas prévues par la loi[273].

Toutefois, en ce qui concerne les pénalités y afférentes, des remises ou modérations peuvent être accordées lorsqu'elles concernent des dispositions devenues définitives[274].

---

[270] Article 446-1) du CGI Tome 1.

[271] Ces dispositions concernent les demandes présentées par le service du recouvrement au sujet des états de cotes indûment imposés (cotes établies par faux ou double emploi) lorsqu'il s'agit de contribuables qui ne peuvent réclamer eux-mêmes ou dont le domicile est inconnu.

[272] Ces dispositions concernent les états des cotes irrécouvrables (impositions dont le recouvrement s'avère impossibles, les cotes indûment imposées qui n'auraient pu être inscrites sur les états).

[273] Article 422-3) alinéa 1 du CGI-Tome 1.

[274] Article 422-3) alinéa 2 du CGI-Tome 1.

1.2. Demandes de transaction

Le contribuable peut formuler une demande de transaction. Elle peut intervenir quasi bien dans le cadre du recours gracieux que d'un recours hiérarchique ou d'une procédure contentieuse.

Contrairement au dégrèvement d'office, à la demande de remise ou de modération des impôts au travers desquels l'Administration prend un acte unilatéral, la transaction, même en matière fiscale, est un acte contractuel.

En effet, il s'agit, ici, d'un contrat, au sens de l'article 2044 du Code Civil[275] qui consiste en des concessions réciproques et interdiction d'introduction ou reprise de procédure contentieuse. Elle doit être écrite.

Le recours à la transaction peut être à titre préventif, avant la naissance du contentieux. Il peut aussi intervenir au cours du contentieux.

Les parties décident de s'entendre d'avance ou au cours du litige né; chacune d'elles accordant des remises à l'autre : on perd un peu par ici, on gagne un peu par là. Toutes les deux parties sont satisfaites-pourrait-on dire.

En effet, selon l'article 422 bis[276]du CGI-Tome 1, dans le cadre d'une transaction fiscale, le contribuable peut solliciter une modération totale ou partielle des pénalités dans les deux cas suivants :

- a) avant la mise en recouvrement suivant une procédure de contrôle ;
- b) durant toute la procédure contentieuse.

Dans les deux cas, le contribuable fait une proposition des sommes à payer et de leurs modalités de paiement. En cas d'acceptation de cette proposition de transaction, le contribuable s'engage expressément :

---

[275] La transaction est un contrat par lequel les parties terminent une contestation née, ou préviennent une contestation à naître.
[276] (LF 2013).

- à ne pas introduire une réclamation contentieuse ou gracieuse ultérieure ;
- à se désister des réclamations ou des requêtes par lui introduites ;
- à acquitter immédiatement les droits et pénalités restant à sa charge.

La transaction ne porte donc pas sur le principal de l'impôt, quelle qu'en soit sa nature. Elle ne concerne que les pénalités encourues ou prononcées portant sur des impositions non définitives.

1.3. Les droits du contribuable vérifié

Les droits dont il s'agit ne concernent pas à proprement parler la procédure gracieuse. Le contribuable peut s'en prévaloir à tout moment.

Nous avons simplement voulu traiter le sujet dans la présente section ; car nous ne pouvions pas en faire un chapitre à part.

À ce propos, il convient de dire que le législateur a amélioré[277] la protection du contribuable vérifié.

En effet, suivant le texte de l'article 390 bis du CGI -Tome 1 issu de la modification apportée par la loi des finances pour 2019, lorsqu'elle envisage un redressement à la suite d'une vérification, l'Administration doit faire connaître au redevable la nature et les motifs du redressement envisagé.

Elle invite en même temps l'intéressé à faire parvenir son acceptation ou ses observations dans un délai de trente (30) jours à compter de la réception de cette notification.

Si le redevable donne son accord dans le délai prescrit ou si les observations présentées dans ce délai sont reconnues fondées, l'Administration procède à l'établissement d'un rôle ou à l'émission d'un Avis de mise en recouvrement sur la base acceptée par l'intéressé.

---

[277] La DGID parle du renforcement des droits du contribuable vérifié.

À défaut d'accord après la réponse du contribuable dans le délai prescrit, l'Administration, dans son pouvoir régalien, fixe la base de l'imposition et calcule le montant de l'impôt exigible du droit de réclamation du redevable après l'établissement du rôle ou l'émission d'un avertissement.

La fixation de la base de l'imposition et le calcul du montant de l'impôt exigible doivent se faire dans un délai maximum de soixante (60) jours à compter de la réception des observations du contribuable, sous peine de nullité de la procédure.

Si donc, l'Administration ne parvient pas dans ce dernier délai, dans son élan de redressement fiscal, à notifier au contribuable vérifié le montant de l'impôt retenu et faire connaître la base d'imposition ainsi que le mode de calcul toute la procédure de redressement est viciée.

L'Administration ne peut plus y revenir.

Par ailleurs, au titre des droits reconnus aux contribuables, nous pouvons également noter la garantie du secret professionnel et le droit à la communication des extraits de Rôles.

Les article 405 et 406 alinéa 1 du CGI-Tome 1 prescrivent à cet effet que les contribuables ne sont autorisés à se faire délivrer des extraits des Rôles des impôts et taxes visés par le Code Général des Impôts suivant des dispositions législatives ou réglementaires applicables aux contributions directes et indirectes, qu'en ce qui concerne leur propre cotisation.

Dans le souci du respect du secret professionnel, tous les avis et communication échangés entre les agents de l'Administration ou adressés par eux aux contribuables et concernant spécialement les impôts et taxes visés au Code Général des Impôts doivent être transmis sous enveloppe fermée.

Le souci du législateur est d'assurer au contribuable un minimum de dignité et de décence dans l'exercice de ses activités professionnelles. Le secret professionnel est analysé ici comme un aspect de la vie privée du contribuable qui est protégée par l'article 9 du Code civil de 1804.

II. La juridiction gracieuse en action

Nous entendons par ici noter la composition et les modalités de saisine, d'une part (1) et le sort des décisions qui sont prises, d'autre part (2).

2.1. Composition et saisine de la juridiction gracieuse

En matière gracieuse, les demandes en remise ou modération des impositions ouvertes aux propriétaires assujetties à la contribution foncière qui se trouvent réellement hors d'état de se libérer envers le Trésor sont formulées par simple requête adressée à la direction générale des impôts.

Cette requête doit parvenir à l'Administration compétente dans le mois de l'événement qui la justifie.

À ce sujet, seule la date de réception par cette administration est opposable aux parties[278].

Les demandes motivées par la gêne ou l'indigence, quant à elles, peuvent être présentées à tout moment.

Lorsque, dans le cadre de l'exercice normal de leurs fonctions, le directeur des contributions directes et indirectes ou le directeur des vérifications générales, des enquêtes fiscales et des recoupements ont pris une mesure de taxation vis-à-vis d'un contribuable qui a sujet de faire une réclamation, celui-ci peut d'abord formuler sa demande vis-à-vis de ladite autorité.

Ce contribuable a la faculté de saisir le Directeur Général des Impôts dans le cas où il n'est pas satisfait[279], puis le ministre des finances[280].

On voit que par la procédure administrative gracieuse s'entremêlent les recours gracieux et les recours hiérarchiques.

---

278 Article 447 & 448 du CGI-Tome 1.

279 Article 450 alinéa 1 du CGI-Tome 1.

280 Article 450 alinéa 2 du CGI-Tome 1.

En effet, en matière de réclamation introduite par les contribuables, le pouvoir de statuer est exercé :

- par le directeur départemental des impôts et des domaines dans la limite de 30 000 000FCFA ;
- par le directeur général des impôts et des domaines, lorsque les droits et pénalités contestés sont inférieurs ou égaux à 500 000 000FCFA ;
- par le ministre chargé des finances au-delà de la limite susdite[281].

2.1.1. Conditions de recevabilité des réclamations

Nous reprécisons que les mêmes conditions de présentation de la requête sont énoncées pour la procédure contentieuse.

Nous renverrons le lecteur aux présents développements lorsque nous traiterons de la procédure contentieuse.

Néanmoins, dans le cadre d'une demande de remise d'impositions pour indigence ou gêne, nous ne comprenons pas le bien fondé des garanties financières exigées par la loi. Tout au plus, les frais de traitement du dossier auraient suffi, à notre entendement.

Toutefois, pour le législateur la requête du contribuable doit obéir à un certain contenu.

2.1.2. Contenu de la requête

- La requête doit être formulée par écrit ;
- Être accompagnée d'un mandat régulier, timbré et enregistré si l'on est mandaté[282] ;
- Faire mention de la contribution à laquelle la réclamation s'applique ;
- La production de l'avertissement ou de l'Avis de mise en recouvrement contesté ;
- Numéro de l'article du rôle ou de l'avis sous lequel figure cette contribution ;

---

[281] Article 430 bis du CGT-Tome 1.

[282] Article 427 du CGI-Tome 1.

- L'exposé des moyens justificatifs soutenant les prétentions[283]

2.1.3. Pièces justificatives et frais de traitement

Outre la production des titres de taxation contestés, le requérant doit, pour toute demande de remise gracieuse des pénalités, accompagner sa requête des frais de traitement[284].

De même, le traitement de toute réclamation contentieuse ou de toute demande de remise gracieuse de pénalités régulièrement introduite donne lieu au paiement, au moment du dépôt de la réclamation ou de la demande par le requérant, d'un droit égal à 5 pour mille des sommes contestées ou sollicitées en remise, sans être inférieur à 10 000FCFA.

À la suite de l'extinction du contentieux, les frais de traitement de dossier sont comptabilisés au Trésor public et rétrocédés à l'Administration fiscale[285], contrairement au sort du montant de la garantie constituée dans le cadre d'une réclamation contentieuse qui constitue un acompte lorsque la réclamation du contribuable est non fondée[286].

La question de garanties financières se posera si le contribuable sollicite et entend bénéficier du sursis de la décision.

Il importe à présent d'examiner les décisions que la juridiction gracieuse émet, notamment leur portée juridique et les voies de recours qui y sont ouvertes aux contribuables.

2.2. Les décisions de la juridiction gracieuse

Nous évoquerons les attributions et l'instruction des affaires, d'une part ; le délai pour statuer et le sort de la décision, d'autre part.

2.2.1. Attributions et instruction des affaires

Les attributions de la juridiction gracieuse sont définies à l'article 422-2) du C.G.I.-T1.

---

[283] Article 429 du CGI-Tome 1.
[284] Article 458 bis alinéa 1 du CGI-Tome 1.
[285] Article 458 bis dernier alinéa du CGI-Tome 1.
[286] Article 458 bis alinéa 2 du CGI-Tome 1.

Aux termes de ce texte, la juridiction gracieuse connaît des demandes tendant à obtenir de la bienveillance de l'autorité administrative, en cas d'indigence ou de gêne mettant les contribuables dans l'impossibilité de se libérer envers le Trésor, la remise ou la modération d'impositions régulièrement établies.

Elle statue également sur les demandes en remise de pénalités et les demandes d'admission en non-valeur de cotes dont le recouvrement n'a pu être effectué (état des cotes irrécouvrables présenté par les comptables chargés de la perception).

Il faut donc distinguer selon que la demande du contribuable porte sur le principal c'est-à-dire la remise ou la modération des impositions établies (article 446 à 450 du CGI-Tome 1) ou sur la remise de pénalités (article 451).

Dans l'instruction des dossiers, ainsi que nous l'avons exposé ci-dessus, les dispositions des articles 427, 429, 430, 430 bis, 432 et 433 du CGI-Tome 1, prévues pour la juridiction contentieuse, s'appliquent aussi à la procédure gracieuse[287] sur le principal comme pour les pénalités.

Mais, les demandes relatives aux pénalités doivent parvenir à la DGI dans le délai de deux (2) mois à partir du jour où le contribuable a eu connaissance de sa dette par les premières poursuites avec frais[288].

Hormis cette nuance, lorsqu'elle est saisie d'une requête, la Direction Générale des Impôts prépare les feuilles d'instruction et les communique soit pour avis, aux agents qui ont établi la taxation pour les affaires relevant de sa compétence et de celle du Ministre des finances, soit pour décision, au Directeur intéressé qui doit au préalable prendre l'avis des agents ayant établi la taxation.

Les réclamations sont instruites dans le délai de trois (3) mois à compter de la communication aux agents taxateurs[289].

---

[287] Article 449 du CGI-Tome 1.

[288] Article 451 alinéa 1.

[289] Article 430 alinéa 2 du CGI-Tome 1.

2.2.2. Délai pour statuer et sort de la décision gracieuse

Suivant les propositions recueillies, la décision est prise par l'autorité compétente qui statue dans un délai de six (6) mois à compter de la date de réception de la réclamation par la Direction Générale des Impôts.

Cette décision est par la suite notifiée par la Direction Générale des Impôts au requérant, à l'agent de recouvrement et à l'agent qui a établi la taxation[290].

Dans le cas de la demande en remise ou modération touchant au principal, la décision issue de la procédure gracieuse peut être d'abord attaquée par la voie du recours hiérarchique.

Ainsi, le contribuable a la faculté de saisir le Directeur Général des Impôts dans le cas où la décision du Directeur des contributions directes et indirectes ou du directeur des vérifications générales, des enquêtes fiscales et des recoupements ne lui donne pas satisfaction. Il en est de même de la décision du directeur général qui peut être portée devant le ministre des finances[291].

Dans le pire des cas, on imagine que le contribuable, ayant satisfait à la règle du recours administratif préalable peut bien saisir le juge administrative de sa prétention.

Tout le problème est de savoir si le juge administratif peut se substituer à l'Administration si celle-ci ne fait pas preuve de bienveillance à l'égard du contribuable dont la gêne ou l'indigence sont établies.

Il faut souligner qu'en matière gracieuse tout comme en matière contentieuse, dans les limites de la loi, la demande du contribuable peut bien déboucher à une transaction comme nous l'exploiterons dans le prochain chapitre.

---

[290] Article 433 du CGI-Tome 1.

[291] Article 450 du CGI-Tome 1.

Nous venons de voir que les recours gracieux et hiérarchiques sont les premiers moyens dont dispose le contribuable face à la machine administrative en matière fiscale.

CHAPITRE X

LA PROCEDURE CONTENCIEUSE

Dans le présent chapitre, comme dans le précédent, nous passons en revue les principaux droits reconnus aux contribuables face à l'Administration fiscale.

Pour faire face à la crise économique et financière, l'État en quête des ressources pour son fonctionnement multiplie la pression fiscale sur les entreprises et les ménages.

Des dispositions fiscales contraignantes sont de plus en plus conçues. À chaque législature, on voit apparaître de nouveaux impôts, ceux existants sont revus systématiquement à la hausse. En même temps, dans chaque secteur d'activités, la parafiscalité tend à proliférer.

L'accompagnement des petites et moyennes entreprises et de l'entrepreneuriat local s'étiole.

À l'opposé, on assiste à une pression fiscale sans précédent. Des mécanismes de déclaration et de contrôle sont alourdis par des prescriptions et une documentation sans cesse croissante dont l'accomplissement occupe le contribuable qui n'a plus assez de temps pour se concentrer à la production de la valeur.

Des omissions ou des irrégularités sont assorties des amendes pénalisantes qui s'abattent sur des contribuables déjà asphyxiés par la crise économique, lâchés par des banques qui, elles-mêmes, sont menacées par le risque d'irrécouvrabilité de leurs créances.

À ce rythme, il faut éviter que des lois de plus en plus coercitives ne réduisent considérablement le champ d'expression des libertés publiques, collectives et individuelles, dans les domaines de l'économie, de l'entrepreneuriat, du commerce et des activités connexes à cause de l'impôt. Trop d'impôts tue l'impôt.

Dans un État de droit, le citoyen dispose de moyens légaux pour assurer la protection de sa personne, de sa famille et de ses biens contre les abus, notamment de l'Administration ou de ceux qui animent ses services. Il faut veiller à l'édiction et à la vulgarisation de ces instruments juridiques pour se prémunir contre la prééminence de l'État.

L'ignorance est, à ce sujet, l'ennemi n°1 à combattre. Car, il existe plusieurs dispositions parsemées dans le Code Général des Impôts qui assurent aux contribuables les droits de communication, d'opposition, de revendication et de défense devant le fisc et les instances judiciaires. Ce sont ces mécanismes qui seront abordés dans le présent chapitre.

La procédure d'instruction ainsi que les modalités de saisine et les conditions de recevabilité des requêtes, y compris les garanties à fournir sont quasiment les mêmes conformément à l'article 449 du C.G.I-T1 qui renvoie aux dispositions des articles 427 ; 429 ; 430 ; 430 bis ; 432 et 433 précédemment examinées.

C'est pourquoi, nous nous contenterons d'indiquer ici le champ d'action de la juridiction contentieuse (2). Toutefois, nous présenterons au préalable la nature de ces réclamations (1). Nous examinerons aussi le sursis à exécution ouvert au contribuable (3).

I. Les réclamations en matière contentieuse

La procédure contentieuse porte sur une réclamation ou contestation. Il importe de déterminer leur nature. De manière générale, le contribuable formule sa contestation sur les sommes à payer (1). Mais, il arrive qu'il dirige son action sur l'assiette même de l'impôt ou l'impôt lui-même (2).

1.1. La contestation des sommes d'argent

Le champ de compétence des réclamations contentieuses est défini à l'article 422.-1) du CGI-Tome 1.

Il comprend toutes les réclamations relatives aux impôts, droits ou amendes établis par les services dépendant de la Direction Générale des Impôts qui tendent à obtenir soit la *réparation d'erreurs commises dans l'assiette, soit le bénéfice d'un droit résultant d'une disposition législative ou réglementaire.*

Ici le mode de calcul effectué par l'administration fiscale est remis en cause. Le contribuable pense pouvoir payer moins ou être dans les limites du délai qui les soustraient des pénalités de retard.

Le recours à la transaction sur les pénalités des impôts et taxes intègre également ce champ[292].

Dans les mêmes termes, le redevable à la transaction doit se désister des réclamations ou requêtes par lui introduites, acquitter immédiatement les droits et pénalités restant à sa charge, renoncer à introduire toute réclamation contentieuse ou gracieuse ultérieure.

1.2. Les réclamations sur l'assiette de l'impôt

Les réclamations formulées par les contribuables portent généralement sur la quotité, le mode de calcul ou le double emploi dans l'imposition. Mais, il peut arriver que le contribuable porte sa réclamation sur le principe même de l'impôt.

En effet, le contribuable peut se contenter de contester l'assujettissement à tel impôt.

Une telle réclamation porte sur l'assiette de l'impôt.

Tout le problème est alors de savoir si, en raison de son statut, de ses activités, de sa taille ou autres un tel contribuable est passible de l'imposition mise à sa charge.

Tel est le cas d'un exploitant individuel ou agricole auquel on réclamerait le paiement de la taxe unique sur les salaires alors que celle-ci est due uniquement par les personnes morales employant un ou plusieurs salariés[293].

---

[292] Article 422 bis alinéa 1-b) et alinéa 2 du CGI-Tome 1.

[293] Loi n°08-2012 du 11 Mai 2012 portant loi de finances pour l'année 2012.

1.3. Le sursis à exécution

Les décisions administratives sont en principe exécutoires. C'est l'effet immédiat attaché à tout acte administratif.

Il s'agit d'une décision. Pour éviter des conséquences irréversibles de certaines mesures, il est permis à l'administré de présenter une réclamation assortie d'une requête en sursis à exécution.

Seulement, comme dans le cas de la demande de remise ou de modération des impositions, aucune autorité publique ne peut accorder le sursis à exécution des impôts et taxes existants si une telle mesure n'est pas prévue par la loi[294].

Sauf dispositions contraires, les réclamations en matière fiscale, pour emporter sursis de recouvrement ou de poursuites, sont assujetties à la constitution des garanties financières prévues à l'article 441 CGI-Tome 1[295].

1.3.1. Constitution de garanties financières

Sauf dispositions contraires, les réclamations en matière fiscale sont, pour emporter sursis de recouvrement ou de poursuites, assujetties à la constitution des garanties financières. Ces garanties sont prévues à l'article 441 CGI-Tome 1[296].

Il ressort de ce texte mis à jour en 2019 que, le contribuable qui, par une réclamation régulièrement introduite, conteste le bienfondé ou la quotité des impositions mise à sa charge, peut surseoir au payement de la partie contestée desdites impositions s'il le demande dans sa réclamation et fixe le montant ou précise les bases du dégrèvement auquel il prétend et à la condition de constituer des garanties propres à assurer le recouvrement de l'impôt.

Ces garanties peuvent être constituées par une consignation dans un compte d'attente au Trésor, des créances sur le Trésor, des obligations dûment cautionnées, des valeurs mobilières, des marchandises déposées dans les magasins agrées par l'État et faisant l'objet d'un

[294] Article 422-3 alinéa 1 in fine du CGI-Tome 1.
[295] Article 441 (LF2012, 2015, 2016, LFR 2016, LF2019).
[296] Article 441 (LF2012, 2015, 2016, LFR 2016, LF2019).

warrant endossé à l'ordre du Trésor, des affectations hypothécaires, une caution bancaire délivrée par une banque installée au Congo et présentée au comptable public.

À défaut de cette constitution de garanties, l'agent chargé du recouvrement peut prendre des mesures conservatoires ; en ce cas, la vente ne peut être effectuée pour la partie contestée de l'impôt jusqu'à ce qu'une décision soit prise, soit par le Directeur Général des Impôts, soit par la Cour d'appel.

Le comptable chargé du recouvrement accepte les garanties offertes par le contribuable après s'être assuré de leur conformité.

Il délivre une quittance en cas de dépôt de fonds au Trésor Public et notifie par lettre à l'ordonnateur, le dépôt de la caution de garantie et signifie la nature de ladite caution (chèque, lettre de garantie, etc.).

Lorsqu'un contribuable qui a demandé le bénéfice des dispositions des précédents alinéas est débouté en tout ou partie, il est redevable d'un intérêt de retard calculé sur les sommes contestés à tort.

Cet intérêt est de 1% par mois entier écoulé entre la date de l'enregistrement de la réclamation à la Direction Générale des Impôts, ou la date d'exigibilité de l'impôt si elle est postérieure, et la date de la décision du Directeur Général des impôts ou de de la cour d'Appel, ou celle du paiement si l'impôt est acquitté avant décision.

L'intérêt est exigible en totalité dès l'émission d'un titre de perception par le service d'assiette.

L'instruction par l'administration de toute réclamation fiscale est assujettie au dépôt préalable, auprès du contribuable public, d'une garantie d'un montant en principal et en pénalités dont le taux est égal à :

- dix pour cent (10%) pour un montant contesté inférieur ou égal à cinq cent millions (500 000 000) de francs CFA ;
- cinq pour cent (5%) pour un montant contesté inférieur ou égal à un milliard cinq cent millions (1 500 000 000) de francs CFA ;
- deux virgule cinq pour cent (2,5%) pour un montant supérieur à un milliard cinq cent millions de francs CFA.

Le réclamant doit payer la partie non contestée des impositions mis à sa charge.

Donc, la demande en sursis doit être expressément formulée, en plus des garanties à fournir comme nous l'avons examiné précédemment.

II. Juridiction contentieuse

Nous examinerons la composition et la procédure suivie devant la juridiction contentieuse (1), puis la portée de ses décisions (2).

2.1. Composition et saisine de la juridiction contentieuse

Tout contribuable qui se croit imposé à tort ou surtaxé par l'Administration fiscale peut présenter une demande écrite formant requête introductive d'instance[297]. La requête est adressée à la Direction Générale des Impôts.

La réclamation doit parvenir à la Direction Générale des Impôts et des domaines dans les trois (3) mois à compter de la réception de l'Avis de mise en recouvrement du rôle ou du versement de l'impôt contesté, sans préjudice des délais accordés par la loi pour des cas spéciaux[298].

La connaissance de l'existence de l'imposition résulte soit du premier versement effectué sur la cotisation contestée, soit de toute autre circonstance nettement caractérisée[299].

Si la réclamation résulte d'un double emploi, les contribuables ayant reçu de nouveaux avertissements sur les mêmes cotisations acquittées sont admis à réclamer dans les trois mois de la nouvelle remise.

En principe, seul le contribuable concerné est admis à introduire et soutenir sa réclamation. Il faut donc justifier de l'intérêt à agir[300].

---

297 Article 423 du CGI-Tome 1.
298 Article 425 alinéa 1 du CGI-Tome 1.
299 Article 425 alinéa 2 du CGI-Tome 1.
300 Article 427 alinéa 1 du CGI-Tome 1.

Toutefois, il peut délivrer mandat écrit, timbré et enregistré à une personne désignée pour le représenter[301].

Les conditions de recevabilité, de présentation de la requête et des quittances justificatives qui l'accompagnent, y compris les garanties financières sont les mêmes que celles exigées pour la procédure gracieuse.

Les affaires sont instruites, jugées et notifiées également dans les mêmes termes[302].

Enfin, en matière de saisies, le contribuable est admis à former opposition.

Les tiers sont également admis à revendiquer les objets saisis.

L'article 499 C.G.I-Tome 1 prévoit expressément que les oppositions formées par le saisi et ses créanciers sont valablement faites entre les mains du comptable saisissant ou auprès du porteur de contraintes.

Les demandes de revendication d'objets saisis sont signifiées au gardien et dénoncées au saisissant et au saisi.

Elles doivent être précédées du dépôt d'un mémoire entre les mains du trésorier-payeur Général.

2.2. La portée des décisions de la juridiction contentieuse

Les décisions rendues par la juridiction contentieuses sont susceptibles d'être attaquées par voie d'appel devant la juridiction judiciaire de la cour d'appel.

À défaut de décision à l'expiration du délai d'un mois, il est permis aux parties de se pourvoir devant les tribunaux.

Le Tribunal statue exclusivement au vu des justifications soumises au trésorier-payeur. Les contribuables revendiquant ne sont admis ni à lui soumettre des pièces justificatives autres que celles qu'ils ont déjà produites à l'appui de leurs mémoires, ni à invoquer dans leurs

---

[301] Article 427 alinéa 2 du CGI-Tome 1.

[302] Articles 430 ; 430 bis ; 432 ; 433 et 434 du CGI-Tome 1.

conclusions des circonstances de fait autres que celles exposées dans leurs mémoires.

CHAPITRE XI

LA PROCEDURE JUDICIAIRE

La procédure judiciaire ouverte au contribuable résulte de l'échec des recours administratifs.

Lorsque le désaccord persiste entre l'Administration fiscale et le contribuable ou lorsque l'Administration oppose un silence aux réclamations du contribuable, il ne lui reste que la voix du contentieux juridictionnel.

La loi n°51-83 du 21 avril 1983 portant code de procédure civile, commerciale, administrative et financière n'a prévu qu'un article[303] sur la procédure fiscale aux termes duquel : « *en matière de contentieux des impôts lorsque le tribunal populaire de région ou de commune est compétent et saisi notamment en vertu de l'article 434 du code général des impôts les règles de procédure sont prévues par le code général des impôts (Tome 1 et Tome 2).* »

Le fameux article 444 du Code Général des Impôts Tome 1 est ainsi conçu : « *Périodiquement, les agents de service communiquent aux comptables chargés du recouvrement, la liste des dégrèvement qu'ils proposent d'office et des contribuables qui ont adressé une requête concernant l'une ou l'autre de leurs impositions. Dans ce dernier cas, les agents de l'assiette se bornent à préciser la nature de la contribution contestée et à indiquer si la demande paraît fondée ou non préjuger de la décision.* »

Dans le cadre du contentieux porté devant les instances juridictionnelles ordinaires, nous envisageons le contentieux la suite

[303] Article 416 alinéa du CPCCAF.

de la procédure contentieuse sur les demandes en décharge ou réduction des impôts non satisfaites par l'autorité administrative alors que le contribuable se croit imposé à tort ou surtaxé[304].

En effet, lorsque la décision de l'autorité administrative qui a pouvoir de statuer (directeur départemental des impôts et des domaines, directeur général des impôts et ministre chargé des finances)[305] ne donne pas satisfaction au contribuable, celui-ci a la faculté, dans le délai de trois mois de la notification de la décision, de porter le litige devant le Tribunal compétent, conformément à la loi n°22-92 du 20 août 1992 portant organisation du pouvoir judiciaire en République du Congo[306]. Il en est de même en cas du silence de l'administration plus de six mois à compter de la date du dépôt de la requête[307].

Dans ce cas nous nous trouvons en présence d'un procès engagé contre l'Administration qui nécessite, en pareils cas, le respect des règles de procédure administrative pour la saisine de la juridiction administrative (1). Les décisions rendues sont opposables aux parties en litige (2).

Mais, dans ce cas, s'agit du recours pour excès de pouvoir ou du recours en cassation?

I. Saisine et attribution de la juridiction administrative

En matière de contentieux administratif les attributions juridictionnelles sont partagées entre les tribunaux administratifs, les cours d'appel et la chambre administrative de la cour suprême[308].

1.1. Les juridictions de fond compétentes

Les articles 48, 62 ; 82 et 83 de la loi n°22-92 du 20 août 1992 portant organisation du pouvoir judiciaire avaient fait du tribunal de grande instance le juge de droit commun en matière administrative. La loi n°19-99 du 15 Août 1999 modifiant et complétant certaines

---

304 Article 423 du CGI-Tome 1.

305 Article 430 bis du CGI-Tome 1.

306 Article 434 alinéa 1 du CGI-Tome 1.

307 Article 434 alinéa 2 du CGI-Tome 1.

308 Pour des amples développements *Cf.* Placide MOUDOUDOU, *Droit Administratif congolais,* L'Harmattan, 2003, P.P.85.

dispositions de la loi n°022-92 du 20 Août 1992 portant Organisation du pouvoir judiciaire a ouvert, en son article 80, la possibilité de création des tribunaux administratifs. De nos jours, ceux-ci fonctionnent pleinement à Brazzaville comme à Pointe-Noire où ils connaissent des litiges impliquant l'Administration.

Le tribunal administratif est, en matière administrative, juge de droit commun en premier ressort, et au plan contentieux, il est au cours des instances dont il est saisi, compétent pour interpréter les décisions des diverses autorités administratives et apprécier leur régularité juridique, à la demande de l'une des parties, sans pouvoir en prononcer l'annulation qui est de la compétence de la Cour Suprême.

À ce titre, le tribunal administratif connaît :

1° de toutes les actions tendant à faire déclarer débitrice les collectivités publiques soit à raison des marchés publics conclus par elle, soit à raison des travaux publics qu'elles ont ordonnés, soit encore à raison de tous actes ou activités de leur part ayant porté préjudice à autrui ;

2° du contentieux des contributions perçues par les collectivités publiques ;

3° De tous les litiges portant sur les avantages pécuniaires ou statutaires reconnus aux fonctionnaires et Agents publics des diverses administrations, notamment aux fins de redresser les situations de carrières inadéquates et de prononcer le cas échéant, la réparation qui leur est due pour le préjudice ;

Des actions intentées par les Administrations contre les particuliers, ou d'autres administrations lorsqu'elles se rapportent à des relations relevant du droit public[309].

Cette juridiction toujours en premier ressort et à charge d'appel[310].

En matière fiscale, les cours d'appel, aux termes de l'article 49 de la loi n°19-99 du 15 Août 199 modifiant et complétant certaines dispositions de la loi n°022-92 du 20 Août 1992 portant Organisation du pouvoir judiciaire, *connaissent en premier et dernier ressort, entre*

---

[309] Article 83 de ladite loi.
[310] Article 84 de la même loi.

autres, « -des litiges relatifs à l'assiette, au taux de recouvrement des contributions directes, des taxes assimilées et des impositions de toutes natures perçues en matière de contributions directes et notamment des demandes ou décharge ou réduction formulées par les contribuables ainsi que des demandes en annulation des actes de saisies ou de poursuites administratives.»

Il ressort de ce texte, bien que le tribunal administratif soit juge de droit commun en matière de contentieux administratif, c'est à la cour d'appel, dans sa formation administrative, que revient de droit le contentieux fiscal en matière d'impôts directs. Car, elle statue en premier et dernier ressort.

Cette attribution paraît conforme à l'article 437 du CGI-Tome 1 en matière des demandes présentées par le service du recouvrement des impôts au sujet des états de côtes établies par faux ou double emploi ainsi que les côtes qui paraissent établies à tort (pour le cas des contribuables qui ne peuvent pas réclamer eux-mêmes ou dont le domicile est inconnu).

Cet article prévoit, en effet, que le contribuable, non satisfait de la décision du Directeur Général, dispose d'un délai de trois (03) mois à compter de sa notification pour porter l'affaire devant la Cour d'appel. Il importe de rappeler que la République du Congo a opté pour le système de l'unicité des juridictions contrairement en France où il existe un ordre juridictionnel administratif de la base au sommet distinct de l'ordre juridictionnel judiciaire. Il n'existe donc pas de cours d'appel administratives, mais plutôt de chambres administratives en leur sein.

Le tribunal administratif n'est donc compétent en matière fiscale que du *contentieux des contributions perçues par les collectivités publiques.*

Dans tous les cas, on voit bien que ces juridictions de fond connaissent en premier et dernier ressort de la totalité du contentieux de pleine juridiction alors que contentieux pour excès de pouvoir (celui de l'annulation par voie d'action directe) relève de la cour suprême. Ceci a fait écrire à monsieur Placide MOUDOUDOU que « Le principe du double degré de juridiction n'a donc été formellement retenu que pour la première branche du contentieux administratif, et non pour celui de l'excès de pouvoir. »[311]

1.2. La juridiction de cassation

La chambre administrative de la cour suprême du Congo fait office de juge de cassation des décisions rendues dans le contentieux de pleine juridiction.

C'est elle qui est appelée à se prononcer sur les recours formés contre les décisions rendues en premier et dernier recours par les juridictions de fond, notamment la chambre administrative de la cour d'appel.

En cas de double pourvois dans la même affaire, entre les mêmes parties, et pour les mêmes motifs, les chambres réunies de la cour suprême sont appelées à suppléer la chambre administrative.

1.3. Le traitement des incidents

Les incidents en matière administrative ont souvent trait à l'interprétation ou à l'appréciation de la légalité des actes que peut prennent l'autorité administrative.

Lorsqu'à l'occasion du procès administratif, une partie invoque l'illégalité du texte de droit sur la base duquel le juge entend fonder partiellement ou totalement sa décision, il y a lieu de suspendre le cours du procès, de régler ou faire régler préalablement cet incident. Il peut aussi arriver qu'une partie ait une autre lecture de la décision ou de l'acte administratif ou qu'elle prétende qu'une autre juridiction serait compétente.

On dit alors qu'il y a question préjudicielle : en pareilles circonstances, en France, la juridiction de fond suspendrait le procès ; le temps de la saisine de la juridiction supérieure jusqu'à ce que celle-ci vide sa saisine.

Au Congo, le juge de fond (tribunal ou cour d'appel) est toujours compétent pour connaître des exceptions soulevées devant lui au cours de la procédure qui ne constituent jamais pour lui de questions

[311] Placide MOUDOUDOU, op.cit.P.85.

préjudicielles qui l'obligerait à suspendre le cours du procès et à renvoyer la question devant le juge de la légalité[312].

II. La procédure administrative contentieuse (juridictionnelle)

Il est question d'examiner les conditions de recevabilité (1), les moyens et le sursis à exécution (2).

2.1. Les conditions de recevabilité

Nous allons citer :

2.1.1. Les recours administratifs et demande préalables

Suivant les dispositions de l'article 397 du CPCCAF « Toute action ne peut être portée en justice si elle n'a été précédée d'un recours gracieux ou hiérarchique, ou d'une demande préalable.»

Le réclamant, en matière fiscale, ne peut donc saisir directement la juge administratif sans avoir, au préalable, présenté sa prétention devant l'autorité administrative, comme examiné ci-dessus. Il ne s'agit, non pas d'une faculté, mais d'une obligation.

Aux termes de ce texte, il dispose de trois (03) possibilités

D'abord, il peut formuler un recours gracieux. En ce sens, il revient en principe devant la même autorité pour tenter d'obtenir la révision de sa position.

La procédure s'apparente à une demande en rétractation en matière d'ordonnances rendues sur requête. En effet, la loi prévoit que s'il est fait droit à la requête, tout intéressé peut en référer au président qui l'a rendue[313]. Car, le juge des requêtes a toujours la faculté de rétracter son ordonnance quand bien même les juges du fond seraient saisis de l'affaire[314].

Suivant les procédures fiscales, le recours gracieux devant la juridiction gracieuse est prévu pour toute demande tendant à solliciter la bienveillance de l'Administration en cas d'indigence ou de gêne mettant les contribuables dans l'impossibilité de se libérer envers le

---

312 Article 403 du CPCCAF.

313 Article 225 du C.P.C.C.A.F.

314 Article 227 du C.P.C.C.A.F.

Trésor. Dans ce cas, le contribuable concerné vise la remise (effacement) ou la modération (diminution) des impositions qui sont régulièrement établies, non contestées et non contestables.

Ensuite, le contribuable peut recourir à la hiérarchie, si sa demande gracieuse n'a pas été satisfaite. Ceci est valable en matière de demandes de remise ou de modération des impositions motivées par l'indigence ou la gêne[315].

S'agissant de la procédure contentieuse en matière fiscale, nous avons vu que celle-ci porte plutôt sur une réclamation relatives aux impôts, droits ou amendes établis par les services de la direction générale des impôts formulée par le contribuable qui s'estime surtaxé ou imposé à tort et qui entend obtenir par sa requête, soit la réparation d'erreurs commises dans l'assiette ou le calcul des impositions, soit le bénéfice d'un droit résultant d'une disposition législative ou réglementaire[316].

Pour de telles demandes contentieuses, il nous semble que le recours est figé. Sauf erreur de notre part, on pourrait bien affirmer que l'on se trouve dans la troisième possibilité des recours ouverts aux justiciables contre l'Administration.

Car, la compétence *rationae valoris* des autorités appelées à connaître de ce genre de réclamations est bien définie à l'article 430 bis du CGI-Tome 1. Il s'agit du directeur départemental des impôts et des domaines dans la limite de 30 000 000FCFA, du directeur général des impôts et des domaines lorsque les droits et les pénalités contestés sont inférieurs ou égaux à 500 000 000FCFA et du ministre chargé des finances au-delà de la limite fixée pour le directeur général des impôts.

De plus, il n'est prévu, contre la décision rendue par chacune de ces autorités, que la faculté de saisine du tribunal compétent, conformément à la loi n°22-92 du 20 août 1992 portant organisation du pouvoir judiciaire en République du Congo[317].

---

[315] Article 450 du CGI-Tome 1.

[316] Article 422-1) & 426 du CGI-Tome 1.

[317] Article 434 alinéa 1 du CGI-Tome 1.

Cette loi, nous l'avons examiné, a été amendée en 1999 et a donné compétence de ce contentieux à la cour d'appel qui statue en premier et dernier ressort.

Pour Monsieur MOUDOUDOU la règle du recours administratif préalable « présente un avantage : l'administration et l'administré peuvent transiger, s'agissant spécialement du recours de plein contentieux.»[318]

2.1.2. Le respect des délais

La question de délais dépend de la nature du contentieux : plein contentieux ou recours en annulation pour excès de pouvoir.

En matière de plein contentieux, hormis le pourvoi en cassation devant la cour suprême et en cas de silence de l'Administration, il n'est prévu aucun délai pour la saisine de la juridiction administrative en matière de plein contentieux.

Le C.P.C.C.A.F prévoit spécialement que le délai pour la saisine de la juridiction administrative est de deux (2) mois[319], dans le cas du contentieux en annulation.

En cas de silence de l'Administration, aussi bien pour le recours gracieux ou hiérarchique le délai est de quatre (4) mois.

Toutefois, en matière fiscale le Code Général des Impôts a prévu des délais plus longs.

En effet, lorsque la décision de l'autorité administrative qui a pouvoir de statuer (directeur départemental des impôts et des domaines, directeur général des impôts et ministre chargé des finances)[320] ne donne pas satisfaction au contribuable, celui-ci a la faculté, dans le délai de trois (03) mois de la notification de la décision, de porter le litige devant le Tribunal compétent, conformément à la loi n°22-92 du 20 août 1992 portant organisation du pouvoir judiciaire en République du Congo[321].

---

[318] Op.cit. P.104. Voir aussi article 398 du C.P.C.C.A.F.

[319] Article 407 du CPCCAF.

[320] Article 430 bis du CGI-Tome 1.

[321] Article 434 alinéa 1 du CGI-Tome 1.

En cas de silence de l'administration fiscale, ce délai est porté à six (06) mois à compter de la date de la présentation de la requête[322].

On voit là, le caractère autonome du droit fiscal des affaires qui déroge aux délais classiques.

Quant aux délais de pourvoi, ils restent de deux mois à compter de la notification de la décision attaquée[323].

2.1.3. L'intérêt à agir

Le requérant doit avoir un intérêt personnel à agir ; cet avantage personnel qu'on peut tirer de l'affaire.

L'intérêt à agir est exigé à l'article 481 du CPCCAF. Nul, en effet, ne peut ester en justice s'il n'a...intérêt à agir[324]. Cette condition est sous entendue à l'article 427 du CGI-Tome 1.

2.1.4. La capacité et qualité à agir

La capacité et la qualité à agir sont exigées par le même article 481 suscité.

Dans la mesure où il s'agit du contribuable qui poursuit l'administration, les conditions sont celles des personnes physiques et des personnes morales, notamment avoir la majorité, être sain d'esprit, jouir de toutes capacités physiques et mentales ou justifier d'un mandat spécial ou être autorisé par l'organe délibérant.

En défense, l'Administration est assignée tant en défense qu'en intervention [325]:

---

322 Article 434 alinéa 2 du CGI-Tome 1.

323 Article 410 du C.P.C.C.A.F.

324 C.S. ch.adm.13 avril 2000 cité par monsieur Placide MOUDOUDOU, op.cit. P.106. En l'espèce la cour suprême, après avoir constaté que la défense des intérêts de la profession d'avocat est dévolue par l'article 8 de la loi n°26-92 du 20 août 1992 portant organisation de la profession d'avocat à la compétence exclusive du Conseil de l'ordre national des avocats, juge :« que dans ces conditions, le Barreau de Brazzaville ne saurait subir aucun grief du fait de l'admission au stage d'un certain nombre d'avocats ;...qu'il en résulte que le Barreau de Brazzaville ne possède ni qualité, ni intérêt pour ester en justice au sens de l'article 481 du CPCCAF.»

325 Article 395 du C.P.C.C.A.F.

1. L'État en la personne du ministère de la justice ;
2. Les établissements publics de toute nature en la personne de leur représentant légal ;
3. Les communes en la personne du maire ;
4. Les autres collectivités publiques en la personne de leur représentant légal.

Ainsi, en matière de contentieux fiscal, la procédure est valablement engagée contre le Directeur Général des Impôts.

2.2. Des moyens de recours et le sursis à exécution

Nous examinerons les moyens de recours à travers la présentation de la requête. Nous évoquerons en dernier lieu la question du sursis à exécution.

2.2.1. Présentation de la requête

La requête devant la juridiction administrative est écrite. Elle doit viser expressément la réponse explicite ou implicite de l'administration[326].

Elle doit évidemment présenter les moyens de recours soulevés au soutien de la requête et être accompagnée des pièces justificatives. Tous les éléments d'identification des parties, comme dans toute procédure judiciaire, doivent être réunis, notamment les noms, nationalité, professions, adresses, etc.

Dans le cas du pourvoi, il faut toujours joindre l'expédition de la décision attaquée. Le ministère d'avocat à la cour suprême est obligatoire.

2.2.2. Le sursis à exécution

Nous avons vu que la décision de l'Administration est exécutoire. L'article 401 du CPCCAF abonde dans ce sens. La demande en justice n'est pas suspensive de l'exécution de la décision contestée.

Toutefois, le sursis à exécution est ouvert au demandeur. Ce sursis n'est accordé que si l'exécution est susceptible d'entraîner un préjudice irréparable[327].

---

[326] Article 399 du C.P.C.C.A.F.

En matière de réclamation fiscale, nous avons vu que le sursis est conditionné à présentation des garanties financières. Si le réclamant a constitué de telles garanties, le problème ne se pose plus.

En somme, le recours étant formé, les parties sont suspendues à la décision de l'autorité judiciaire. Si le contentieux est tranché en faveur du réclamant, il lui est rendu justice. Les garanties constituées seront prises en compte. En revanche, si le contribuable est débouté de son action les garanties restent acquises à l'Administration. Dans ce cas, le contribuable est pénalisé et doit payer des intérêts à l'Administration.

---

[327] Article 402 du C.P.C.C.A.F.

CINQUIEME PARTIE

L'ENREGISTREMENT DES ACTES

Nous consacrons cette dernière partie au chapitre 12 sur le débat autour de l'article 100 du CGI et les questions subséquentes.

CHAPITRE XII

LE DEBAT SUR L'ARTICLE 100 C G I OU LA PORTEE JURIDIQUE DE L'ENREGISTREMENT FISCAL DES ACTES

Il n'était pas possible d'achever cet ouvrage sans apporter, tant soit peu, notre contribution au débat sur l'enregistrement des actes juridiques qui est récurrent devant nos juridictions.

En effet, au Congo, la question de l'enregistrement fiscal des actes juridiques, en général, ceux dressés par les huissiers de justice, en particulier, donne lieu à une telle spéculation devant les instances judiciaires nationales à telle enseigne que la plupart des plaideurs dont la cause est irrémédiablement compromise au fond en ont fait systématiquement leur arme fatale, souvent au grand dam de certains justiciables.

La recrudescence de cette question a conduit tout récemment, un orfèvre du droit, dont nous ne citerons pas le nom ici, à publier un article sur les colonnes d'un hebdomadaire de la place dans lequel il cite l'article 100 du Code Général des Impôts pour justifier l'annulation des actes d'huissiers de justice *non enregistrés préalablement à leur délivrance aux destinataires* ; sans toutefois, à aucun moment, donner lecture de cet article 100 !

Sur cette base, dans un autre article, le même Auteur justifie la nullité qui serait entachée à une citation directe (citation par exploit d'huissier) qui avait été délivrée à un prévenu dans une affaire publique.

Poussé à ce point, ce débat ne pouvait donc pas continuellement nous laisser indifférent. Il importait de fixer certains points tant nous éprouvions comme un sentiment d'injustice cette absence de parole qui caractérise l'activité de l'huissier de justice.

En effet, l'huissier de justice dresse des actes de procédure, mais il ne peut les défendre devant les cours et tribunaux où ces actes sont attaqués, quel que soit le caractère anodin, fallacieux ou grave des griefs qui y sont portés!

L'annulation d'un acte de procédure est souvent grave de conséquences, car elle peut entrainer l'anéantissement rétroactif de toute la procédure faite en amont et avoir, par ailleurs, des incidences pécuniaires incommensurables.

C'est pourquoi, le défendeur a tendance à évoquer tous genres d'artifices juridiques plus ou moins légitimes, sans scrupules, pour parvenir à l'annulation des actes d'huissier ; quitte à induire en erreur ceux des magistrats qui seraient moins suffisamment informés sur la question.

C'est une question qui mérite d'être abordée sans ambages. C'est donc à juste titre qu'il sied de s'interroger sur le contenu du “fameux ‘’ article 100 du Code Général des Impôts (II).

La réponse à cette question nécessite qu'on se préoccupe avant tout de la définition de cette notion d'enregistrement fiscal et la raison d'être de cette formalité ainsi que ses modalités d'accomplissement (I).

D'ores et déjà, il sied d'informer le lecteur que lorsqu'on s'intéresse aux dispositions fiscales au Congo, il faut bien savoir que le Code Général des Impôts contient trois parties : Tome I, Tome II et les textes non codifiés.

En ce sens, on ne saurait citer un article sans en préciser le Tome ou le texte de loi auxquels il se rapporte ; car il n'y a pas, hélas, un article 100 du Code Général des Impôts.

Cette précision faite, il y a lieu maintenant d'examiner cette notion d'enregistrement et les questions sous-jacentes.

I. La Notion d'enregistrement fiscal des actes et les effets escomptés

L'enregistrement des actes juridiques est régi par diverses dispositions contenues dans le Code Général des Impôts.

Mais, le contenu de cette notion mérite avant tout d'être précisé pour élaguer certaines questions préliminaires (1). La précision apportée permettra de mieux cerner les contours de la notion de certitude de date ou date certaine au sujet des actes d'huissiers (2).

1.1. La Notion d'enregistrement fiscal

La notion d'enregistrement entendue sous les angles du droit civil et du droit financier ou fiscal est définie par le **Lexique des termes juridiques** comme *''la formalité fiscale, obligatoire ou volontaire, consistant en l'analyse ou la mention d'un acte juridique sur un registre donnant lieu à la perception de droits par l'État et conférant date certaine aux actes sous seings privés , qui en sont dépourvus.''*[328]

Il ressort de cette définition que l'enregistrement fiscal consiste à faire mention d'un acte juridique accompli sur un registre spécial ; avec cette particularité que cette formalité confère, mieux consacre une date certaine aux actes sous seings privés. Il est bien dit "*actes sous seings privés*" et non "*actes authentiques*".

Pourquoi une telle distinction?

La raison y est donnée. Parce qu'il s'agit des "*actes sous seings privés*", car ils sont passés ou conclus en privée entre les parties sans l'assistance et la participation d'un officier public ou ministériel tels que Notaire, Huissier de justice.

En effet, la date mentionnée dans un acte sous seings privés n'offre aucune authenticité. Les parties peuvent, au gré de leurs intérêts, soit l'antidater, soit le postdater. La date figurant dans un tel acte fait foi (seulement) entre les deux parties à l'acte. Mais, non contre les tiers.

C'est pourquoi, pour certifier l'existence d'un tel acte les parties - ou tout au moins la plus diligente - sont tenues d'accomplir la

[328] Lexique des termes juridiques 16è édition 2007 Raymond Guillien et Jean Vincent sous la direction de Serge Guinchard et de Gabriel Montagnier.

formalité d'enregistrement au bureau d'enregistrement, domaines et timbres (EDT) voire à la Mairie, seulement l'usage répandu ici, particulièrement en matière de ventes privées de voitures ou de parcelles.

Dans ce cas, il est clair et évident, que la date à laquelle l'enregistrement a été effectuée devient '' *certaine* '' pour tout le monde. Car, il n'est plus possible de la contester, si ce n'est par voie d'une procédure judiciaire spéciale d'inscription en faux.

La notion d'enregistrement est avant tout d'origine civiliste. Nous entendons par là que le but recherché n'est pas le renflouement des caisses de l'État, mais plutôt de garantir les intérêts des citoyens en rapport avec le principe de la '' liberté contractuelle''.

C'est pourquoi, les rédacteurs du code civil de 1804 en ont fait leur préoccupation à l'article 1328 en ces termes : « *Les actes sous seings privés* n'ont de *date certaine* contre *les tiers* que du *jour où ils ont été enregistrés*, du jour de la mort de celui ou de l'un de ceux qui les ont souscrits , ou du jour où leur substance est *constatée* dans les actes dressés par *les officiers publics* , tels que procès-verbaux de scellé ou d'inventaire.»

Rien de plus clair. Tant que les deux parties à l'acte sous seing privés sont vivantes, c'est l'enregistrement de cet acte qui lui confère une date *certaine* vis-à-vis des tiers qui n'y ont pas pris part. C'est la première hypothèse.

La deuxième hypothèse, c'est lorsque cet acte sous seing privé est porté à la connaissance des officiers publics (Notaires, Huissier de justice, etc....) qui en font état dans leurs propres actes.

C'est ici la justification plausible de la pratique des dépôts des actes sous seings privés au rang des minutes de l'Office d'un Notaire.

La jurisprudence abonde dans ce sens. Il a été par exemple jugé en France par un arrêt de la cour de cassation du 25 janvier 1927 que *"l'authenticité résulte du dépôt d'un acte sous seing privé au rang des minutes d'un notaire effectué par tous les signataires de l'acte.* "[329]

---

[329] Cour de Cassation française, *Req. 25 janvier 1927 S .1927.1.237.*

Nous consacrerons un article à cette pratique notariale, car celle répandue dans notre pays semble plutôt s'éloigner de la lettre et de l'esprit qui l'ont fait naître.

En principe, avec la formalité d'enregistrement, il se pose la question de la *preuve* et non celui de la *validité* de l'acte.

En effet, lorsqu'il est question d'apprécier la validité d'un acte juridique, on se réfère à l'article 1108 du Code civil de 1804[330] pour apprécier le consentement de la partie qui s'est obligée, sa capacité à contracter, l'objet de l'engagement et la licéité de la cause dans l'obligation.

Toutes ces conditions peuvent être remplies, mais néanmoins l'acte accompli sous seing privé ne serait opposable aux tiers qu'à compter de la date de l'enregistrement ou de son dépôt au rang de minute d'un notaire ou de sa constatation dans un écrit dressé par un officier public. Sinon, l'acte valable entre les deux parties contractantes est cependant inopposable aux tiers, tout au moins en ce qui concerne sa date.

Toutefois, des textes particuliers peuvent déroger à cette règle. À titre d'exemple, il ressort des dispositions issues de l'Acte Uniforme de l'OHADA du 15 décembre 2010 portant Organisation des Sûretés que les contrats de gage (article 97), de gage du matériel professionnel et des véhicules automobiles (art.119), de gage de stock (article 122), de nantissement de créance (art.131), de nantissement de compte bancaire (art.136, 131), nantissement des droits d'associés et valeurs mobilières (art.143 alinéa 1), le nantissement de droits de propriété intellectuelle (art.160 alinéa 1), le nantissement du fonds de commerce (article 165 alinéa 1 ; article 166), et autres ne sont opposables aux tiers qu'autant qu'ils ont fait l'objet d'une publicité par inscription au Registre de Commerce et de Crédit Mobilier (RCCM).

Pour tous ces actes ou contrats, à défaut d'enregistrement fiscal, leur date certaine est celle de leur inscription au RCCM.

---

[330] Encore applicable au Congo dans des matières qui n'ont pas été remises en cause par le code de la famille et les textes subséquents. En France le code civil été entièrement refondu.

Donc, ce qu'il faut retenir c'est que *l'inopposabilité* n'est pas à confondre avec la *nullité.* Il s'agit de deux sanctions distinctes réservées à la violation de certaines prescriptions dans l'accomplissement d'une formalité ou la rédaction d'un acte juridique.

Seulement, l'article 1328 du Code Civil suscité a pour effet, non de retarder l'existence et la validité d'un acte juridique jusqu'à son enregistrement, mais seulement de ne rendre sa date opposable aux tiers qu'à compter de l'accomplissement de cette formalité[331].

Ceci étant, en rapport avec cette notion de date certaine on peut se demander à juste titre : Que prévoit le Code Civil pour les actes dressés par les officiers publics et ministériels ? En d'autres termes, l'enregistrement des actes dressés par ces officiers constituent-il une condition de leur validité? Leur confère-t-il date certaine ? C'est l'objet de notre second paragraphe.

1.2. Les actes d'huissiers et la notion de date certaine

Du point de vue du droit civil l'enregistrement d'un acte dressé par un officier public n'est pas une condition de validité ou d'opposabilité. La formalité n'est pas exigée *in validitem.*

En effet, les actes authentiques accomplis par ces officiers se suffisent à eux-mêmes et font foi jusqu'à inscription de faux[332]. À ce sujet, l'article 1319 alinéa 1 du Code Civil dispose : *« L'acte authentique fait pleine foi de la convention qu'il renferme entre les parties contractantes et leurs héritiers ou ayants cause. »*

Ainsi, il a été jugé par la Cour de cassation française qu'« *un Huissier (de justice) agissant en vertu d'une délégation de la loi pour l'exécution d'un acte entrant dans ses attributions, imprime à son acte le caractère authentique*»[333].

La date d'un acte dressé par un officier public ou ministériel est celle mentionnée dans celui-ci. Cette date est certaine à l'égard de tous jusqu'à inscription en faux.

---

[331] Cour de cassation, Soc. *21 déc.1965 Bull .Civ. IV n°970.*
[332] Civ. 1er, 26 Mai 1964 D.1964. 627.
[333] Civ. 25 juillet 1932 S. 1955.1.18.

Il en est ainsi au Congo tout comme en France. Il n'est donc pas soutenable d'affirmer que l'Huissier de justice avant de servir son exploit au destinataire doit préalablement l'enregistrer pour en donner date certaine. Cette logique est une aberration en droit. Pire, c'est faux.

Car, l'enregistrement vient constater un acte qui existe déjà, mais dont la date ne fait pas foi *dans le cas uniquement d'un acte sous seing privé.*

Or, un exploit d'huissier qui n'est pas encore signifié n'existe pas et de ce fait ne peut faire l'objet d'un enregistrement anticipé.

De surcroît, un tel '*document*' n'est pas encore "daté"; l'Huissier de justice devant, au moment où il sert son acte, mentionner *'uniquement'* la date de ce jour-là. Et c'est cette date qui fait foi et non celle de l'enregistrement (aux impôts).

C'est donc la date qu'il mentionne dans son acte qui doit être prise en compte dans la computation des délais de procédure. Soutenir le contraire c'est aller à l'encontre de toute logique du droit processuel. Nous en voulons pour preuve les dispositions de l'article 25 alinéa 1 du Règlement de Procédure de la Cour Commune de Justice et d'Arbitrage de l'OHADA adopté par le Conseil des Ministres des États Parties le 18 Avril 1996 et publié au Journal Officiel de l'OHADA sous le n°4 du 01 /11/1997 P 9 et suivants ; lesquelles dispositions prescrivent ce qui suit:

« *Lorsqu'un acte ou une formalité doit en vertu du traité ou du présent règlement être accompli avant l'expiration d'un délai, celui-ci a pour origine la date de l'acte, de l'événement, de la décision ou de la signification qui fait courir ce délai. Le jour au cours duquel survient cet acte, cet événement, cette décision ou cette signification n'est pas compris dans le délai.* »

Il est clair que la date de référence dans la computation de délai n'est pas la date de l'enregistrement, ici, mais celle de l'accomplissement de l'acte et notamment de la signification pour ce qui est de l'acte d'huissier de justice.

Il est établi que c'est le jour de la *signification* qui fait courir le délai et non celui de son enregistrement (préalable).

En d'autres termes, dans notre système juridique et judiciaire, l'enregistrement des actes notariés, des actes d'huissier et ceux d'autres acteurs judiciaires ou officiers publics n'a pas pour objet de conférer une date certaine aux actes ainsi accomplis ou dressés. À leur égard, cette formalité obéit à une logique purement financière voulue par l'État, dans le cadre du recouvrement des impôts indirects. Tout comme en France, d'ailleurs.

Dès lors, il se pose le problème de savoir la nature de la sanction prévue par la loi en cas d'inobservation de cette formalité. Ceci est un autre aspect du même sujet.

La réponse à cette interrogation n'est pas à rechercher dans le Code Civil, encore moins dans le Code de Procédure Civile, Commerciale, Administrative et Financière.

Par analogie avec l'enregistrement des actes sous seings privés, on pourrait être tenté d'affirmer que le défaut d'enregistrement ne rend pas cet acte nul. Nous ne procéderons pas par un raisonnement aussi simpliste.

L'acte demeure juridiquement valable et fait foi entre les parties contractantes. En effet, un acte sous seing privé non enregistré est simplement inopposable aux tiers pour défaut de date certaine jusqu'au jour où ledit acte est remis en dépôt au rang des minutes d'un officier public (tel un Notaire) ou que l'une des parties vient à décéder.

La date du décès de l'une des parties ou des deux parties devient la date certaine pour cet acte ; date de décès à compter de laquelle la date de l'acte passé par le de cujus devient indiscutablement opposable aux tiers.

En effet, à partir de cette date, il n'est plus possible de le postdater ; le défunt auteur ou cocontractant de l'acte sous seing privé ne pouvant plus revenir en vie pour l'accomplir postérieurement à la date de sa mort. Un tel acte, bien que non enregistré, garde son entière validité et peut être produit devant tous organes administratifs ou judiciaires compétents et produire tous les effets escomptés.

S'il en est ainsi prescrit par le Code Civil pour les actes sous seings privés, sur quel fondement l'acte d'huissier serait-il nul pour défaut d'enregistrement ?

C'est là une question capitale. Prétendre répondre à cette interrogation nous commande à consulter le Code Général des Impôts pour pouvoir visiter le fameux article 100 tant cité.

II. Le Code Général des Impôts et l'enregistrement des actes d'huissier.

Le Code Général des Impôts, dans ses annexes, consacre plusieurs dispositions à l'enregistrement des actes juridiques aussi bien authentiques que ceux conclus ou passés sous seings privés (1). Le défaut d'enregistrement ou le retard encaissé dans l'enregistrement de ces actes fait courir des sanctions à certains actes et leurs auteurs (2).

2.1. Les Modalités d'enregistrement des actes d'Huissier

De manière générale, les actes juridiques sont soumis à l'enregistrement à compter de leur accomplissement. Ce principe explique que soient enregistrés, des actes tels : un bail sous seing privé, des lettres missives contenant l'accord des parties sur les conditions d'un contrat, une donation etc.

La loi impose l'enregistrement d'un certain nombre d'actes suivant des modalités précises. L'enregistrement peut dépendre, selon les cas, du Code Général des Impôts ou être imposé par des textes particuliers.

L'enregistrement a lieu dans un centre divisionnaire de l'enregistrement, domaine et timbres (E.D .T) du lieu d'accomplissement de l'acte ou tout au moins de la ville. Ainsi, à Pointe-Noire les huissiers de justice, en fonction de proximité avec leurs offices, déposent leurs actes au rond-point Loandjili, à Tié-Tié, à Lumumba, à Pointe-Noire Centre. Mais, en fonction de leur diligence l'EDT de PNR centre est le plus prisé. Vient ensuite celui de Tié-Tié.

Certains types d'actes qui mettent en relief l'immobilier tel, le commandement aux fins de saisie immobilière sont valablement enregistrés à la Division de la Conservation Foncière.

Aujourd'hui, la Division installée à la Tour Mayombe s'occupe du centre-ville. Pointe–Noire cité, en face de l'actuel Guichet Unique du Centre des Formalités des Entreprises (CFE), s'occupe des quartiers périphériques et de la banlieue, sauf les propriétés dont les titres fonciers sont logés à la Tour Mayombe.

Contrairement en France où il a été prévu un Bureau d'enregistrement des actes d'huissier, toutes les divisions des Enregistrements Domaines et timbres (E.D.T) sont compétentes ici en fonction de leur situation géographique.

L'Administration fiscale dispose en principe d'un délai d'au moins quarante-huit heures (48 h) pour accomplir sa formalité, tous les jours ouvrables avant la fermeture de la caisse qui a lieu entre 12 heures et 14 heures.

Mais; l'observation stricte de ce délai risque de préjudicier aux intérêts de nombreux justiciables dont les actes soumis à l'enregistrement doivent souvent être produits devant les juridictions nationales ; surtout en matière de référé d'heure à heure.

C'est pourquoi, les huissiers de justice ont certaines préférences sous le rapport de la diligence et de l'accoutumance aux actes d'huissier.

Le fonctionnaire qui procède à l'enregistrement de l'acte d'huissier porte les mentions sur des extraits avant de les reproduire sur un registre spécial dans lequel il indique :

---l'intitulé de l'acte ;

---la date de l'accomplissement de l'acte (par exemple de la signification);

---l'identité de l'officier ministériel rédacteur de l'acte ;

---les noms, prénoms et adresse de la partie requérante à l'acte ;

---les noms, prénoms et adresse de la partie adverse ;

---le résumé du contenu de l'acte.

L'enregistrement donne lieu en principe à la perception d'un droit pécuniaire. Le droit perçu, à l'occasion, peut être proportionnel à la valeur de l'opération juridique constatée ou fixe ou encore progressif. À défaut de paiement, la formalité peut être refusée. Certains actes peuvent cependant être enregistrés à titre gratis ou en débet.

La formalité d'enregistrement est constatée par la mention d'un numéro de référence avec folio et par la signature du chef du bureau d'enregistrement ou de son adjoint.

Ainsi, l'acte enregistré porte la référence du numéro de son enregistrement. Cette référence est inscrite sur l'acte d'Huissier tout juste après la signature. Le montant perçu aussi. Les pages de l'acte enregistré sont revêtus de timbres fiscaux d'un certain montant déterminé en fonction du format de papier et dont la valeur est fixée par une loi des finances.

Enfin, il sied de le souligner, le Receveur principal ou son adjoint n'enregistrera qu'un acte d'Huissier accompli c'est-à-dire signé et daté. L'huissier de justice ne peut faire des actes en blanc-seing quant aux dates et à l'identité des parties. Nous même avons été, plus d'une fois, appelé à signer notre exploit avant son enregistrement.

La formalité d'enregistrement est *unique* c'est-à-dire qu'elle ne peut pas être accomplie deux fois pour un même acte. Elle est également *indivisible ;* ce qui entraîne qu'un acte ne peut être enregistré partiellement.

Dans quel délai, l'huissier de justice doit-il faire enregistrer son acte ?

La loi a prévu un délai pour l'enregistrement des actes d'huissiers. Ce délai court à compter de l'accomplissement de l'acte et non avant, comme d'aucuns le prétendent.

Quelque cohérent que puisse être l'argumentaire de ceux qui soutiennent le contraire, leurs allégations ne résistent pas à la clarté de la disposition fiscale qui institue la formalité d'enregistrement et en détermine les modalités.

En fait, le délai prévu pour l'enregistrement varie en fonction de la nature des actes. Certains actes doivent être enregistrés dans un délai de dix (10) jours de leur date. C'est le cas des exploits et procès-verbaux.

À ce sujet, l'article 61, Tome II, Livre I dispose « *Le délai pour faire enregistrer les actes des agents d'exécution et autres ayant pouvoir de faire des exploits et procès-verbaux est de dix jours.* »

On peut donc soutenir que tous les actes que dresse un Huissier de justice en *matière d'exécution* sont soumis à l'enregistrement dans le délai de dix jours à compter de leur accomplissement.

Au nombre de ces actes, il faut citer les exploits c'est-à-dire les significations, assignations, citation etc. Il s'agit des actes qui sont portés à la connaissance d'une partie.

Ainsi, l'huissier qui a délivré son acte à une partie le 10 janvier 2014 est admis à le soumettre à la formalité d'enregistrement le 22 octobre de la même année, suivant la computation des délais francs.

D'autres actes d'huissier doivent être enregistrés dans un délai de quinze (15) jours.

C'est le cas des actes de vente publiques mobilières dressés par les Huissiers de Justice sous la qualité de commissaire-priseur (article 63, idem :

« *Le délai pour faire enregistrer les actes de ventes publiques mobilières dressés par des commissaires-priseurs ou autres officiers ministériels ou publics est fixé à quinze jours. Ce délai est porté à trente jours pour ceux de ces actes qui auront été dressés dans une localité autre que celle où le bureau de l'enregistrement est établi.* »

D'où vient donc que d'aucuns prétendent que la copie d'un acte soit enregistré préalablement à sa remise au destinataire ?

De plus, s'agissant des actes d'huissier c'est l'original de l'acte qui est enregistré et revêtu de timbres fiscaux en plus de celle que retient le fisc dans ses archives, comme c'est devenu la pratique à Pointe-Noire.

Contrairement à ce qui est parfois soutenue, la copie d'un exploit délivré à la partie adverse n'est jamais et ne peut matériellement pas être enregistrée, même pas en France d'où nous tirons notre système juridique et fiscal.

Avant la remise au destinataire, l'acte n'existe pas encore et ne peut, par conséquent, pas être enregistré, puisqu'il n'est pas daté en ce moment-là.

Car, en matière de signification, l'huissier de justice indique le jour qu'il effectue la remise, la date, l'année, l'heure ainsi que le lieu et le nom de la personne à laquelle la remise est faite. Toutes ces conditions doivent être remplies au moment où l'acte est remis à l'enregistrement.

Dans ces conditions, on ne peut pas soutenir que la copie de l'acte remis au destinataire fasse d'abord l'objet d'un enregistrement préalable.

Et à quelle fin ? Raison de date certaine ?

Non, puisque la seule date certaine est celle qu'inscrit l'Huissier de justice sur son exploit au moment où il procède à la remise.

On ne peut pas en ce moment-là être à la fois au passé et au présent. C'est évident. Et par-dessus tout, ce n'est pas ce que prescrit la loi.

Lorsque la remise est faite, le réceptionnaire, qu'il soit le destinataire de l'acte ou son parent, une personne à son service (ou encore son voisin) accuse réception sur l'original de l'exploit d'Huissier.

En cas de refus, mention en est faite par l'Huissier de justice. L'acte ainsi renseigné peut alors être déposé au bureau d'enregistrement. Après, la formalité, cet acte peut alors être produit devant les instances compétentes.

L'usage d'un tel acte se fait différemment en France et au Congo.

En effet, suivant les textes décrivant les modalités de tenue et de délivrance des actes d'Huissier en France, les huissiers de justice rédigent leurs actes en originaux, en second original et en copie.

Ainsi, pour le cas de signification, la copie non timbrée est remise au destinataire de l'acte.

L'original enregistré est *conservé au rang de minutes* dans l'office de l'Huissier de justice. *Le second original*, non enregistré, est *remis au requérant* ou client de l'Huissier de justice. C'est ce dernier acte *qui est produit co*mme tel ou en photocopie devant *les instances judiciaires*.

Ainsi en cas de perte, ou de contestation, on peut recourir, en tant que de besoin, à l'Huissier de justice qui l'a accompli pour consultation ou délivrance de copies authentiques.

Au Congo, la loi instituant la profession d'Huissier de justice n'a pas, malheureusement, déterminé les modalités de rédaction, de conservation et de délivrance des actes! Le Code de Procédure Civile, commerciale, administrative et financière (CPCCAF) non plus ; sauf quelques prescriptions liminaires.

Depuis fort longtemps, les magistrats exigent la production des actes enregistrés dans les procédures de citations directes, d'assignation à comparaitre, etc.

Ainsi, les Huissiers de justice sont obligés de délivrer à leurs clients les originaux de ces actes qu'ils devaient pourtant conserver alors qu' il suffisait de mentionner les références de l'enregistrement sur le second original pour que celui-ci soit produit partout ; leur authenticité pouvant être vérifiée auprès de l'officier rédacteur et de l'administration fiscale.

L'acte établi pouvant être enregistré dans un délai donné, il ne peut être fait grief à l'Huissier de justice de l'avoir enregistré à n' importe quelle date avant l'expiration de ce délai.

Dès lors, la question qui découle des développements supra est celle de savoir quelle est la sanction prévue pour le retard de l'enregistrement des actes d'huissier? Quelle est la sanction prévue pour le défaut d'enregistrement ?

2.2. La sanction du défaut ou retard d'enregistrement des actes

La sanction, au plan civil, du défaut d'enregistrement fiscal d'un *acte sous seing privé* n'est pas la nullité, mais *l'inopposabilité*. Il s'agit de deux régimes juridiques nettement distincts.

Le retard constaté dans l'enregistrement des actes est sanctionné, en principe, par des amendes et pénalités de retard, souvent au double du tarif normal.

Se prononçant sur ce sujet, le Professeur Francis LEBVRE[334] fait des développements intéressants sur la pratique de la formalité d'enregistrement des actes en France:

« À la différence de la formalité de publicité foncière, l'enregistrement est essentiellement une formalité fiscale. Toutefois, il n'est pas totalement dépourvu d'effets juridiques.

Tout d'abord, l'enregistrement donne date certaine aux actes sous seings privés à l'égard des tiers et peut constituer entre les parties un commencement de preuve par écrit ou, tout au moins, une présomption d'existence d'un titre.

En second lieu, la formalité de l'enregistrement permet d'assurer la surveillance de la forme des actes, en matière domaniale et en matière de publicité foncière, ainsi que de leur contenu (mesure préventive contre les faux en écriture).

Enfin, exceptionnellement, l'enregistrement peut être une condition de validité des actes :

---il est formellement prévu par la loi civile pour certaines conventions (contrat de gage, vente à crédit, ou prêt pour l'achat de véhicules automobiles) ;

---la publication de mutations de fonds de commerce doivent, à peine de nullité, être précédées de l'enregistrement des mutations ;

---en vertu de l'article 1840 A du CGI (français), toute promesse unilatérale de vente afférente à un immeuble, à un droit immobilier, à un fonds de commerce, à un droit au bail portant sur tout ou partie d'un immeuble, ou aux titres de sociétés visées aux articles 728 et 165 Ter du CGI est nulle et de nul effet, si elle n'est pas constatée par un acte authentique ou par un acte sous seing privé enregistré dans le délai de dix (10) jours à compter de la date de son acceptation par le bénéficiaire. Il en est de même de toute cession portant sur lesdites

[334] MEMETO PRATIQUE FRANCIS LEFEBVRE '*FISCAL 1994*' P. 824 § 6006.

promesses qui n'a pas fait l'objet d'un acte authentique ou d'un acte sous seing privé enregistré dans les dix (10) jours de sa date. »

Il ressort de ce commentaire que le défaut d'enregistrement n'invalide pas, *en principe*, les actes. Il est néanmoins admis que l'enregistrement est obligatoire pour certaines catégories des actes.

En effet, certains actes sont soumis *obligatoirement* à la formalité du seul fait de leur rédaction, en raison de la *qualité des personnes* qui les *rédigent* et quelle que soit la nature des conventions qu'ils contiennent.

Il en est ainsi des actes notariés, des actes des marchands de biens et des actes d'huissiers-cela s'entend.

En République du Congo, au sujet des peines encourues pour défaut d'enregistrement des actes publics et déclarations dans le délai, le Code Général des Impôts-Tome II, Livre I, chapitre VI, en son article 100 issu de la loi de finances 2013 prévoit ce qui suit :

« La peine contre un agent d'exécution ou autre ayant pouvoir de faire des exploits ou procès-verbaux est, pour un exploit ou procès-verbal non présenté à l'enregistrement dans le délai, d'une amende de 10.000 FCFA et, de plus, d'une somme équivalente au montant du droit de l'acte non enregistré. L'exploit ou procès-verbal non enregistré est déclaré nul et le contrevenant, responsable de cette nullité envers la partie.

Ces dispositions, relativement aux exploits et procès-verbaux, ne s'étendent pas aux procès-verbaux de vente de meubles et autres objets mobiliers, ni à tout autre acte du ministère des huissiers sujet au droit proportionnel. La peine pour ceux-ci sera d'une somme égale au montant du droit, sans qu'elle puisse être au-dessous de 10.000 FCFA. Le contrevenant paiera, en outre, le droit dû pour l'acte, sauf recours contre la partie pour ce droit seulement. »

Le champ d'action de cet article mérite d'être rappelé.

Car, tous les actes d'huissier n'encourent pas la même sanction pour défaut d'enregistrement.

En effet, ces actes sont frappés de nullité, sauf les exploits et procès-verbaux de vente de meubles et des autres objets mobiliers ainsi que ceux soumis à l'enregistrement au droit proportionnel.

Encore faut-il déterminer avec précision les différents actes soumis au droit proportionnel.

CONCLUSION

Au terme de notre étude, il paraît de plus en évident qu'il n'est plus possible à notre époque d'envisager la citoyenneté et le déploiement des activités professionnelles avec succès sans tenir compte de la contribution du citoyen à travers la fiscalité.

Cette contribution devient l'expression d'une affirmation citoyenne et la preuve de l'attachement aux valeurs républicaines.

Le professionnel ne peut ignorer les impôts et taxes dans les prévisions de ses gains ou profits à travers tous ses investissements. Il doit en tenir compte dans l'évaluation de ses marges. Il doit veiller au respect des délais pour ne pas subir les affres du fisc.

Le présent ouvrage sera un instrument de travail, particulièrement pour le professionnel libéral qui entend s'assumer, tout comme il accompagnera la recherche et la réflexion des étudiants, des enseignants et de tous ceux qui, comme nous, demeurent dans la soif d'assouvir leur curiosité intellectuelle. Ils y trouveront, à n'en point douter, les raisons d'un approfondissement des thèmes abordés.

Reste aux autorités gouvernementales de veiller à ce que la fiscalité ne devienne un goulot d'étranglement qui empêche la bonne marche des entreprises et des ménages vers le développement et le progrès.

Puisse les conférences et les foires de législation fiscale initiées par l'Administration depuis un certain temps devenir pérennes et offrir aux uns et autres les opportunités d'échanges afin d'asseoir une politique fiscale juste, équilibrée et cohérente pour le bien des populations.

ANNEXES

I. Extraits des dispositions du Code Général des Impôts

1. Tome 1

Article 80 (LF 2019)

La déclaration des revenus des personnes physiques bénéficiaires uniquement des revenus fonciers, des traitements, salaires, indemnités, émoluments, pensions et rentes viagères, des revenus de capitaux mobiliers ainsi que des plus-values de cession et le paiement éventuel du solde de liquidation de l'IRPP sont effectués entre le 10 et le 28 mars de l'année qui suit celle de la disposition desdits revenus.

La déclaration des revenus des personnes physiques ayant pour revenu d'une part les bénéfices des activités industrielles, commerciales, artisanales et agricoles (BICA), et, d'autre part, les bénéfices des activités non commerciales et autres revenus assimilés (BNC) assujetties à l'Acte Uniforme de l'OHADA relatif au droit comptable et à l'information financière et le paiement du solde de liquidation de l'IRPP catégories BICA et BNC, sont effectués entre le 10 et le 20 avril de l'année qui suit celle de l'acquisition desdits revenus.

Article 113 C (LF 2019)

Ne sont pas admis en déduction, les transactions, amendes confiscations et pénalités de toute nature.

Article 373 du CGI-Tome 1 (LF 2017 ; LF2019)

1) La non production des déclarations, relevés ou documents prescrits par le présent Code est sanctionné par une majoration de 50% des cotisations.
2) La production après les délais des déclarations et documents visés à l'alinéa 1 est sanctionné d'une *amende de 15 000F par jour de retard.* En aucun cas, l'amende ne peut être supérieure à 500 000F.

3) Les infractions ci-dessus sont sanctionnées d'une *amende de 500 000F* lorsque la déclaration, le relevé ou le document ne donne lieu au paiement d'un droit.
4) a) Toutefois, le report du dépôt de la déclaration prévue par les articles 30, 31, 46, 79 et 126 du présent Code est accordé moyennant une *amende fiscale de 500 000F* lorsque le report n'excède pas trente jours.
b) Cette *amende est portée à 1 000 000F* pour un report de délai supérieur à trente jours sans dépasser 60 jours. Au-delà de 60 jours, l'absence de déclaration est considérée comme défaut de déclaration.

5) a) En matière de taxe sur le chiffre d'affaires, de centimes additionnels et de droit d'accises ou de toutes autres taxes qui en tiendraient lieu, le dépôt tardif de la déclaration mensuelle est sanctionné par un intérêt de retard égal à 5 % par mois de la taxe due. Lorsque la déclaration tardive ne comporte aucun droit dû, *la pénalité est de 50 000F* sans préjudice des autres sanctions.

b) Tout dépôt de déclaration mensuelle intervenant après les huit jours d'une mise en demeure est sanctionné par une *pénalité de 15% par mois*, tout mois entamé étant dû sans dépasser 50% des droits éludés. Lorsque la déclaration tardive ne comporte aucun droit dû, la *pénalité est de 200 000F* sans préjudice des autres sanctions.

6) La production, après la notification des redressements, des documents justificatifs et autres pièces comptables régulièrement demandées au cours de la phase contradictoire de tout contrôle fiscal, est nul et de nul effet.

Article 373 ter (2017)

Toute infraction aux dispositions de l'article 31 Tome 1 du présent Code relatives à la traduction des documents comptables et autres rédigés en langue étrangère est sanctionnée d'une *amende de 2 000 000 FCFA* par document.

Article 374

En cas d'inexactitude, d'insuffisance ou omission dans les déclarations, relevés ou documents dont la production est obligatoire en application des dispositions du présent Code, les cotisations afférentes aux droits éludés, à l'exception de la taxe sur le chiffre d'affaires, des centimes additionnels à cette taxe et du droit d'accises ou de toute autre taxe qui en tiendrait lieu, sont majorées de 50% lorsque la bonne foi du contribuable est admise et de 100 % lorsque le contribuable n'établit pas sa bonne foi.

En matière de TVA, des centimes additionnels à cette taxe et du droit d'accises, toute inexactitude, insuffisance ou omission constatée dans la déclaration mensuelle est sanctionnée par une *pénalité de 50%* des droits éludés ou des redressements effectués lorsque la bonne foi du contribuable est établie. En cas de mauvaise foi, cette *pénalité est portée à 100 % et à 200 %* en cas de manœuvre frauduleuse ou d'opposition à contrôle.

Les ventes sans factures par un redevables de la TVA sont passibles d'une amende fiscale égale au double des droits compromis. En cas de récidive, l'amende encourue sera égale au quadruple des droits.

Toute demande de déduction de la taxe sur une facture ne correspondant pas en partie ou en totalité, à une acquisition de biens ou à une prestation de services, est sanctionnée par *une pénalité de 200%* des droits éludés.

Sans préjudice des poursuites pénales pouvant être engagées à son encontre, tout contribuable qui émet une facture telle que visée ci-dessus est responsable du paiement d'une amende égale à la taxe ainsi facturée et, solidairement, du paiement de la pénalité de 200 %.

Lorsque le dirigeant d'une société, d'une personne morale ou de tout autre groupement, est responsable de manœuvres frauduleuses ou de l'inobservation des obligations déclaratives pendant plus de deux mois, qui ont rendu impossible le recouvrement de la taxe due par la société, la personne morale ou le groupement, il peut être déclaré solidairement responsable du paiement de ces impositions. Cette disposition est applicable à toute personne exerçant en droit ou en fait la direction effective de la société.

Article 374 bis-Est considéré comme étant de mauvaise foi, le contribuable qui, sciemment, a omis de passer les écritures comptables ou qui a passé ou fait passer des écritures inexactes ou fictives dans les livres, registres et documents professionnels se rapportant à des opérations soumises à la TVA. Il en est de même de celui qui produit des pièces fausses ou reconnues inexactes mais ayant donné lieu à facturation ou à déduction de la TVA.

La mauvaise foi peut être établie chaque fois que le service peut être en mesure de prouver que l'intéressé a nécessairement eu connaissance des faits ou des situations qui motivent les redressements. Il en est de même en cas de répétition du défaut de déclaration ou de paiement malgré les mises en demeures.

Sans préjudice des poursuites pénales pouvant être engagées à l'encontre de leurs auteurs, les ventes sans factures par un assujetti à la TVA, les déductions de la taxe portées sur une facture ne correspondant pas en partie ou en totalité, à une acquisition de biens ou à une prestation de services, l'émission de factures telles que visée ci-dessus, sont considérées comme des manœuvres frauduleuses pour l'application de l'article 374 alinéa 2.

Article 376

Le contribuable qui, encaissant directement ou indirectement des revenus en dehors du Congo, ne les a pas mentionnés séparément dans la déclaration, conformément aux prescriptions de l'article 76-1(avant dernier alinéa) est réputé les avoir omis et il est tenu de verser le supplément d'impôt correspondant ainsi que la majoration de 100%. Si la dissimulation est établie, le contribuable est, en outre, puni des peines prévues à l'article 521 ci-après.

Article 377

Les personnes et sociétés soumises aux prescriptions de l'article 397 ci-après et qui ne s'y conforment pas ou fournissent des renseignement inexacts à l'administration sont passibles d'une amende fiscale de 100 000FCFA pour chaque omission ou inexactitude ou pour chaque chèque de voyage ou lettre de crédit non inscrit sur le registre prévu à l'avant dernier alinéa dudit article.

Article 377 bis

Les omissions ou inexactitudes concernant les éléments du train de vie dont la déclaration est prévue par l'article 76 sont punies d'une *amende de 10 000FCFA* par élément omis, renseignement incomplet ou inexact.

Article 378

Le défaut de déclaration d'existence prévue par les articles 15 bis, 46 ; 125 et 197 du présent code est sanctionné par *une amende fiscale de 200 000FCFA* établie au nom de l'exploitant ou du représentant légal de la société, établissement ou association.

En matière de TCA, centimes additionnels et droits d'accises ou de toute autre taxe qui en tiendrait lieu, les redevables doivent effectuer auprès de la DGI une déclaration d'existence ou de modification dans l'exercice de leur profession.

En contrepartie de la déclaration d'existence, la DGI délivre un certificat d'enregistrement ouvrant droit à l'assujettissement à la taxe sur le chiffre d'affaires, centimes additionnels et droits d'accises ou de toute autre taxe qui en tiendrait lieu, et attribue au redevable un NIU.

Un redevable ne peut se prévaloir de la qualité d'assujetti à la TCA, centimes additionnels et droits d'accises ou de toute taxe qui en tiendrait lieu qu'après enregistrement et attribution d'un NIU.

Le dépôt tardif ou le défaut de déclaration d'existence est sanctionné par la perte du droit à déduction pendant la période de non déclaration et par une *amende de 200 000FCFA*.

La non déclaration ou la déclaration tardive des modifications dans les conditions d'exercice de la profession est passible d'une *pénalité de 100 000F CFA* par mois de retard.

Article 379

Toute infraction aux dispositions des articles 96, 183, 183bis et 185 ter du présent Code donne lieu à une majoration de droits de 100%.

Article 380 (LF 2013)

Toute infraction aux dispositions des articles 176, 177, 178, 179, 180 et 181 est sanctionnée d'une *amende fiscale de 10 000FCFA* encourue autant de fois qu'il est relevé d'omission ou d'inexactitude dans les renseignements qui doivent être fournis en vertu de ces articles.

En outre, le contribuable qui ne produit pas les déclarations prévues audit article perd le droit de déduire les sommes correspondantes de ces impositions.

Les sociétés visées par les articles 126 ter et suivants du présent code, qui ne produisent pas les déclarations prévues aux articles 176 à 181 du présent code sont sanctionnées par une *amende égale à une fois et demie le montant de l'IS forfaitaire mensuel moyen* de l'exercice écoulé.

Article 381

Le défaut ou la production tardive de la déclaration prévue à l'article 276 du présent Code, ou toute omission, réponse inexacte à l'une des rubriques figurant sur les imprimés fournis par l'administration, est sanctionné par une *amende fiscale de 25 000FCFA* pour chaque déclaration omise ou comportant des inexactitudes ou omissions.

Article 381 bis

En application des dispositions de l'article 359 ci-dessus la taxe sera majorée de 100% pour le possesseur de véhicules qui ne seront pas en mesure de justifier du règlement de la taxe sur les véhicules à moteur.

Article 381 ter

Toute infraction aux dispositions des articles 31 bis et 31 ter du CGI est sanctionnée respectivement par *une pénalité de 100 000FCFA* par mois de retard et par une *amende annuelle de 500 000FCFA.*

Article 381 quater

Les infractions en matière de TCA ou de toute autre taxe qui en tiendrait lieu et concernant les biens importés sont constatées, poursuivies et réprimées selon la règlementation des douanes.

Article 381 quinquiès

Dans les conditions des articles 86, 87 et 88, et pour tous les impôts, droits et taxes régis par le présent Code, tout contribuable peut être taxé d'office.

Article 390 bis -A (LF2013 ; 2019)

L'Administration fait connaître au redevable la nature et les motifs du redressement envisagé. Elle invite en même temps l'intéressé à faire parvenir son acceptation ou ses observations dans un délai de trente jours à compter de la réception de cette notification.

Si le redevable donne son accord dans le délai prescrit ou si les observations présentées dans ce délai sont reconnues fondées, l'administration procède à l'établissement d'un rôle ou à l'émission d'un Avis de mise en recouvrement sur la base acceptée par l'intéressé.

À défaut d'accord après la réponse du contribuable dans le délai prescrit, l'administration fixe la base de l'imposition et calcule le montant de l'impôt exigible du droit de réclamation du redevable après l'établissement du rôle ou l'émission d'un avertissement. La fixation de base de l'imposition et le calcul du montant de l'impôt exigible doivent se faire dans un délai maximum de soixante (60) jours à compter de la réception des observations du contribuable, sous peine de nullité de la procédure.

4.

Article 399 ter *(L.F. 2012, L.F.2019)*

Il est institué un numéro d'identification unique attribué à tous les opérateurs économiques exerçant une activité économique au Congo.

Tout contribuable soumis aux impôts et taxes prévus au présent Code ne pouvant justifier d'un numéro d'identification fiscale, perd d'office le droit de déduction de la taxe sur le chiffre d'affaires, le droit de dédouanement des marchandises, le mandatement ainsi que tout règlement par le Trésor Public, les collectivités locales et les établissements Publics.

Il en est de même pour les banques et établissements financiers, les concessionnaires des services publics de l'eau, de l'électricité et de télécommunication qui doivent exiger le numéro fiscal d'identification des contribuables dit « Numéro d'identification unique» en abrégé NIU du demandeur de services pour toute ouverture de compte commercial et d'abonnement d'entreprise.

Sans préjudice des sanctions pénales, l'utilisation frauduleuse du numéro d'identification unique (NIU) punie par une amende de 3 000 000FCFA. Le propriétaire est solidairement responsable du paiement de cette amende en cas de complicité avérée.

Article 422-1) les réclamations relatives aux impôts, droits ou amendes établis par les services dépendant de la DGI ressortissent à la juridiction contentieuse lorsqu'elles tendent à obtenir soit la réparation d'erreurs ou le calcul des impositions, soit le bénéfice d'un droit résultant d'une disposition législative ou réglementaire.

2) La juridiction gracieuse connaît des demandes tendant à obtenir de la bienveillance de l'autorité administrative, en cas d'indigence ou de gêne mettant les contribuables dans l'impossibilité de se libérer envers le Trésor, la remise ou la modération d'impositions régulièrement établies.

Elle statue également sur les demandes en remise de pénalités et les demandes d'admission en non-valeur de cotes dont le recouvrement n'a pu être effectué (état des cotes irrécouvrables présenté par les comptables chargés de la perception).

3) Sauf cas prévus aux articles 435 à 437 et 452 à 456 du CGI, aucune autorité publique ne peut accorder des remises ou des modérations des impôts et taxes existant si elles ne sont pas prévues par la loi, ni en suspendre ou faire suspendre le recouvrement.

Toutefois, en ce qui concerne les pénalités y afférentes, des remises ou modérations peuvent être accordées lorsqu'elles concernent des dispositions devenues définitives.

Article 422 bis (LF 2013) Dans le cadre d'une transaction fiscale, le contribuable peut solliciter une modération totale ou partielle des pénalités dans les deux cas suivants :

- a) avant la mise en recouvrement suivant une procédure de contrôle ;
- b) durant toute la procédure contentieuse.

Dans les deux cas, le contribuable fait une proposition des sommes à payer et de leurs modalités de paiement. En cas d'acceptation de cette proposition de transaction, le contribuable s'engage expressément :

- à ne pas introduire une réclamation contentieuse ou gracieuse ultérieure ;
- à se désister des réclamations ou des requêtes par lui introduites ;
- à acquitter immédiatement les droits et pénalités restant à sa charge.

Article 423-Tout contribuable qui se croit imposé à tort ou surtaxé peut présenter une demande écrite formant requête d'instance.

Article 424 La réclamation doit être adressée à la DGI. Seule la date de réception par cette direction est opposable tant au contribuable qu'à l'administration.

Article 425 (L.F.2019)

La réclamation doit parvenir à la Direction Générale des Impôts et des Domaines dans les trois (3) mois à compter de la réception de l'Avis de mise en recouvrement, de la mise en recouvrement du rôle, ou du versement de l'impôt contesté, sans préjudice des délais accordés par la loi pour des cas spéciaux.

Article 441(L.F. 2012, 2015, 2016, LFR 2016, LF2019)

Le contribuable qui, par une réclamation régulièrement introduite, conteste le bienfondé ou la quotité des impositions mise à sa charge, peut surseoir au payement de la partie contestée desdites impositions s'il le demande dans sa réclamation et fixe le montant ou précise les bases du dégrèvement auquel il prétend et à la condition de constituer des garanties propres à assurer le recouvrement de l'impôt.

Ces garanties peuvent être constituées par une consignation dans un compte d'attente au Trésor, des créances sur Trésor, des obligations dûment cautionnées, des valeurs mobilières, des marchandises déposées dans les magasins agrées par l'État et faisant l'objet d'un warrant endossé à l'ordre du Trésor, des affections hypothécaires, une caution bancaire délivrée par une banque installée au Congo et présentée au comptable public.

À défaut de cette constitution de garanties, l'agent chargé du recouvrement peut prendre des mesures conservatoires ; en ce cas, la vente ne peut être effectuée pour la partie contestée de l'impôt jusqu'à ce qu'une décision soit prise, soit par le Directeur Général des Impôts, soit par la Cour d'Appel.

Le comptable chargé du recouvrement accepte les garanties offertes par le contribuable après s'être assuré de leur conformité.

Il délivre une quittance en cas de dépôt de fonds au Trésor Public et notifie par lettre à l'ordonnateur, le dépôt de la caution de garantie et signifie la nature de ladite caution (chèque, lettre de garantie, etc.).

Lorsqu'un contribuable qui a demandé le bénéfice des dispositions des précédents alinéas est débouté en tout ou partie, il est redevable d'un intérêt de retard calculé sur les sommes contestées à tort. Cet intérêt est de 1% par mois entier écoulé entre la date de l'enregistrement de la réclamation à la DGI, ou la date d'exigibilité de l'impôt si elle est postérieure, et la date de la décision du Directeur Général des Impôts ou de la Cour d'Appel, ou celle du paiement si l'impôt est acquitté avant décision.

L'intérêt est exigible en totalité dès l'émission d'un titre de perception par le service d'assiette.

L'instruction par l'administration de toute réclamation fiscale est assujettie au dépôt préalable, auprès du comptable public, d'une garantie d'un montant en principal et en pénalités dont le taux est égal à :

- dix pour cent (10%) pour un montant contesté inférieur ou égal à cinq cent millions (500 000 000) de francs CFA ;
- cinq pour cent (5%) pour un montant contesté inférieur ou égal à un milliard cinq cent millions (1 500 000 000) de francs CFA ;
- deux virgule cinq pour cent (2,5%) pour un montant supérieur à un milliard cinq cent millions de francs CFA

De même, le traitement de toute réclamation contentieuse ou de toute demande de remise gracieuse de pénalités régulièrement introduite donne lieu au paiement, au moment du dépôt de la réclamation ou de la demande par le requérant, d'un droit égal à 5 pour mille des sommes contestées ou sollicitées en remise, sans être inférieur à 10 000FCFA.

Article 460

Une majoration de 10% sera appliquée au montant des cotisations ou fractions de cotisations qui n'auraient pas été payées au dernier jour du deuxième mois en recouvrement.

En matière de TCA, centimes additionnels et de droits d'accises ou de toute autre taxe qui en tiendrait lieu, le paiement tardif des droits mensuels est sanctionné par un intérêt de retard égal à 5% de la taxe dont le paiement a été retardé.

Toutefois, l'intérêt de retard ainsi dû ne peut être supérieur à 50% des droits dus ou éludés par mois lorsque la bonne foi du contribuable est établie.

Il est de 100% des droits dus ou éludés en cas de mauvaise foi.

Article 460 bis (LF 2018)

L'IRPP catégories BICA et BNC dû par les contribuables soumis au régime du réel est acquitté spontanément par le contribuable à la recette des impôts de sa résidence fiscale par acompte mensuel.

Le montant de chaque acompte est égal à 1% du chiffre d'affaires réalisé au cours de chaque mois et payable entre le 10 et 20 mai du mois suivant.

Toutefois, pour les activités dont le commerce consiste en la vente des biens à prix réglementé et à marge contrôlée, le montant de chaque acompte est égal à 2% de la marge réalisée mensuellement.

À défaut de paiement volontaire, le recouvrement des acomptes exigibles est assorti d'une majoration de 10% applicable aux sommes non réglées.

L'impôt annuel définitif dû est diminué du montant des acomptes payés au cours de l'exercice. Le solde est acquitté spontanément entre le 10 et le 20 mai de chaque année.

Article 461 (LF 2019)

Les impôts, droits et taxes ainsi que les pénalités, majorations, intérêts de retard y rattachés, visés au présent code sont payés par virements bancaires, par chèques certifiés et en espèces pour les montants n'excédant pas cinq (5) millions francs CFA.

La part des impôts et taxes destinés aux collectivités locales est séparée de celle revenant à l'État. Cette part est payée exclusivement par chèque certifié ou en espèces.

Les virements et chèques certifiés sont établis à l'ordre du trésor public et virés dans le compte courant du directeur général du trésor public.

Article 461 bis (LF2013, 2014)

Les délais d'accomplissement des obligations déclaratives et des échéances de paiement des impôts, droits et taxes sont désormais fixés entre le 10 et le 20 de chaque mois, quel que soit le nombre effectif de jours ouvrés compris dans cet intervalle, selon le calendrier fiscal publié par l'administration fiscale.

Pour le mois d'août, cette période est fixée du 10 au 25, compte tenu des jours fériés ou éventuellement non ouvrés consécutifs à la fête dc l'indépendance.

Tout délai de déclaration ou de paiement différent des dispositions ci-dessus est nul et de nul effet.

Article 461 ter (LF2019)

Le crédit d'impôt régulièrement constaté et approuvé peut être compensé avec l'impôt de même nature, suivant un échéancier à convenir avec le responsable de résidence fiscale du contribuable, le comptable assignataire et le contribuable.

Le crédit d'impôt non constaté et non approuvé dans le délai de prescription est acquis au Trésor Public.

Le crédit d'impôt dont le montant est supérieur ou égal à 500 millions de FCFA est approuvé par le directeur général des impôts et des domaines après avis du responsable de la résidence fiscale.

Article 462

Tout versement d'impôt donne obligatoirement lieu à délivrance d'une quittance extraite du journal à souche réglementaire ; les agents chargés du recouvrement doivent, en outre, émarger les paiements sur leurs Rôles à mesure qu'il leur est fait.

Article 511

Tout employeur ou débirentier qui n'a pas fait les retenues prévues par l'article 172 ci-dessus ou qui n'a opéré que des retenues insuffisantes est passible d'une *pénalité égale à 50 %* du montant des retenues non effectuées.

Article 512

Tout employeur ou débirentier qui, ayant effectué des retenues de l'IRPP et de l'impôt complémentaire, n'a pas versé le montant de ces retenues à la caisse spécifiée à l'article 173 dans les délais prescrits est passible d'une *pénalité égale à 50% du montant des sommes dont le montant a été différé*. Cette *pénalité est portée à 100 %* lorsque le retard est supérieur à deux mois.

Les mêmes *pénalités* sont appliquées en ce qui concerne le versement de la taxe d'apprentissage et de la taxe forfaitaire prévues par les articles 141 et 512, 171 bis et suivants du présent Code.

Article 513

Les *pénalités* prévues aux articles 511 et 512 sont constatées par l'administration des impôts et mises en recouvrements selon les règles prévues pour l'IRPP et la taxe complémentaire.

L'application des pénalités ne met pas obstacle aux poursuites prévues par l'article 524 ci-après.

L'application des pénalités peut être contestée par voie de requête au Directeur Général des Impôts dans les formes prévues en matière de contentieux, mais la preuve de l'irrégularité ou de l'exagération des pénalités est dans tous les cas à la charge du contribuable.

Article 514

L'application des *pénalités* peut être contestée par voie de requête adressée au Directeur Général des Impôts dans les formes prévues en matière de contentieux, mais la preuve de l'irrégularité ou de l'exactitude des *pénalités* est dans tous les cas à la charge du contribuable.

En cas de décès du contrevenant ou, s'il s'agit d'une société, en cas de liquidation, la pénalité constitue une charge de la succession ou de la liquidation.

Lorsque le délinquant est une société ou association, les pénalités prévues ci-dessus sont applicables personnellement aux présidents, directeurs généraux, directeurs, gérants et, en général, à toute personne ayant qualité pour représenter la société ou l'association.

Article 515

Le montant des pénalités prévues par les articles précédents est arrondi à la dizaine de francs la plus voisine.

Article 521

La déclaration sciemment inexacte des avoirs hors du Congo, comme l'absence de déclaration, est punie, outre des sanctions prévues par l'article 367 du Code pénal d'une amende égale (décimes compris) à la moitié de l'avoir dissimulé, sans préjudice de l'affichage du nom du contrevenant et des motifs de la contravention à la porte de la résidence du président du comité exécutif communal ou de district du lieu de son imposition. Les poursuites sont engagées sur la plainte du directeur général des impôts, sans qu'il y ait lieu, au préalable de mettre l'intéressé en demeure de faire ou de compléter sa déclaration. Les articles 60,61 et 464 du Code pénal sont applicables au délit spécifié au présent article.

Article 521 bis

L'utilisation frauduleuse du numéro d'identification instituée à l'article 399 ter du code général des impôts, tome 1 est punie sans préjudice des pénalités et amendes fiscales, une amende de

500 000FCFA à 10 000 000FCFA et d'un emprisonnement de trois mois à trois ans.

Article 522

Sans préjudice des dispositions particulières relatées dans le présent code, quiconque s'est frauduleusement soustrait ou a tenté de se soustraire frauduleusement à l'établissement ou au paiement total ou partiel des impôts visés dans la présente codification, soit qu'il ait volontairement omis de faire sa déclaration dans les détails prescrits, soit qu'il ait volontairement dissimulé une part de sommes sujettes à l'impôt notamment en falsifiant sa comptabilité ou en l'appuyant par des justifications inexactes (entre autres, salaires ou achats inexistants ou majorés), soit qu'il ait organisé son insolvabilité ou mis obstacle par d'autres manœuvres au recouvrement de l'impôt, soit en agissant de toute autre manière frauduleuse, est passible, indépendamment des pénalités ou amendes fiscales, d'une *amende de 250 000FCFA à 5 000 000FCFA et d'un emprisonnement de 2 à 5 ans ou de l'une de ces deux peines seulement.*

Les dispositions de *l'article 464 du Code pénal sont applicables.* Le tribunal ordonnera dans tous les cas la publication intégrale ou par extrait de jugement dans le journal officiel de la République du Congo, ainsi que dans les journaux désignés par lui et leur affichage pendant trois mois sur les panneaux réservés à l'affichage des publications officielles de la commune, de la région du district où les contribuables ont leur domicile. Les frais de publication et d'affichage sont à la charge du condamné.

Les poursuites sont engagées sur plainte du service intéressé, qu'il y ait lieu, au préalable, de mettre l'intéressé en demeure de faire ou de compléter sa déclaration. Elles sont portées devant le tribunal correctionnel dans le ressort duquel l'un quelconque des impôts en cause aurait dû être établi ou acquitté sans préjudice de l'application des articles 227 et 228 du Code d'instruction criminelle. Cette plainte peut être déposée jusqu'à la fin de la troisième année qui suit celle au cours de laquelle l'infraction a été commise.

Article 523

La déclaration inexacte des stocks de produits ou marchandises soumis à l'une des taxes de consommation prévues au Chapitre 2 du

Livre 2 de la Partie 1 du présent Code, peut être poursuivie et punie des peines *d'amende et d'emprisonnement* prévues par l'article précédent. Les dispositions des alinéas 2 et 3 de l'article 521 sont applicables à la présente disposition.

Article 524

Pourront également être poursuivis et punis dans les conditions prévues par l'article 522 :

- quiconque a sciemment omis de passer ou de faire passer dans des écritures ou a passé ou fait passer des écritures inexactes ou fictives dans les documents dont la tenue est prévue par les articles 28, 31, 47 et 172 du CGI ;
- les fonctionnaires de l'État, des Communes, des Régions ou des Districts qui s'abstiennent, après mise en demeure, de souscrire les déclarations ou encore se font les complices des contribuables cherchant à se soustraire à l'impôt, notamment en mentionnant, sur les plis adressés par le service de l'assiette ou du recouvrement des motifs de non distribution inexacts. La présente disposition ne met pas obstacle aux sanctions disciplinaires qui pourraient intervenir de ce chef ; quiconque a procédé aux retenues prévues par l'article 172 ou a mis l'impôt sur le chiffre d'affaires à la charge de la clientèle et s'est abstenu de reverser au Trésor les sommes ainsi précomptées dans les trois mois du précompte, qu'il y ait à chercher si l'intéressé a voulu se soustraire frauduleusement ou non au reversement de l'impôt et qu'il puisse invoquer une dette de l'administration.

Les plaintes sont déposées dans les conditions prévues par le précédent article.

Article 525

Lorsque le délinquant est une personne morale, les poursuites prévues aux articles 521 à 523 ci-dessus sont engagées à l'encontre du Président Directeur Général, Directeur Gérant et, de toute personne ayant qualité pour le représenter.

Article 526

Les dispositions des articles 522 et 525 sont également applicables aux personnes ayant contrevenu aux dispositions relatives au droit de communication.

2°.Tome 2

Chapitre 6- Peines pour défaut d'enregistrement dans les délais

Article 99

Les notaires qui n'auraient pas fait enregistrer leurs actes dans les délais prescrits payeront personnellement, à titre d'amende et pour chaque contravention, une somme de 5 000F CFA s'il s'agit d'un acte sujet au droit fixe, ou une somme égale au montant du droit s'il s'agit d'un acte sujet au droit proportionnel, sans que, dans ce dernier cas, la peine ne puisse être au-dessous de 5 000FCFA. Ils seront tenus, en outre, du paiement des droits, sauf recours contre les parties pour ces droits seulement.

Article 100

La peine contre un agent d'exécution ou autre ayant pouvoir de faire des exploits ou procès-verbaux, est, pour un exploit ou procès-verbal non présenté à l'enregistrement dans le délai, d'une amende de 10 000F CFA et, de plus, d'une somme équivalente au montant du droit de l'acte non enregistré. L'exploit ou procès-verbal non enregistré est déclaré nul et le contrevenant, responsable de cette nullité envers la partie.

Ces dispositions, relativement aux exploits et procès-verbaux, ne s'étendent pas aux procès-verbaux de vente de meubles et autres objets mobiliers, ni à tout autre acte du ministère des huissiers sujet au droit proportionnel. La peine pour ceux-ci sera d'une somme égale au montant du droit, sans qu'elle puisse être au-dessous de 10 000FCFA. Le contrevenant paiera, en outre, le droit dû pour l'acte, sauf recours contre la partie pour ce droit seulement.

Lexique fiscal et budgétaire[335]

Abattement : mesure tendant à diminuer la base d'imposition. Exemple : abattement de 20% sur les salaires et pensions.

Agrément fiscal : décision accordant des allègements fiscaux à certaines entreprises afin de favoriser l'adaptation des structures industrielles et commerciales, de faciliter le développement régional ou celui de la recherche scientifique et technique ou encore la conservation du patrimoine artistique national.

Annualité du budget : principe selon lequel le budget est voté pour un an.

Assiette : ce terme désigne, d'une part l'ensemble des règles appliquées ou des opérations effectuées par les services pour déterminer les éléments (bénéfices, chiffre d'affaire, valeur des biens achetés ou reçus en héritage, etc.) qui doivent être soumis à l'impôt, d'autre part le résultat de ces opérations auquel est appliqué ensuite le taux ou le barème de l'impôt. Dans ce deuxième cas, il est synonyme de 'base' ou, en matière d'impôt sur le revenu, par exemple, de revenu net imposable.

Avis d'imposition : document sur lequel figurent les éléments servant de base au calcul de l'impôt, le montant des sommes à payer, les conditions de leur exigibilité et la date de leur mise en recouvrement.

Avoir fiscal : créance sur le trésor.

Barème de l'impôt sur le revenu : barème progressif par tranches de revenu.

Base d'imposition : revenus, biens, droits ou valeurs auxquels est appliqué le taux ou le barème de l'impôt pour obtenir la somme due par la personne imposable.

Budget[336] :

---

335 Les Notes Bleues de Bercy, hors-série septembre 2002.

336 La notion de budget est valablement applicable dans le cadre de toute organisation, association, regroupement ou cercle familial. D'où, le budget familial, budget de vacances, etc. Pour un meilleur management des organisations, on devrait toujours prévoir un budget pour tout ce que l'on entreprend. Cette notion, cependant,

1. Acte par lequel sont prévues et autorisées les recettes et les dépenses annuelles de l'État (voir loi de finances initiale).

2. Ensemble des comptes qui décrivent pour une année civile toutes les ressources et toutes les charges de l'État.

3. Ensemble des lignes budgétaires qui décrivent les crédits d'un ministère pour une année civile (voir fascicule budgétaire). Exemple : budget du ministère de la justice.

Budget annexe : budget retraçant les dépenses et les recettes d'un service de l'État dont l'activité tend essentiellement à produire des biens ou à rendre des services donnant lieu à paiement.

Exemple : budget annexe de l'aviation civile.

Budget économique : compte prévisionnel présenté en annexe du projet de loi de finances de l'année, retraçant les données prévisibles de l'activité économique au cours de cette même année.

Budget général : compte du budget regroupant les recettes et les dépenses des services publics administratifs (par opposition aux budgets annexes et aux comptes spéciaux du trésor).
Champ d'application : ensemble des biens, des activités, des situations ou des opérations concernés par une disposition fiscale ou budgétaire et détermination des limites dans lesquelles cette disposition s'applique.

Chapitre : unité fondamentale de l'exécution du budget, qui permet au gouvernement de répartir les crédits ouverts à un ministère en regroupant les dépenses selon leur nature ou leur destination à l'intérieur d'une même subdivision.

Collectif : voir loi de finances rectificative.

Comptable public : agent chargé d'exécuter toutes opérations de recettes et de dépenses du budget général et des comptes spéciaux du

---

n'a pas la même valeur dans la gestion des finances publiques que dans les entreprises privées. En effet, dans le cadre des finances publiques, un budget a une valeur d'autorisation de dépenses qu'on pourrait dire définitive. Dans le cadre privé, bien au contraire, elle sert plus pour l'orientation. Il y a plus de souplesse, de flexibilité.

Trésor, toutes opérations de trésorerie et, d'une manière générale, toutes opérations financières dont l'État est chargé.

Comptes de la Nation : comptes présentés en annexe au projet de loi de finances de l'année, fournissant les données chiffrées de l'activité économique nationale au cours des années précédentes.

Comptes spéciaux du Trésor : comptes distincts du budget général, retraçant des dépenses et les recettes de l'État entre lesquelles on veut établir un lien, soit que l'on veuille affecter certaine recettes à la couverture de certaine dépenses (compte d'affectation spéciale), soit que l'on veuille faire apparaître une sorte de bilan entre des opérations qui sont en étroite corrélation (compte de prêts, par exemple).

Contribuable : terme général pour désigner toute personne astreinte au paiement des contributions, impôts, droits ou taxes dont le recouvrement est autorisé par la loi.

Contribution : l'Assemblée constituante[337] de 1791 avait proscrit le terme d'impôt, auquel elle préférait celui de contribution, qui met mieux en valeur la solidarité de tous les citoyens devant les charges publiques. En pratique, l'emploi de chacun de ces mots impôt ou contribution, résulte de l'appellation retenue par le législateur pour qualifier l'impôt qu'il établit.

Crédit d'impôt[338] : créance sur le trésor[339] dont bénéficient sous certaines conditions, par exemple :

-les personnes ayant des produits d'obligations, d'autres titres négociables ou bons de caisse qui ont subi une retenue à la source. Le crédit d'impôt est ajouté au revenu imposable et ensuite déduit de l'impôt sur le revenu ;

---

[337] En France.

[338] Nous avons vu dans le cadre de cette étude qu'il y a crédit d'impôt dès lors qu'à la suite du paiement soit des acomptes, par exemple de l'IRPP, soit des retenues à la source sur BNC, il s'avérait au jour de la liquidation définitive de l'impôt que les sommes avancées sont supérieures à celles effectivement payées par le contribuable. Dans ce cas, c'est le trésor qui a une dette envers le contribuable. Mais, il n'y a pas remboursement de sommes encaissées. La créance avérée du contribuable est enregistrée pour être comptabilisée au cours du prochain exercice. Elle vient déduction de l'impôt qui sera dû.

[339] Trésor public.

-les personnes ayant fait l'acquisition de certaine gros équipements (chaudières, ascenseurs, installations sanitaires, etc.…) entre le 15.09.99 et le 31.12.2002[340] ;

-les entreprises industrielles et commerciales, sur option, pour leurs dépenses de recherche, de formation professionnelle et d'apprentissage.

Crédit provisionnel : sommes destinée à couvrir les dépenses liées aux évènements dont la survenance ne dépend pas entièrement de la volonté de l'administration, et pouvant à ce titre bénéficier d'abondements réglementaires en cours d'année. Les frais de réception des personnalités étrangères, les dépenses relatives aux élections ou à l'entretien des détenus des services pénitentiaires bénéficient de crédits provisionnels.

Déclaration fiscale : acte par lequel le contribuable fait connaître à l'administration fiscale les éléments nécessaires au calcul de l'impôt.

Décote : mécanisme qui permet de réduire, voire d'annuler, l'impôt. Exemple : décote en matière d'impôt sur le revenu.

Décret de répartition : décret pris après promulgation de la loi de finances, pour répartir par chapitre les crédits ouverts aux différents ministères, ordonnateurs principaux.

Déficit budgétaire : excédent des charges sur les recettes pour l'ensemble des opérations du budget général et des comptes spéciaux du Trésor, soit l'ensemble des opérations à caractère définitif et opérations à caractère temporaire, hors celles des budgets annexes équilibrées par définition.

Dégrèvement : suppression ou atténuation de l'impôt, prononcée ou accordée par la voie contentieuse (décharge ou réduction), par la voie gracieuse (remise ou modération), ou encore d'office (si la loi l'a prévu, ou pour réparer spontanément une erreur).

Délai de reprise : délai pendant lequel l'Administration est en droit, dans le cadre de l'exercice de son pouvoir de contrôle, en vue de

[340] Selon la législation française alors en vigueur.

réparer les omissions ou les insuffisances d'imposition, d'établir une imposition primitive ou supplémentaire.

Demande gracieuse : contrairement à la réclamation, une demande gracieuse s'adresse uniquement à la bienveillance de l'administration qui peut, dans certains cas prévu par la loi, atténuer la charge fiscale (cas de gêne ou d'indigence des contribuables, notamment).

Dépenses en capital : dépenses d'investissement.

Dépenses ordinaire : dépenses de fonctionnement et d'intervention.

Dette publique : ensemble des dettes de l'État résultant des emprunts que ce dernier a émis ou garantis.

Émission de rôles : établissement et homologation des documents servant à déterminer la base et le montant de certains impôts directs avant leur mise en recouvrement.

Exonération : dispense d'impôt sous certaines conditions fixées par la loi. Exemple : le régime d'exonération de l'impôt sur les bénéfices des entreprises nouvelles dans les zones d'aménagement du territoire.

Fait générateur : situation ou évènement qui entraîne l'exigibilité de l'impôt.

Exemple : le fait générateur de la TVA est généralement la livraison de la marchandise ou l'exécution des services ou travaux.

Fascicule budgétaire : terme générique désignant l'ensemble des annexes traditionnellement adressées aux parlementaires (annexes explicatives 'bleues', document informatifs 'jaune' et programme annuel d'un ministère 'blanc').

Franchise : dispense de paiement de l'impôt.

Exemple : franchise en base de la TVA.

Garanties de paiement : moyens accordés aux comptables des impôts et du Trésor pour assurer le recouvrement des créances du Trésor, etc.…).

Un contribuable qui présente une réclamation contre un impôt peut demander le sursis de paiement des droits contestés à condition de constituer des garanties de paiement telles que consignation à un compte d'attente du Trésor, obligations cautionnées, etc....

Imposable : désigne la situation fiscale d'une personne ou d'une opération qui, par le montant de son revenu, par son activité ou sa nature, entre dans le champ d'application de l'impôt mais sans être toujours effectivement imposée (cas de personnes qui ont un revenu inférieur au seuil d'imposition).

Impôt voir contribution.

Liquidation : opération ayant pour objet de vérifier la réalité de la dette et d'arrêter le montant de la dépense.

Elle est faite au vu des titres établissant les droits acquis aux créanciers. Pour les recettes, la liquidation a pour objet de déterminer le montant de la dette des redevables.

Liquidation de l'impôt : calcul de l'impôt par l'application du taux ou du barème à la base imposable et compte tenu d'éventuelles déductions ou réductions.

Loi de finances initiale : loi prévoyant et autorisant, pour chaque année civile, l'ensemble des ressources et des charges de l'État.

Cette loi comprend deux parties distinctes :

-dans la première partie, elle autorise la perception des ressources publiques et comporte les voies et moyens qui assurent l'équilibre financier ; elle évalue le montant des ressources d'emprunts et de trésorerie ; elle autorise la perception des impôts affectés aux collectivités et aux établissements publics ; elle comporte les dispositions nécessaires à la réalisation, conformément aux lois en vigueur, des opérations d'emprunts destinées à couvrir l'ensemble des charges de la trésorerie ; elle arrête les données générales de l'équilibre financier ;

-dans la seconde partie, elle fixe pour le budget général le montant global des crédits applicables aux services votés et arrête les autorisations nouvelles par titre et par ministère ; elle autorise, en distinguant les services votés des opérations nouvelles, les opérations des budgets annexes et les opérations des comptes spéciaux du Trésor par catégorie de comptes spéciaux et éventuellement par titre ; elle définit le volume des autorisations de programme ainsi que l'échéancier des crédits de paiements s'y rapportant ; elle énonce enfin les dispositions d'ordre législatif qui doivent entraîner des charges nouvelles en distinguant celles de ces dispositions qui ont un caractère annuel de celles qui ont un caractère permanent. La loi de finances initiale doit être votée avant le début de l'année à laquelle elle se rapporte.

Loi de finances rectificative (appelée aussi 'collectif') : loi modifiant en cours d'année les dispositions de la loi de finances initiale de l'année.

Loi de règlement : loi constatant le résultat financier de chaque année civile et approuvant les différences entre les résultats et les prévisions de la loi de finances de l'année, complétée, le cas échéant, par ses lois rectificatives.

Mensualisation de l'impôt : voir paiement de l'impôt.

Mise en recouvrement : opération par laquelle la créance du Trésor devient certaine à une date déterminée.
Cette date fixe le délai dont dispose effectivement le contribuable pour payer l'impôt ou pour réclamer contre l'impôt mis à sa charge.

Non-affectation des recettes : règle d'application du principe de l'universalité selon lequel, sauf exceptions expressément prévues (budgets annexes, comptes spéciaux du Trésor, rétablissements de crédits et fonds de concours), une recette particulière ne peut être affectée à une dépense particulière mais fait partie de la masse des recettes permettant l'exécution de l'ensemble des dépenses de l'État.

Opération à caractère définitif : opération de dépense de l'État non remboursable.
Exemple : paiement de traitement ou de pension, investissement routier, etc.

Opération à caractère temporaire : prêt, avance et toute opération analogue pour laquelle la dépense pourra être récupérée à terme par remboursement.

Ordonnancement : acte administratif donnant, conformément aux résultats de la liquidation, l'ordre de payer la dette de l'organisme public.

Ordonnateur : personne ayant qualité pour prescrire l'exécution des recettes et des dépenses publiques. Les ordonnateurs constatent les droits des organismes publics, liquident les dépenses. Ils sont principaux ou secondaires : ils peuvent déléguer leurs pouvoirs ou se faire suppléer en cas d'absence ou d'empêchement.

Paiement : acte par lequel le débiteur se libère de sa date. En matière de dépenses de l'État, et sous réserve des exceptions prévues par les lois ou règlements, le paiement ne peut intervenir avant :
-soit l'échéance de la dette ;
-soit l'exécution du service ;
-soit la décision individuelle d'attribution de subventions ou d'allocations.

Toutefois, selon les règles propres à chaque catégorie d'organisme public, des acomptes et avances peuvent être consentis au personnel ainsi qu'aux entrepreneurs ou fournisseurs.

En matière de recettes de l'État, le recouvrement intervient au vu d'un ordre de recettes.

Paiement de l'impôt : le règlement de l'impôt se fait traditionnellement par chèque ou en espèces et, très exceptionnellement, au moyen d'œuvres d'art (dation en paiement). Les impôts font souvent l'objet de versement d'un ou de plusieurs acomptes.

En matière d'impôt sur le revenu, les contribuables peuvent opter pour le système de paiement mensuel

Ils peuvent également autoriser le Trésor à effectuer un prélèvement automatique à l'échéance (taxe d'habitation, taxes foncières sur les propriétés bâties ou non bâties).

Pénalités fiscales : sanctions pécuniaires appliquées par l'Administration en vertu de la loi et sous le contrôle des tribunaux ; elles sont principalement constituées par des majorations de droits et des amendes fiscales.

Plus-value : accroissement de la valeur réelle ou monétaire d'un bien intervenu entre le début et la fin d'une période.

Prélèvement d'impôt : somme retranchée de certains au moment de leur encaissement pour être versée au Trésor, soit par la personne qui a payé le revenu, soit par celle qui l'a encaissé.

Exemple : prélèvement sur les produits d'obligations. Ce prélèvement peut être libératoire ou non de l'impôt.

Prélèvements obligatoires : addition de l'ensemble des impôts perçus par l'État[341].

Prescription : délai au terme duquel une imposition ne peut plus être établie, une somme perçue, une restitution de droits accordée, des poursuites ou une instance engagée.

Produit intérieur brut : sommes des valeurs ajoutées de l'ensemble des branches de production (augmentée de la TVA grevant les produits et les droits de douane). Il se compose du produit intérieur marchand (biens et services échangés) et du produit brut non marchand (services fournis par les administrations publiques et privées à titre gratuit ou quasi gratuit).

Quotient familial : dispositif permettant de prendre en compte les charges de famille du foyer fiscal.

Réclamation contentieuse : demande adressée par un contribuable aux services des impôts pour obtenir la réparation d'une erreur ou le bénéfice d'un droit. Elle constitue un préalable nécessaire à tout recours ultérieur éventuel devant les tribunaux.

Recouvrement : perception des sommes d'argent dues et, par extension, ensemble des opérations tendant à obtenir le paiement d'une dette d'argent ; réception d'un paiement volontaire ou forcé.

Redevable : voir contribuable.

---

[341] En France, ce terme inclut les impôts reversés aux collectivités locales ou à la communauté européenne, et des cotisations sociales effectives versées par les assurés ou leurs employeurs afin d'acquérir ou de maintenir des droits et prestations.

Redevance : prix à payer en contrepartie de la concession d'un droit ou d'une prestation de service.

Redressement fiscal : rectification d'une déclaration fiscale par le service des impôts lorsqu'il constate des insuffisances, omissions ou erreurs dans les éléments déclarés.

Réduction (de droits) :

1-Atténuation d'impôt prononcée par l'Administration pour réparer une erreur d'imposition (voir dégrèvement).
2-Diminution de droits accordée par la loi. Exemple : réduction de droits pour certaines donations partages.

Responsabilité :

-des comptables : ils sont personnellement et pécuniairement responsables des opérations dont ils sont chargés ainsi que de l'exercice régulier des contrôles ; leurs comptes sont jugés par la cour des comptes, qui peut seule donner quitus de leur gestion.

-des ordonnateurs : les ordonnateurs sont responsables des certifications qu'ils délivrent. Le ministre, ordonnateur principal de l'État, encourt, à raison de l'exercice de ses attributions, les responsabilités que prévoit la constitution.

Les autres ordonnateurs encourent une responsabilité qui peut être disciplinaire, pénale et civile, sans préjudice des sanctions qui peuvent leur être infligées par la cour de discipline budgétaire et financière.

Retenue à la source : prélèvement fiscal effectué lors de l'encaissement de certains revenus et qui ouvre droit à un crédit d'impôt d'égal montant.

Rôle : liste des contribuables qui indique, pour chaque redevable, le montant de l'impôt à payer ainsi que certains éléments de son calcul.

Services votés : minimum de dotations que le gouvernement juge indispensable pour poursuivre l'exécution des services publics dans les conditions qui ont été approuvées l'année précédente par le parlement.

Spécialité : principe selon lequel les crédits ouverts en loi de finances le sont pour un objet déterminé. Aux termes de la loi organique de 1959[342], les crédits sont spécialisés par chapitres, qui groupent les dépenses selon leur nature ou leur destination.

Titre : division du budget général qui s'applique également aux dotations de chaque ministère et qui permet de désigner principalement les crédits de fonctionnement de l'État, les interventions publiques, les investissements effectués par l'État et les subventions d'investissement accordées par l'État.

Les mesures nouvelles de la loi de finances sont votées par ministère et par titre.

Unité du budget : principe selon lequel le budget rassemble l'ensemble des recettes et des dépenses de l'État.

Universalité du budget : principe[343] selon lequel le budget doit rassembler en une seule masse l'ensemble des recettes publiques et doit imputer sur cette masse l'ensemble des dépenses publiques.

Les ressources et les dépenses doivent de surcroît être inscrites pour leur montant brut sans qu'il y ait compensation entre dépenses et recettes (règles de non-affectation des recettes aux dépenses et de non-contraction entre une recette et une dépense).

---

[342] En France.
[343] En finances publiques.

Bibliographie

I. Ouvrages

1. Ouvrages de fiscalité

- SAINTE-AURE (Yves), *Paiement & recouvrement de l'impôt,* Editions LIAISONS, 2013 ;
- PEYA NGOUABI (Raymond), *Les Impôts, Les droits d'enregistrement,* Editions RELOUSS, 2011 ;
- Morel (Gervais), *Fiscalité des entreprises,* collection fiscabanque, 11e édition La Revue Banque Edition, 2003;
- COZIAN, Martial CHADEFAUX (Maurice), *exercice de fiscalité des entreprises,* 7e édition Litec Librairie de la cour de cassation, 1994;
- COZIAN (Maurice), *Précis de fiscalité des entreprises,* sixième Edition Librairies Techniques, Librairie de la cour de cassation, 1981;

2. Ouvrages de droit administratif/ Management

- BRETON (Jean-Marie), CAPIAUX (Jean), MABOUNDA (Marcel), MAKOUNDZI-WOLO (Nestor), MAYETELA (Narcisse), NGOUILOU-MPEMBA (Victor), PEREIRA (Claude), sous la direction de Jean-Marie BRETON, *Droit Public Congolais,* Ed. ECONOMICA, 1987 ;
- MOUDOUDOU (Placide), *Droit Administratif congolais,* L'Harmattan, collection Logiques juridiques, 2003 ;
- DEBBASCH (Charles), Frédéric COLIN, *Droit Administratif,* 9e édition ECONOMICA, 2010 ;
- LANDZE MBERE (Rock Dieudonné), *Perspectives de management efficace d'un office ministériel,* Edition L'Harmattan, 2019 ;

3. Codes et textes de lois

- Code Général des Impôts, Editions RELOUSS, 2019 ;
- Codes d'audience, recueil de codes et textes usuels (République du Congo Brazzaville), Editions GIRAF, 2001 ;
- Code civil, édition originale ;

4. Autres supports

- Instruction 015/MFB/DGID/DRC du 26 février 2019 d'application des principales dispositions fiscales contenues dans la loi n°40-2018 du 28 décembre 2018 portant la loi des finances pour l'année 2019 ;

TABLE DES MATIERES

Structures éditoriales du groupe L'Harmattan

L'Harmattan Italie
Via degli Artisti, 15
10124 Torino
harmattan.italia@gmail.com

L'Harmattan Hongrie
Kossuth l. u. 14-16.
1053 Budapest
harmattan@harmattan.hu

L'Harmattan Sénégal
10 VDN en face Mermoz
BP 45034 Dakar-Fann
senharmattan@gmail.com

L'Harmattan Cameroun
TSINGA/FECAFOOT
BP 11486 Yaoundé
inkoukam@gmail.com

L'Harmattan Burkina Faso
Achille Somé – tengnule@hotmail.fr

L'Harmattan Guinée
Almamya, rue KA 028 OKB Agency
BP 3470 Conakry
harmattanguinee@yahoo.fr

L'Harmattan RDC
185, avenue Nyangwe
Commune de Lingwala – Kinshasa
matangilamusadila@yahoo.fr

L'Harmattan Congo
67, boulevard Denis-Sassou-N'Guesso
BP 2874 Brazzaville
harmattan.congo@yahoo.fr

L'Harmattan Mali
Sirakoro-Meguetana V31
Bamako
syllaka@yahoo.fr

L'Harmattan Togo
Djidjole – Lomé
Maison Amela
face EPP BATOME
ddamela@aol.com

L'Harmattan Côte d'Ivoire
Résidence Karl – Cité des Arts
Abidjan-Cocody
03 BP 1588 Abidjan
espace_harmattan.ci@hotmail.fr

L'Harmattan Algérie
22, rue Moulay-Mohamed
31000 Oran
info2@harmattan-algerie.com

L'Harmattan Maroc
5, rue Ferrane-Kouicha, Talaâ-Elkbira
Chrableyine, Fès-Médine
30000 Fès
harmattan.maroc@gmail.com

Nos librairies en France

Librairie internationale
16, rue des Écoles – 75005 Paris
librairie.internationale@harmattan.fr
01 40 46 79 11
www.librairieharmattan.com

Librairie l'Espace Harmattan
21 bis, rue des Écoles – 75005 paris
librairie.espace@harmattan.fr
01 43 29 49 42

Lib. sciences humaines & histoire
21, rue des Écoles – 75005 paris
librairie.sh@harmattan.fr
01 46 34 13 71
www.librairieharmattansh.com

Lib. Méditerranée & Moyen-Orient
7, rue des Carmes – 75005 Paris
librairie.mediterranee@harmattan.fr
01 43 29 71 15

Librairie Le Lucernaire
53, rue Notre-Dame-des-Champs – 75006 Paris
librairie@lucernaire.fr
01 42 22 67 13

www.ingramcontent.com/pod-product-compliance
Lightning Source LLC
LaVergne TN
LVHW011448061026
849535LV00004BA/1000

* 9 7 8 2 3 4 3 1 8 6 2 0 7 *